社会学の力

Sociology: Concepts and Propositions

最重要概念・命題集

改訂版

友枝　敏雄
浜　日出夫
山田真茂留 編

有斐閣

はしがき

　社会学という学問が，「社会についての学問」であることは言うまでもありません。しかし「社会についての学問だ」と言った瞬間に，「それでは社会とは何か」という問いが生まれます。

　この問いに対して，平明な言葉で答えると，「私が他者と出会うところに社会は成立しており，それこそが社会なのだ」ということになります。しかし他者と出会うことは，お互いにいたわりあう側面をもつ一方で，お互いに傷つけあう側面ももっています。私という存在を大切にすることは，ヒトという動物にとって，生命を維持するための原初的な営みです。遺伝子レベルであれ，感情レベルであれ，私と他者とは違うという認識のもとに，自己の生命を維持する営みがなされていきます。

　このように私（自己）と他者との関係はアンビバレント（両価的）な関係として存在しています。つまり他者は，あるときはうとましい存在でありながらも，またあるときは必要な存在でもあるのです。

　以上のように考えるとするならば，社会学は，「私と他者との関係として成立した社会もしくは社会現象」を研究対象とする学問だということになるでしょう。

　19世紀前半にフランスの社会学者コントが「社会学（sociologie）」という言葉を用いたことをもって，社会学の誕生とみなすならば，社会学という学問の営みは，すでに200年近くになります。

　約200年間にわたる社会学の歴史において，偉大な社会学者たちの研究には共通する3つの特徴があります。第1は，社会学の研究対象が，いまここにある社会もしくはいまここで起きている社会現象にあることです。19世紀初頭の社会学草創期の社会学者たちは，大きな変動の真っ只中にあった当時の西欧近代社会を直視することを通して，社会の仕組みを解明しようとしました。第2は，社会学的な見方もしくは社会学的な思考を示すことによって，社会学の方法を明確にしていることです。第3は，第1の特徴とも関連しますが，

私たちがいま生きている社会の解明を出発点にして，他の社会も含む「社会一般」の理解を可能にするような説明図式の構築（すなわち社会学理論の構築）が，概念構成と命題構成という2つの水準によってなされていることです。

　この第3の点については，この本の第I部「6 概念構成と命題構成」で詳しく説明しているのですが，概念構成とは，対象を的確にとらえた概念を作り出すことであり，命題構成とは，概念間の関連もしくは要因間の関連を明らかにすることです。概念構成によって，社会現象の解像度を上げる概念を作り出すことは，現実の社会を的確にとらえることを可能にしますし，これまでとは異なる社会の見方を獲得することを可能にします。これに対して，命題構成とは，概念間の関連もしくは要因間の関連を因果関係として定式化することと社会の変動の趨勢を明らかにすることです。つまり社会もしくは社会現象を作動させるメカニズムの解明と，そのトレンドの分析を通して将来を予測することとをめざしています。

　たしかに厳格な科学哲学の立場からすれば，トレンドに関する命題（趨勢命題）は記述言明であり，法則命題ではないということになるかもしれません。しかし社会学の研究においては，理論構築の第一歩として，トレンドに関する命題を位置づけるのが適切でしょう。

　19世紀初頭に西欧で開花した社会学は，19世紀末には大西洋を渡りアメリカでも展開するようになりました。20世紀に入り，第二次世界大戦後の「パックス・アメリカーナ（アメリカの覇権）」の時代には，アメリカを中心にして社会学が発展していきました。日本においても，1950年代頃からアメリカの社会学が流入し，アメリカ社会学を学ぶことが「社会学を学ぶこと」と同一視されるような雰囲気が1970年代までありました。1989年のあの「ベルリンの壁」崩壊に象徴される冷戦構造の終焉と相前後して生じたのが，社会学の多極化です。たとえば，ギデンズ（イギリス），ブルデュー（フランス），ルーマン，ハーバマス，ベック（ドイツ）といったヨーロッパの社会学者が注目を集めるようになったのは，その一つの証左でしょう。その結果，現在では，世界の各地で社会学の研究がなされるようになってきました。

　この本では，社会学の誕生以来，200年間にわたって社会学者たちが挑んできた研究の中で，現在の社会学においても生命力を有するものを，70の項目

として取り上げ，そのエッセンスを簡明に説明することを試みました。

　またこの本は，先ほど述べた偉大な社会学者たちの研究に共通する3つの特徴のうちの，第2の特徴と第3の特徴に焦点をあわせて，「第Ⅰ部 社会学の方法」「第Ⅱ部 概念構成——概念によって社会をとらえなおす」「第Ⅲ部 命題構成——社会のメカニズムとトレンド」という3部構成にしています。

　社会もしくは社会現象を分析する「力」を，70の項目に凝縮してみたつもりです。社会学をはじめて学ぶ人にとっても，これから本格的に極めたいと考えている人にとっても，この本が「力」になることを願ってやみません。

　この本を作成するにあたり，編集を担当された有斐閣書籍編集第2部の松井智恵子さんと四竈佑介さんにたいへんお世話になりました。心より感謝申し上げます。

　　2017年3月

　　　　　　　　　　　　　　　　　　　　友 枝 敏 雄
　　　　　　　　　　　　　　　　　　　　浜 日 出 夫
　　　　　　　　　　　　　　　　　　　　山田真茂留

■ 改訂にあたって

『社会学の力』が2017年に刊行されてから，5年半経ちました。本の構成を考えた3名の編者の当初の予想を超えて，多くの読者に受け容れられ，社会学の概念および命題を学ぶ人にとっての指南の書として用いられてきています。

5年半経ちましたので，初版のよさを損なうことなく，改訂版を作ろうということになりました。改訂版では，初版の70項目に5項目追加して，75項目にしました。

追加した項目は，次の5つです。

29　寛容
30　集合的記憶
42　ケアの倫理・ケイパビリティ・社会的厚生
61　制度化と同型化
75　モビリティーズ

追加する項目の選定には，かなり苦労しましたが，社会学という学問分野において今日重要だと考えられるものを選び出すようにしました。この改訂版によって，読者の皆さんの社会を捉える解像度がさらに上がってくれれば，と期待しています。

2022年12月

友枝 敏雄
浜 日出夫
山田真茂留

執筆者紹介

友枝 敏雄（ともえだ としお）　編者, 1 ～ 8, 42, 59
関西国際大学社会学部教授・大阪大学名誉教授

浜 日出夫（はま ひでお）　編者, 10, 14, 16, 47
東京通信大学情報マネジメント学部教授・
慶應義塾大学名誉教授

山田真茂留（やまだ まもる）　編者, 19, 21, 29, 61,
72, 73
早稲田大学文学学術院教授

浅野 智彦（あさの ともひこ）　9, 35
東京学芸大学教育学部教授

花野 裕康（はなの ひろやす）　11, 13
筑紫女学園大学現代社会学部准教授

佐藤 成基（さとう しげき）　12, 32
法政大学社会学部教授

土井 文博（どい ふみひろ）　15
熊本学園大学商学部教授

筒井 淳也（つつい じゅんや）　17
立命館大学産業社会学部教授

遠藤 知巳（えんどう ともみ）　18
日本女子大学人間社会学部教授

矢野 善郎（やの よしろう）　20, 48
中央大学文学部教授

細萱 伸子（ほそがや のぶこ）　22
上智大学経済学部准教授

流王 貴義（りゅうおう たかよし）　23
東京女子大学現代教養学部准教授

数土 直紀（すど なおき）　24, 41
一橋大学大学院社会学研究科教授

小藪 明生（こやぶ あきお）　25
早稲田大学文学学術院招聘研究員

中西 祐子（なかにし ゆうこ）　26
武蔵大学社会学部教授

崎山 治男（さきやま はるお）　27
立命館大学産業社会学部准教授

宮本 真也（みやもと しんや）　28
明治大学情報コミュニケーション学部教授

鈴木 智之（すずき ともゆき）　30
法政大学社会学部教授

佐藤 俊樹（さとう としき）　31, 54
東京大学大学院総合文化研究科教授

吉川 徹（きっかわ とおる）　33
大阪大学大学院人間科学研究科教授

出口 剛司（でぐち たけし）　34, 65
東京大学大学院人文社会系研究科教授

藤岡 真之（ふじおか まさゆき）　36
弘前学院大学社会福祉学部准教授

三上 剛史（みかみ たけし）　37
追手門学院大学社会学部教授

富永 京子（とみなが きょうこ）　38
立命館大学産業社会学部准教授

堀川 三郎（ほりかわ さぶろう）　39
法政大学社会学部教授

v

今田　高俊　40
東京工業大学名誉教授

本田　量久　43
東海大学観光学部教授

赤川　学　44
東京大学大学院人文社会系研究科教授

小井土彰宏　45
亜細亜大学国際関係学部教授・一橋大学名誉教授

平野　孝典　46
桃山学院大学社会学部准教授

金子　雅彦　49, 50
防衛医科大学校医学教育部准教授

室井　研二　51
名古屋大学大学院環境学研究科准教授

是永　論　52
立教大学社会学部教授

土井　隆義　53
筑波大学人文社会系教授

志田基与師　55
前・横浜国立大学教員

太郎丸　博　56
京都大学文学系教授

渡會　知子　57
横浜市立大学国際教養学部准教授

小山　裕　58
東洋大学社会学部准教授

村井　重樹　60
島根県立大学地域政策学部准教授

白鳥　義彦　62
神戸大学大学院人文学研究科教授

園田　茂人　63
東京大学東洋文化研究所教授

芳賀　学　64
上智大学総合人間科学部教授

飯島　祐介　66
東海大学文化社会学部准教授

水上　徹男　67
立教大学社会学部教授

内海　博文　68, 74
ヴェネツィア・カフォスカリ大学アジア・北アフリカ学科准教授

樋口　耕一　69
立命館大学産業社会学部教授

澤井　敦　70
慶應義塾大学法学部教授

阪口　祐介　71
関西大学総合情報学部教授

吉原　直樹　75
東北大学名誉教授

目　次

第 I 部　社会学の方法

第 II 部　概念構成——概念によって社会をとらえなおす

ミクロ社会学

第Ⅲ部　命題構成——社会のメカニズムとトレンド

メカニズム

トレンド

イラスト：オカダケイコ

第 I 部

社会学の方法

1 「社会」の発見と社会学の誕生

「社会」の発見

社会学は近代西欧の胎内で生まれた。「社会」の発見とは，近代西欧におい
て，自然現象と異なるものとして社会現象が認識されるようになったことを意
味する。近代以前の社会では，洋の東西を問わず，自然と社会は未分離であり，
それゆえ自然現象にも社会現象にも根本において同一の原理や法則が働いてい
ると考えられていた。西洋では，万物の根源を水（タレス）や火（ヘラクレイト
ス）に求めた古代ギリシャの自然哲学がその典型である。古代中国では，儒家
思想の中核にあった天命という概念が，その人の運命と森羅万象の条理とを意
味していたことに明らかなように，自然の秩序と個人の運命とは同じ認識枠組
みでとらえることができるという理論的同型性が前提にされていた。

近代の起源

西欧における近代の起源をどの時点に求めるかについては，いくつかの説が
ある。古い順から挙げてみよう。もっとも古いのは，ルネッサンス（14世紀か
ら16世紀）と宗教改革（16世紀）である。第2はピューリタン革命（1642-
1649年）から王政復古（1660年）を経て名誉革命（1688年）に至るイギリス市
民革命であり，第3はバスティーユ監獄の襲撃（1789年）に象徴されるフラン
ス革命である。第4は19世紀後半におけるイタリア王国の成立（1861年）お
よびドイツ帝国の成立（1871年）に求めるものである。

このように西欧の近代の起源には，400年から500年の幅があるから，西
欧の歴史においても前近代と近代とを截然と時代区分することは難しい。しか
し市民革命および産業革命（＝資本主義の生成）が新しい社会誕生の原動力にな
ったと考えるならば，イギリスで産業革命が始まり，フランス革命が起こった
18世紀後半を近代の起源とすることが，一つの有力な考え方になる。

社会科学および社会学の誕生

自然現象と異なる社会現象独自のメカニズムを発見しようとする姿勢が，社
会科学および社会学の誕生につながっていく。社会現象独自のメカニズムとは，
社会現象における規則性ということもできる。たとえば，個人は自由に服装を

選択しているにもかかわらず，他人と似たようなファッションになってしまう
こと，あるいは数十年前から，日本ではバレンタインデーに女性から男性にチ
ョコレートを贈る行事が定着してきたことは，ある時代もしくはある社会の
人々の行動様式に共通性があることを示しており，社会現象の規則性の典型例
である。こうした社会現象における規則性は，さまざまな人間の活動の集積と
して生み出されるものであるから，規則性を変更すれば，社会を作り変えるこ
とも可能だという認識が生まれるようになった。社会および制度が変更可能で
ある，あるいは制御可能であるという認識こそが，近代における社会科学の勃
興をもたらしたのであった。このような近代固有の認識を，日本政治思想史の
泰斗である丸山真男は，「自然に対する作為の契機」の優位と呼んでいる（丸
山 1952）。

　以上の観点をふまえて，近代における政治学，経済学，社会学の始祖を求め
るならば，政治学では『君主論』（Machiavelli 1532 ［訳 2004］）を著したマキア
ヴェリ（1469-1527）もしくは『リヴァイアサン』（Hobbes ［1651]1992 ［訳
1971]）を著して社会契約論を提唱したホッブズ（1588-1679），経済学は『諸
国民の富』（Smith ［1776]1950 ［訳 1969]）を著したアダム・スミス（1723-
1790）になるであろう。それでは社会学の始祖は誰であろうか。この問いに対
しては，「社会学（sociologie)」という言葉を提唱し，19 世紀前半にフランス
で活躍したコント（1798-1857）になるといってよい。

　政治学・経済学に比べて社会学の誕生が遅れた理由としては，政治学，経済
学がそれぞれの研究対象として，政治権力，資本主義の生成に伴う市場という
明確な対象をもっていたのに対して，社会学が人間の活動の集積としての社会
もしくは「社会的なるもの（the social)」を総体としてとらえようとするから
だと考えられる。つまり社会そのものが，いわば自明性をもって人々に大きな
影響を与え，人々がその自明性から逃れられなくなったときに，社会学は誕生
するのである。コントもまた，フランス革命で混乱し将来社会の方向性が見え
なくなった時代に，科学の進展に裏打ちされた秩序ある社会の理想の姿を提示
しようとして，社会学を構想したのであった。

　社会学が「社会秩序探究の学」もしくは「近代の自己認識の学」といわれる
理由は，ここにある。

〔友枝敏雄〕

2 社会的事実

創発特性

社会的事実とは，19世紀末から20世紀初頭にかけてフランスで社会学の確立に貢献したデュルケムの言葉である。

社会学の研究対象は，いうまでもなくさまざまな社会現象であるが，これを少し難しく表現すると「社会的なるもの（the social）」ということになる。「社会的なるもの」という場合に社会学者が注目してきたのは，社会現象には個人の行為を超えた何かがあるということである。つまり社会現象には，単なる個人の行為の総和ではないもの，個人の行為からは説明できない何か異なる性質が発生するということである。

この異なる性質のことを，進化論や一般システム論では創発特性と呼ぶ。創発特性（emergent property）とは，「ある部分ないし要素が一定量を超えて集まるときに発現する集合体自体の性質であり，各部分ないし各要素には還元できない集合体独自のもの」と定義できる。創発特性という概念によって説明しようとしている現象は，かつて弁証法哲学でいわれていた「量から質への転化」が説明しようとした現象とほぼ同じものだといってよい。

デュルケムと『社会学的方法の規準』

『社会学的方法の規準』（Durkheim 1895［訳2018］）におけるデュルケムの主張を敷衍すると，次のようになる。たとえば，水（H_2O）という性質は分子によって説明できるが，原子のレベルにまでさかのぼって水素原子と酸素原子の性質から説明することはできないということになる。このことを社会的な現象で考えてみよう。たとえば家族は赤の他人である男性と女性によって作り出される。多くの場合，ライフステージを通してその家族独特の雰囲気が醸成される。とくにその家族が俸給生活者ではなくて，農業，漁業，商家，町工場といった自営業主である場合には，家風というものが強く生み出される。ある家族の中に生まれる子どもにとっては，その家庭の雰囲気はたまたま両親が作り出したものであるにもかかわらず，必然的なもの，もしくは変更しがたいものになってしまうのである。

このような社会現象自体が有する創発特性を，デュルケムは社会的事実と呼んだ。彼によれば，社会的事実とは，われわれの意識の外部にあって，しかもわれわれの行為を拘束するもののことである。社会的事実を平易に表現するならば，次のようになる。私たちの行為の中には，なぜそうしなければならないのか，明確な理由が行為者にはわからないにもかかわらず，行為者がそうしなければならないと感じ，そのように行う行為があるが，この行為がまさしく社会的事実なのである。デュルケムは，社会的事実の具体例として，法や道徳，慣習，宗教教義，社会的潮流などを挙げている。また彼は，社会的事実を有機体的な現象および心理的な現象とは異なるものとしてとらえていたから，この社会的事実に，社会学という学問の独自性を求めていたといってよい。

　創発特性もしくは社会的事実の注目すべき事例として，20世紀の忌まわしい歴史である，ドイツにおけるナチスによるユダヤ人虐殺がある。いうまでもなく，一人ひとりのドイツ人が狂気の状態にあったわけでもないのに，なぜあのような事態が起こってしまったのか。一つの解釈として，第一次世界大戦での敗戦によって，当時のドイツ人に「自由からの逃走」をもたらすような社会的性格が生み出されたのではないかというものがある（Fromm 1941 [訳 1951]）。もちろんこの解釈は事態のすべてを説明するものではない。しかし当時のドイツ社会を覆っていた「空気」があり，これこそが社会的事実なのである。

社会学的分析の対象としての社会的事実

　デュルケムが提示した社会学の方法を，あえて極端な形でとらえるならば，社会現象を個人の行為の総和から説明することはできないとする立場にいきつく。社会学の方法の独自性が，社会的事実への注目にあることは否定できない。しかし，その一方で個人の行為を出発点にして，集合的な現象を説明しようとする研究も，社会学の世界ではずっと続けられてきた。その代表が，合理的選択理論に依拠して，集合的な行為・現象を説明する試みである。

　社会現象を分析する際に，個人を出発点とするのか，それとも社会を出発点とするのかという「個人と社会」の問題は，社会学誕生以来のテーマである。このテーマは20世紀後半以降，ミクロ-マクロリンク問題として再定式化されたうえで研究が進展しているが，社会学という学問に内在する永遠のアポリアというべきものである。　　　　　　　　　　　　　　　　〔友枝敏雄〕

3 存在と当為

科学研究の2つの対象と方法

元来ドイツ哲学の用語で，存在（Sein）とは，「あるがままのもの」という意味であり，当為（Sollen）とは，「なすべきもの」という意味である。

存在を対象とする研究とは，事実を正確に把握する研究のことであるから，社会学では，社会現象もしくは社会的事実を対象とする研究を意味する。これに対して，当為を対象とする研究とは，社会現象もしくは社会的事実に対して規範的判断もしくは価値判断を下して，実践的な解決をめざす研究である。

存在を対象とする研究は，分析的（analytical）なレベルの研究と呼ばれ，当為を対象とする研究は，規範的（normative）なレベルの研究と呼ばれる。

記述と説明

存在を対象とする研究には，記述（description）を中心にした研究と，説明（explanation）を中心にした研究とがある。記述とは，社会現象もしくは社会的事実を正確に描写して，それをリアルに再構成する方法である。これに対して，説明とは，ある社会現象もしくは社会的事実がなぜ発生したのか，それはいかなるメカニズムによるものだったのかを解明する方法である。

さらに記述には，日常言語による記述と科学言語による記述とがある。以上，述べてきたことを整理すると，表1になる。

表1を，女性の就業率の上昇（有職女性の増加）という具体例で考えてみよう。存在の研究における記述のレベルでは，全女性に占める有職女性の割合，過去10年間のトレンド，都道府県による違い，国際比較による日本と諸外国の違いなどを正確に示すことが研究の主眼となる。次に，存在の研究における説明のレベルでは，就業率上昇の背景として，女性の意識の変化（「専業主婦への憧れ」の減少），性別分業規範の弱まり，貧困のため働かざるをえない女性の増加などの原因を考察することが重要な研究となる。

そして当為の研究においては，同一職業・同一労働での男女間の不平等を解消することや，女性が働きやすい環境を整備することといった目標を達成するために，保育所の整備や，男性が育児休暇を取りやすい制度など問題解決策を

表1　存在と当為

存　在	記　述	日常言語による記述 科学言語による記述	社会現象・社会的事実をリアルに再構成する
	説　明		社会現象・社会的事実の原因・メカニズムを解明する
当　為			社会現象・社会的事実に対して規範的判断・価値判断を下し，実践的解決をめざす

構想することが重要になる。

　もう一つ具体例を挙げるならば，記述のレベルにおいて，対面的コミュニケーションの苦手な若者の増加という社会現象が発見されたとするならば，説明のレベルにおいては，その原因の一つとして携帯電話等の電子機器の普及によるコミュニケーション手段の変化ということを考察しなければならなくなるし，当為の研究においては，集団場面における対面的コミュニケーションの訓練をどのように行うかということが，重要な課題になってくる。

ヴェーバーの価値判断排除

　ヴェーバーの有名な言葉である「価値判断排除」（Weber 1922a［出口訳1973]）を，これまで述べてきた存在の研究（記述のレベルおよび説明のレベル）および当為の研究に対応づけるならば，存在の研究では，規範的判断もしくは価値判断を避けて，科学的知見としての客観性を確保することが重要な課題となるのに対して，当為の研究では，当然のことながら規範的判断もしくは価値判断を下して，懸案となっている社会問題の解決をめざすことが最優先課題になる。

　実際の社会学の研究では，存在の研究（記述のレベルおよび説明のレベル）と当為の研究とは，組み合わされている。たとえば自殺の研究では，多くの場合，単に自殺の原因を明らかにすることにとどまらないで，自殺者の減少をめざす方策の検討がなされており，いわば同時並行的に行われている。したがって存在の研究および当為の研究それぞれの到達目標を十分に明確にして研究することが，卓越した研究を生み出すための最良の方法だと考えられる。

〔友枝敏雄〕

4 方法論的個人主義と方法論的集合主義

2つの方法

社会現象を分析する際の対照的な2つの方法として，方法論的個人主義，すなわち社会現象を個人の行為の集積としてとらえたうえで，個人の行為の分析からスタートして，社会現象を解明する方法と，方法論的集合主義，すなわち社会現象が単なる個人の行為の集積とは異なるものとして存在するとしたうえで，社会現象が発生する原因やメカニズムを解明する方法とがある。

方法論的個人主義と方法論的集合主義という2つの考え方とほぼ同義のものとして，社会唯名論（social nominalism）と社会実在論（social realism）がある。社会唯名論とは，社会というものはあくまでフィクションであって存在せず，存在するのは個人であるから，個人の行為を出発点にして社会現象を解明する立場である。これに対して，社会実在論とは，社会はたしかに存在し，しかも多くの場合，個人を超えたものとして存在するとして，社会そのものの分析を通して社会現象を解明する立場である。

社会学では，〈方法論的個人主義 vs 方法論的集合主義〉あるいは〈社会唯名論 vs 社会実在論〉という二項対立を，もっとも平易に表現して「個人と社会」の問題として論じてきた。方法論的個人主義と方法論的集合主義という2つの方法は，社会現象を分析する際のミクロ・アプローチとマクロ・アプローチということもできる。

デュルケムとヴェーバー

西欧における社会科学の歴史を振り返ると，17世紀から18世紀にかけての近代科学の誕生およびそれに呼応するように登場してきた啓蒙主義思想の展開を受ける形で，19世紀の社会科学においては，自然科学と同じ方法で社会現象を分析できるとする自然主義的な立場が優勢であり，方法論的集合主義の方法が採用されていた。社会のメカニズムの中でもとりわけ経済現象に焦点を当てて分析を試みたマルクスの社会理論・経済分析は，その典型である。社会学という言葉の創始者コントの社会静学・社会動学もまた，社会そのものを対象とした分析を試みている点において，方法論的集合主義の立場に立っている。

コントが社会学を「社会物理学」と呼んでいたことに示されているように，彼の社会学が自然主義的な立場に立っていたことは有名である。そして方法論的集合主義の立場から社会学を確立したのが，「社会的事実」の概念を提示したデュルケムであった（Durkheim 1895［訳 2018]）。

　しかるに，19 世紀末から 20 世紀にかけて，自然科学と一定の距離をとりながら人文・社会科学を確立しようとする立場が強くなってくる。19 世紀前半の人文・社会科学が自然主義優位の時代だったとすれば，19 世紀後半からは反自然主義優位の時代だったといえる。反自然主義（「実証主義への反逆」）の代表者として，フロイト，クローチェ，ヴェーバーを挙げることができる。このような時代思潮の中で，方法論的個人主義に基づく社会学理論がヴェーバーによって提出される。彼は『社会学の根本概念』（Weber 1922b［清水訳 1972]）において，行為の分析から出発して，社会関係を取り上げ，後半では，団体，権力と支配を論じている。またこの著書は，行為の意味を理解することに注目している点で，反自然主義的な色彩をにじませている。

2 つの方法を代表する理論と 2 つの方法を統合する試み

　方法論的個人主義に基づく代表的な理論として，象徴的相互作用論，交換理論，合理的選択理論がある。方法論的集合主義に基づく代表的な理論としては，社会意識論，社会構造分析，社会変動論がある。社会意識論には，イデオロギー，集合意識，社会的性格，心性，価値意識を対象とする研究がすべて含まれ，社会構造分析には，社会階級・社会階層と社会移動の分析が含まれる。

　第二次世界大戦後の社会学では，方法論的個人主義と方法論的集合主義を統合する試みが自覚的に行われてきた。その嚆矢というべきものが，パーソンズによる行為理論と社会システム論の提出である。日本では，パーソンズを継承した富永健一が『社会学原理』（富永 1986）において両者の統合をめざしている。構造主義思想の影響を受けたギデンズの構造化理論や，ブルデューのハビトゥス概念もまた統合の試みである。

　方法論的個人主義と方法論的集合主義とは，対立する立場と考えるよりも，社会現象を分析する 2 つの方法と考えるべきである。そして社会学の研究においては，社会現象のより優れた説明をめざして，2 つの方法の長所をたくみに生かしていくことが肝要である。　　　　　　　　　　　　　〔友枝敏雄〕

5 統計帰納法，数理演繹法，意味解釈法

科学の方法の 3 類型

統計帰納法，数理演繹法，意味解釈法は，科学の方法を 3 つの類型に定式化したものであり，『自己組織性』を著した今田高俊によってなされた。

統計帰納法とは，実験・観察・社会調査などによって収集した大量のデータの分析に基づいて一般命題を導出する方法である。たとえばエンドウ豆の大量栽培を通してエンドウ豆の形質が一定の割合に分化することを発見し，遺伝学の先駆的業績となったメンデルの研究は，統計帰納法の典型である。社会学の研究では，都道府県別の自殺率，離婚率などのデータから都道府県の特性を明らかにしようとする研究が，これにあたる。今田によれば，実験・観察・社会調査によって認識された「リアリティを帰納法によって検証可能な存在（経験）に接続する手続き」（今田 1991: 11）が統計帰納法である。

数理演繹法とは，一定の前提（公理）を出発点にして，ある社会現象を説明するモデル・理論を構築し，そのモデル・理論によって社会現象を説明し，その経験的妥当性を吟味する方法である。たとえば経済学では，効用最大化という原理を前提にして，個人もしくは企業の行動を分析するモデルを構築し，そのモデルによって現実の経済行動を説明しようとするが，この方法は数理演繹法の典型である。今田によれば「時間・空間を超越した『普遍』で『抽象』な仮説認識としてのリアリティを，演繹という方法的手続きによって反証可能な存在（経験）へと接続する方法」（今田 1991: 15）が数理演繹法である。

意味解釈法とは，人間の行為や社会の活動が単なる客観的実在として存在するだけではなくて，意味によって構成されたものとして存在していることに注目して，意味の側面から社会現象を説明しようとする方法である。たとえばある行為が神聖なものとして賞賛され，宗教儀式が発生するのはなぜかといったことを，人々の動機や集団の特性から説明しようとするのがこれにあたる。今田によれば，「『特殊』で『個別』なリアリティの意味認識を，解釈法によって了解可能な存在（経験）に接続する方法」（今田 1991: 18-19）が意味解釈法である。

自然現象との違い

すでに述べたように，自然現象とは異なり社会現象には人間の意味によって構成されている部分がある。つまり，人間の行為や社会の活動は人々の意味づけによって成立しており文化の負荷性も高い。それゆえ，社会科学の方法としては，統計帰納法および数理演繹法だけでは十分とはいえず，意味解釈法が必要になってくる。このような社会科学の研究対象の独自性をふまえると，今田が統計帰納法，数理演繹法，意味解釈法という3類型を定式化した意義がいっそう明らかになる。いうまでもないが，意味解釈法の重要性を指摘したからといって，社会科学は普遍主義的な認識・説明を拒否しようとしているわけではない。社会科学の究極の目標は，人間社会に妥当する必然性の命題を法則として提出することである。その際の問題は必然性をどのように考えるかにある。

社会科学における法則性

　以上から明らかなように，自然現象における法則の発見に比べて，社会現象における法則の発見には大きな困難が伴う。それでは社会科学における法則性についてはどのように考えたらよいだろうか。この問題については，法則における必然性の強さを，決定論的必然性，確率論的必然性，歴史的必然性という3つの水準で考えておくのがよい。まず決定論的必然性とは，ある条件のもとではある現象が必ず生起することを意味する。第2に確率論的必然性とは，ある条件のもとである現象が○○％の確率で生起することを意味する。第3に歴史的必然性とは，たとえば20世紀初頭ロシアでソビエト連邦という共産主義国家が成立したことにはそれなりの原因があり，起こるべくして起こった事件であったことに示されているように，歴史上の出来事が必然的なつながりの中で生み出されるという意味である。この3つの水準の違いから明らかなように，自然科学においては，法則性が決定論的必然性と確率論的必然性に限定されているのに対して，社会科学では，法則性に歴史的必然性を含めることができる。もちろんこのように社会科学における法則性を，自然科学に比べて広くとらえることについて，社会科学において完全な合意があるわけではない。しかし社会科学における法則性に歴史的必然性まで含めるとするならば，社会現象における法則を考える際には，必然性の強さと統計帰納法，数理演繹法，意味解釈法とがいかなる関係になっているのかを解明する作業が重要になる。

〔友枝敏雄〕

6 概念構成と命題構成

概念構成

　社会科学における理論構築には，概念構成と命題構成という2つの水準がある。概念構成とは，対象を的確にとらえた概念を作り出すことであり，多くの場合，日常用語に学術的意味を付加することによってその専門分野の重要な概念にすることである。

　社会科学において概念が重要となるのは，次の2つの理由からである。第1に，自然現象とは異なり，社会現象を一義的に確定することはかなり困難だからである。たとえば家族といえば，日常会話では多くの場合，お互いの了解が働くが，血縁でない人を家族構成員とみなすのか，家族の概念を拡大してペットも家族の一員と考えるのかといったさまざまな問題がすぐに浮かんでくる。また「いじめ」という社会現象は重要な社会問題であるが，実際には「いじめ」をどう定義するかは，はなはだ難しいということがある。第2に，これまでになかったような新しい社会現象を的確にとらえる概念が必要だからである。その一例を挙げるならば，社会学の世界で，20世紀後半に確立した概念として，「ジェンダー」と「エスニシティ」がある。「ジェンダー」はフェミニズム運動の中から登場したものであり，生物学的な性差（sex）では説明できない，社会的に作り出された性差もしくは性差別を表現するための概念である。また，グローバル化の趨勢の中で移民労働者の増加および国際結婚の増加によって，従来の人種（race）や民族（ethnic group）には当てはまらないような人々が生ずるようになってきたが，これらの人々および彼/彼女らが抱える社会問題を表現する言葉として，「エスニシティ」が登場してきたのであった。

　経済学で，「家計」「効用」「所得」「競争」といった概念が重要であるように，社会学では，「地位」「役割」「社会化」「アノミー」「逸脱」「規範」「制度」「構造」「機能」「家父長制」などの概念が重要である。本書は，社会学におけるこれらの重要な概念を平明に説明し，社会学的思考の特色を示すことをめざしている。

命題構成

命題構成とは，概念間の関連もしくは要因間の関連を意味している。この概念間の関連もしくは要因間の関連は，多くの場合，因果関係として定式化され，命題が本当に社会現象を説明しているかどうかを検証することが重要な課題となる。

社会学研究における命題として，自殺に関する命題，家族に関する命題，社会階層に関する命題を紹介しておく。まず自殺に関しては，デュルケムが『自殺論』で中心テーマとした「社会の凝集性が低いときには，自殺率が増大する」という命題がある（Durkheim 1897［訳 2018］）。これは社会の凝集性（社会統合）が自殺に大きな影響を与えることを示した命題である。デュルケムはカトリック教徒とプロテスタント教徒との自殺率の違いから，この命題を導出しているのである。次に家族に関しては，「産業化が核家族率を高める」という命題がある。最後に社会階層に関しては，高度経済成長下の日本においては，「地位非一貫的な人々は，それなりの満足感を得たため，政治的極端主義に走らなかった（補償作用のメカニズム）」という命題がある。自殺に関する命題と地位非一貫性に関する命題については，本書でも第Ⅲ部で詳しく取り上げる。

理論構築に向けて

社会学の理論構築において，概念構成と命題構成が重要な作業であることはいうまでもない。しかし研究者が新しい概念を提示することや新しい命題を提出することは，至難の業である。したがって従来の概念を的確に理解することと従来の命題を検証することが，社会学研究の第一歩として重要である。

概念を的確に理解したのち，一定の方針のもとに概念を相互に関係づけ，概念の集合である概念体系を作成することが次の作業となる。概念体系は，現実の社会に生起する現象を分類し，現実の社会を明瞭に見ることを可能にする。たとえば，社会関係および集団の類型である「ゲマインシャフトとゲゼルシャフト」「第一次集団と第二次集団」「コミュニティとアソシエーション」もまた，現実の社会を的確にとらえることを可能にしている。命題については，提示された命題を検証する作業を通して，その命題に基づく理論が補強されたり，修正されたりする。いずれにせよ概念および命題を吟味する作業によって，より説明力のある理論が構築されていくのである。　　　　〔友枝敏雄〕

7 理論研究と実証研究

理論研究

人文・社会科学における理論研究は，理論そのものの論理的整合性を精緻化することのみにとどまらない。その理論が生み出された時代背景・社会背景にまで研究の射程を広げ，なぜそのような理論を構想するに至ったのかを解明する作業が必要となる。前者の研究を理論そのものの研究と呼ぶならば，後者の研究は，学説史的研究もしくは社会思想史的研究と呼ぶことができる。

人文・社会科学において，学説史的研究・社会思想史的研究が必要になる理由は，人文・社会科学における理論の多くが，時代相関的もしくは社会相関的な理論だからである。ここで時代相関的もしくは社会相関的という意味は，ある時代もしくはある社会の特徴を強く反映した理論だという意味である。

理論そのものの研究と学説史的・社会思想史的研究

合理的選択理論のスタートというべき「囚人のディレンマ」を例にして，理論そのものの研究と学説史的・社会思想史的研究との違いを考えてみよう。理論そのものの研究とは，行為者 A（囚人 A）と行為者 B（囚人 B）の「自白する行為」と「黙秘する行為」の利得計算からナッシュ均衡へと至る論理を考察し，社会的ディレンマが発生するメカニズムを研究することである。

これに対して，学説史的・社会思想史的研究とは，合理的選択理論がなぜこのような人間観に立っているのかを問うことである。経済学理論を学習した人であるならば，人間は本来利己的であり，自分の欲求を充足するためにさまざまな行為をするのであるから，このような人間観に立つことは当然だと考えるであろう。しかし人間は，しばしば自らの即時的な欲求充足を回避して，利他主義的な行為やボランティア行為という，伝統的な経済学の立場からは「非合理的」に見える行為を行う。現代社会においても，宗教的行為の実践や「国境なき医師団」の医療行為に見られるように，合理的選択理論の想定する人間観とはまったく違う地平に立っている人々がいる。このような社会的現実があることを知ると，理論そのものを生み出した時代背景・社会背景を解明する学説史的・社会思想史的研究が重要であることはもはや明らかであろう。

実証研究

　実証研究とは，社会学における理論を検証し，理論の経験的妥当性を問うことである。ここで理論の検証を行う場合，一般的な理論をそのまま検証することはかなり困難なので，一般的な理論から，複数の操作化された仮説を導出し，その仮説を実証データによって検証することが多い。

　社会学では，社会現象に関して実験を行うことは，基本的に不可能なので，実証研究は，社会調査によってなされる。社会調査の方法としては，①調査票（質問紙）調査，②聴き取り（インタビュー）調査，③参与観察，④ドキュメント分析，⑤既存統計資料の分析がある。このうち①と②については説明を要しないであろう。③参与観察とは，「社会現象が起こっている現場に行き，その社会生活を共に体験する中で観察したことを記録していく調査」であり，④ドキュメント分析とは，「手紙，日記，新聞・雑誌記事など，すでに存在している文書や記録」の分析であり，⑤既存統計資料の分析とは，官庁統計など，すでに収集されたデータを分析することである（盛山 2004）。調査データの収集には，かなりの時間と労力を伴うが，優れたデータ収集が，仮説の検証の第一歩となる。

理論研究と実証研究の往復運動

　理論研究と実証研究は，それぞれ独立の作業であるが，分離された作業ではない。理論研究は，ある社会現象をよりよく説明するためになされる。他方，実証研究は，操作化された仮説の検証を通して，理論の補強もしくは修正をめざしている。したがって理論研究と実証研究は，しばしば当該テーマに関して，往復運動のようになされ，そのような絶え間ない学問的営みの中から，卓越した社会学研究が生み出されるのである。

　日本における理論そのものの研究で優れたものとして，富永健一『社会学原理』（1986）があり，理論そのものの研究に学説史的・社会思想史的研究の色彩をまじえたものとして，厚東洋輔『社会認識と想像力』（1991），『〈社会的なもの〉の歴史』（2020），佐藤俊樹『社会学の方法』（2011）がある。日本における実証研究については，おびただしい研究があるが，社会意識研究の白眉として見田宗介『現代日本の精神構造』（1984）を，社会階層研究の名著として原純輔・盛山和夫『社会階層』（1999）を挙げておく。　　　　〔友枝敏雄〕

8 内在的批判と外在的批判

理論の3つの位相

内在的批判と外在的批判とは，理論を吟味する際の2つの作業をさしている。2つの作業を説明する前提として，理論には，(1)領域仮説（domain assumption）もしくは大前提（presupposition），(2)①概念構成，②命題構成からなる純粋理論，(3)規範理論という3つの位相があることを示しておく。

領域仮説・大前提とは，概念構成および命題構成からなる純粋理論の根底にあり，研究の指針をなすものである。概念構成および命題構成のそれぞれにおいて，領域仮説・大前提の例を考えてみよう。まず，概念構成の根底をなす領域仮説・大前提の例として，ヴェーバーが西欧近代社会を分析する際に用いた前近代社会と近代社会との対比という視点がある。ヴェーバーにおいては，近代社会は前近代社会とは異なるということが前提にされていたのであり，それゆえ，近代社会の特質，とりわけ近代資本主義の特質を明らかにすることができたのである。また，ハーバマスの提唱するコミュニケーション的行為論の前提にあるのは，人々はコミュニケーションによって合意に達することができ，真理はこの合意によって保証されるとする考え方である。

次に，命題構成の根底をなす領域仮説・大前提の例として，社会的交換理論における等価交換（互酬性）の原理や，ミクロ経済学において市場的交換を説明する際に用いられる「経済人（ホモ・エコノミクス）」という人間観を挙げることができる。通例，経済人の規準としては，①経済的利得（効用・利潤）を最大にする「最大化」規準と，②他者の感情や態度にはいっさい配慮せず，またその影響を受けないとする「利己主義」の規準の2つが，挙げられる。

「3 存在と当為」のところで述べたように，存在を対象とする研究に対応しているのが，概念構成および命題構成からなる純粋理論であり，当為を対象とする研究に対応しているのが，規範理論である。ここであえて，「純粋」という言葉を用いているのは，存在を対象とする研究が，規範的判断もしくは価値判断を含んでいないことを明瞭にするためである。

規範理論とは，すでに述べたように，当為を対象とする研究であり，具体的

に述べるならば，現実の社会に存在する規範，制度，秩序の有効性や正当性を検討し，ある社会現象（たとえば少子化という趨勢）に対する政策的判断や価値判断を下すことである。

内在的批判と外在的批判

内在的批判とは，(2)①概念構成，②命題構成からなる純粋理論に焦点を当てて，吟味・評価することであり，純粋理論の論理的整合性と経験的妥当性が問題とされるのである。論理的整合性とは，理論が無矛盾に展開されていることであり，経験的妥当性とは，理論が社会現象を的確に再現しており，リアリティ豊かであることである。すべての科学的研究において論理的整合性の規準が重要であることはいうまでもない。しかしヴェーバーが自然科学とは異なる社会科学の特色を「現実科学」と呼んだことを尊重して，あえて極論するならば，社会学においては，論理的整合性よりも経験的妥当性がいっそう重要だということになる。もちろんここまで極論することなく，幾分，穏当に表現するならば，社会学の研究では，論理的整合性も経験的妥当性も，ともに重要であるが，理論研究であれ，実証研究であれ，リアリティ溢れる研究であることが必要不可欠だというのが適切であろう。

これに対して，外在的批判とは，(1)領域仮説・大前提，(3)規範理論に焦点を当てて，吟味・評価することである。

社会学の理論が，純粋理論の位相のみで展開するのであれば，理論の吟味・評価は，内在的批判のみで十分であろう。しかるに，一つには時代の推移および社会の変化によって，もう一つには他分野の学問の発展によって，領域仮説・大前提も，規範理論も変化せざるをえない。本来，社会学を含む社会科学が，その対象たる社会にとらわれていることは否定できない事実である。

心理学や経済学における理論には，時代を超えて成立し，いかなる社会にも妥当する理論があることは，よく知られている。しかしながら，社会学における理論の多くは，ある時代もしくはある社会が抱える問題を直視し，それを分析し解決しようとするものであり，時代状況・社会状況を刻印された理論である。したがって，外在的批判を，異なる立場からのネガティブな批判だととらえるのではなくて，異種混合を可能にし，新しい社会学理論を脱構築する一つの契機として位置づけることが重要である。　　　　　　　〔友枝敏雄〕

第Ⅱ部

概念構成

概念によって社会をとらえなおす

9 自我と自己

社会学と精神分析

「自我（ego）」「自己（self）」はいずれも「私」のあり方をとらえようとして発案された概念である。したがって両者には重なり合う部分もあるが，発案された文脈が異なるので，完全に互換的な概念とはいえない。

この「文脈」のうち重要なものの一つが，精神分析の理論を積極的にふまえるかどうかという点だ。精神分析において「自我」は「イド」「超自我」と並んで「私」を構成する重要な要素である。自我は，欲望を追求しようとするイドの衝迫と，理想と規範とを課す超自我の厳格さとの間でバランスをとるものとされており，この機能を重視する立場からは自我は独特の重要性をもつ。

たとえばエリクソンによって構想され，広く知られるようになった「アイデンティティ」という概念は，より正確にいえば「自我アイデンティティ」である（Erikson 1968［訳 1973］）。エリクソンは精神分析家として自我に固有の機能を解釈し直し，アイデンティティの統合の働きをそこに見いだしたのである。他方，多くの社会学者は精神分析をそれほど積極的にはふまえていないため，自我をそのように強い意味で用いることは少なく，むしろ「自己」という概念をより多く用いる。

対他関係としての自己・対自関係としての自己

精神分析が彼らの概念セットの一部として「自我」という用語を用いるように，社会学もまた特定の概念セットの一部として「自己」という語を利用する。両者の大きな違いの一つは，「自我」が行為の発出点であり，能動性の起原であるという意味合いを強くもつのに対して，「自己」は自分自身を意識し，自分自身に働きかけるという意味合いをもつということだ。自我が主語＝主体としての側面により多く照準するのに対して，自己は再帰代名詞（myself, himself, herself 等々）を構成するのに用いられることからもわかるように，主語でありながら目的語でもあるという事態に照準している。

自己を社会学にとって重要な対象として設定した最初の社会学者の一人，ミードは，その概念を 2 つの命題によって表現している（Mead 1934［訳 1973］）。

第1に，自己とは他者との関係であるという命題。第2に，自己とは自分自身との関係であるという命題。それぞれについてミードの説明を追ってみよう。

　第1の命題がいわんとしているのは，自己は事実としても論理的にも他人との諸関係に先立たれているということだ。生まれたての赤ん坊は，私たちが知っているような意味での自己をもたない。そのような自己は，さまざまな他人との関わり合いの中で形成されていく。論理的に見ても，自己が何者であるのかという問いに対する実質的な回答は他人に言及することなく与えられることはない。自己の同一性は，その根底において社会的なものである。

　次に第2の命題がいわんとしているのは，自己の自己たる固有性がそれ自身に言及し，また働きかけることができる点にあるということだ。自己は他者との関係として成り立つが，他なるものとの関係において成り立つ対象は何も自己に限られるわけではない。関係的に成り立つあらゆる対象の中で自己だけが固有にもつ形式，それが自己自身への関係なのである。

　第1の命題と第2の命題とは，自己が他者の役割＝視点を取得するという発想によって接合される。自己が自分自身を対象とするとき，それは自己のうちに取り込まれた他人の視点によってそうされているのである。他人との関係において自分を見る他人の視線を自分自身のものとして取り入れることによって，自分自身を眺めることができるようになる，とミードは考えた。

　この2つの発想は，以後の自己論の基本となっている。たとえば，ゴッフマンの自己論は，他人に対して呈示されるものとして自己をとらえようとする（Goffman 1959［訳 1974］）。「演技」「印象操作」「儀礼」等々といった彼の用いる比喩が示しているように，自己の呈示が同時に場面の秩序を成り立たせているような，そういう場面の分析に彼の理論は向けられている。

　初期の著作において彼は，自己とは場面の効果であると述べている。つまり自己は，それが帰属されているところの身体の内側に存在しているのではなく，その身体が置かれた場面のうちにあるというのである。その場面は，ちょうど演劇の舞台のように，参加者が各々の役割を首尾よく演技することの効果の総和として産出される。場面における諸々の演技がもたらす印象の集積として自己は成り立っているのである。その意味で，自己とは場面を生み出す原因なのではなく，逆に，場面が生み出す効果であるとゴッフマンはいう。

中期以降の著作において重視される「儀礼」という概念は，自己が他人によって承認されることに依存しているという点に力点を置く。デュルケムの宗教社会学を転用し，個々人の人格を「聖なるもの」と見立てたうえで，ゴッフマンは，人々の相互行為がその「聖なるもの」への敬意を平等に配分する過程であると考えた。宗教における「聖なるもの」がさまざまな儀礼によってそれへのアクセスを規制されているように，人格もまた相互行為におけるさまざまな儀礼によって守られている。人は，お互いの面子を傷つけないように，注意深く敬意を交換するゲームを行っているとみなされる。

再帰的プロジェクトとしての自己

　他方，ギデンズの自己論は，自分自身への関わり合いの高度化に着目するものだ（Giddens 1991 ［訳 2005]）。ギデンズの見立てでは，近代とは自分自身を再帰的に組織化する運動として理解することができる。実定法システムや市場経済が典型的であるが，近代社会においてさまざまな制度や振る舞いは，つねに再帰的な検討に付され，たえず変更を加えられていく。この運動の徹底化した帰結である現代社会は，しかし，近代初頭には予想しなかったさまざまな逆説を引き起こす。たとえば，科学による世界了解がいずれは宗教的世界観を駆逐すると近代の初頭には信じられていたが，現在起こっていることはむしろ科学それ自体への再帰的な懐疑である。同じことが自己についても起こっているとギデンズは考える。近代初頭に思い描かれていた個人は，自らの内部に確固たる基準をもち，どのような環境においてもそれに従って振る舞う自律的な存在であるとされた。リースマンが内部指向と呼んだ社会的性格は，このような自己像に準拠したものといえる（Riesman 1960 ［訳 1964]）。

　だが再帰性の徹底化は，このような基準自体をたえざる検討に付すことになる。再帰性の徹底に伴い，自己は，自己自身のあり方についてたえず振り返ることを求められる。ギデンズは，これを自己についての物語，あるいは自伝が語られなければならないと表現している。ギデンズはこのような自己のあり方を「再帰的プロジェクトとしての自己」と呼んだ。

自我の起原

　他方，自我という言葉に独特の意味合いを込めてなされた社会学的な研究もある。先ほど触れたリースマンの内部指向は，自分自身の個体性・固有性につ

いて強い意識をもつ自己である。この個体性・固有性への強い志向性によって特徴づけられる自己は，しばしば「近代的自我」と呼ばれてきた。もちろん，近代以外の社会にあっても人は多かれ少なかれ自分自身の個体性や固有性について思いをめぐらし，しばしば悩みもするだろう。しかし，近代社会は，その社会の再帰的な成り立ちにおいてそのような志向性の強度を組織的に高めた。それが「近代的」自我と呼ばれる所以である。

　このような強度をもった自己意識のあり方を生命の歴史という超長期の視野に置き直して理解しようとしたのが見田宗介（真木悠介）である（真木［1993］2012）。見田は，社会生物学の成果を探索し，とりわけドーキンスの「利己的遺伝子」論を精細に読み解くことによって，遺伝子（見田自身はこれを「生成子」と呼ぶ）の複製と自我との間にある逆説的な関係を明らかにした。

　すなわち「利己的遺伝子」論における「利己」というのは，遺伝子を単位としたものであり，生物個体を単位とした「利己」とは一致しない。つまり，遺伝子は自らをもっとも効率的に複製しようとするのみであり，そのことは個体の利己性と一致することもあるが，一致しないこともしばしばある。さまざまな生物に見られる利他的な態度は，遺伝子の水準で見れば，その複製の効率を上げているという意味で利己的である。

　だが進化の途上で，このような遺伝子の水準での利己とは異なる個体水準での利己を有する生物が現れる。それがヒトだ。それは遺伝子の複製メカニズムが生み出した，そのメカニズムへの反逆である。自らの（そしてそれと双対的に大切な他者の）個体性をかけがえのない，絶対的なものとみなす態度は，しばしば遺伝子の効率的な複製と対立しさえする。

　しかし，このことを逆に見ることもできる。つまり，そのような強度をもった個体もまた遺伝子の複製メカニズムに支えられている。そして，生物学が教えるもう一つの重要な点は，そのメカニズムが同時にさまざまな単位（細胞，群体，個体等々）における共生によって支えられているということだ。自我はその成り立ちの根底において他者へと開かれている，と見田はいう。

　見田の研究は，生命の歴史の中で対他関係が近代的自我という独特の強度をもった対自関係を生み出す過程を解明するものといえる。

〔浅野智彦〕

10 行為類型

ヴェーバー

　社会学における行為理論の出発点に立つのはヴェーバーの行為理論である。ヴェーバーは,「行為」を「単数あるいは複数の行為者が主観的な意味を含ませている限りの人間行動」(Weber 1922b [清水訳 1972: 8]) と定義する。「行為」とは主観的意味,すなわち行為者本人にとって何らかの意味をもつものであり,この点で行為者本人にとって意味をもたない「行動」とは区別される。そして「単数あるいは複数の行為者の考えている意味が他の人々の行動と関係をもち,その過程がこれに左右される」(Weber 1922b [清水訳 1972: 8]) とき,そのような行為は「社会的行為」である。ヴェーバーによれば,あらゆる社会現象は諸個人の社会的行為の集まりであり,諸個人の社会的行為に分解できる。そして,ヴェーバーは,社会的行為が行為者自身にとってもっている主観的意味を基準として,社会的行為を「目的合理的行為」「価値合理的行為」「感情的行為」「伝統的行為」の4種類に分類する。

　目的合理的行為は,事態のなりゆきや他者の行動を予想し,その予想を自分の目的を実現するための手段として利用する行為,価値合理的行為は,結果を度外視して,行為そのもののもつ価値への信仰によってなされる行為,感情的行為は感情や気分による行為,伝統的行為は身についた習慣による行為である。ただしこれらはあくまで純粋な類型(理念型)であり,現実の行為はこれらの類型にさまざまな程度で近似しているにすぎない。

　功利主義では,人間は合理的な手段を用いて自己の利益の最大化を追求する存在としてとらえられている。このような人間像は「ホモ・エコノミクス(経済人)」と呼ばれる。ホモ・エコノミクスの行為は目的合理的行為の典型的な例である。これに対して,ヴェーバーは人間を経済的な利益を追求するだけの存在としてはとらえない。たしかに人間は自分の利害のために目的合理的に行為する。だがときには自分の利害を度外視して理想の実現のために行為することがある。人間を単に利害に駆られて行為する存在としてとらえるのではなく,ある場合には理想が人間を突き動かすこともあると考えるところに,社会学的

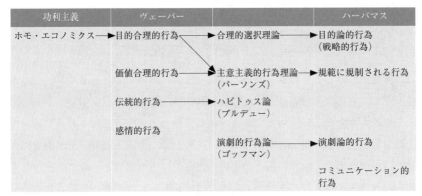

図1　社会学的行為理論の系譜

な人間像の特徴はある。ヴェーバーの価値合理的行為はこのもう一つの側面を概念化したものである。世俗的な欲望を断念して、神の意志を実現するための道具として禁欲的に労働したプロテスタントたちの行為が歴史のコースを切り替え、ついには資本主義を生み出したことを論じたヴェーバーの『プロテスタンティズムの倫理と資本主義の精神』はこのような社会学の人間像をよく表している。

　ヴェーバー以降の行為理論の展開をあらかじめ図1に示しておこう。

パーソンズ

　ヴェーバーの行為理論を受け継ぎ、それを行為の一般理論として体系化したのはパーソンズであった。パーソンズは、大著『社会的行為の構造』（Parsons 1937［訳 1974-89］）において、行為理論の歴史を大きく実証主義的伝統と理想主義的伝統に分けたうえで、この2つの伝統が収斂する地点に自らの行為理論を位置づけ、これを「主意主義的行為理論」と名づけた。

　パーソンズは社会を構成する基本的な単位を「単位行為」と呼ぶ。そして、単位行為を構成する要素として「条件 C」「手段 M」「目的 E」「規範 N」を挙げている。これを用いれば、3つの行為理論はそれぞれ次のような関数として表記できる（厚東 1980: 76-77）。

　　　　実証主義的行為理論　　　　$Ap = f(C)$

　　　　理想主義的行為理論　　　　$Ai = f(N)$

　　　　主意主義的行為理論　　　　$Av = f(C, M, E, N)$

実証主義的行為理論では条件的要素が強調され，極端な場合には行為は条件への適応に還元されてしまう。理想主義的行為理論では規範的要素が重視され，極端な場合には行為は条件を無視した観念の遊戯と化してしまう。主意主義的行為理論と，そしてこの点においては功利主義においても，行為は，一定の条件の中で，何らかの規範によって制約されつつ，特定の手段を用いて目的の達成をめざすものとしてとらえられる。功利主義と主意主義的行為理論の違いは，功利主義が合理性の規範しか知らないのに対して，主意主義的行為理論では合理性の規範と価値の規範の両方の規範に従って目的の選択と手段の選択がなされるととらえているところにある。ここには人間を利害と理想の両方によって突き動かされるものと考えるヴェーバーの人間観が継承されている。

ハーバマス

ハーバマスは大著『コミュニケーション的行為の理論』（Habermas 1981 [訳 1985-87]）において，彼以前のさまざまな行為論をふまえて，行為を「目的論的行為」「戦略的行為」「規範に規制される行為」「演劇論的行為」「コミュニケーション的行為」に分類している。

目的論的行為とは「行為者が一定の状況のもとで効果を期待できる手段を選択し，適切な仕方でこの手段を用いることによって，一つの目的を実現する，あるいは望ましい状態への到来を促す」（Habermas 1981 [訳 1985[上]: 132]）ものである。これはヴェーバーの目的合理的行為に対応するものである。

戦略的行為は目的論的行為の一種であるが，他者の選択を計算に入れながら，あるいは他者の選択に影響を与えることによって，自己の目的の実現をめざすものである。これは，自己の利益を最大化するために他者の出方を計算に入れつつ戦略的に手段を選択する，合理的選択理論が前提としているような行為に対応している。

規範に規制される行為とは「共通の価値に照らして行為する社会的集団のメンバーにかかわる」（Habermas 1981 [訳 1985[上]: 132]）ものであり，集団のメンバーは集団の中で妥当している規範に一致する行為を互いに相手に対して要求する。これはパーソンズの主意主義的行為理論が強調した，共有された価値規範に従って目的と手段の選択を行う行為に対応している。

演劇論的行為はゴッフマンが注目した演技としての行為に対応しており，

「たがいに観衆となり，観衆の目前で自己を表現する相互行為の参加者に関係をもつ」（Habermas 1981〔訳 1985〔上〕: 133〕）ものである。

　ハーバマスはこのように彼以前の主要な行為理論を 4 つの行為類型として整理し直したうえで，彼独自の行為類型としてコミュニケーション的行為を導入する。コミュニケーション的行為とは，言語を媒介として自己と他者との間で相互了解をめざして行われる相互行為である。コミュニケーション的行為においては，話し手は，自分の発言が客観的事実と一致しているという「真理性」の主張，集団の規範に照らして正当であるという「正当性」の主張，発言しているとおりのことを思っているという「誠実性」の主張を掲げて，聞き手に向かって何ごとかを言う。聞き手はこれらの主張を承認することもできるし，それらに異議を唱えることもできる。後者の場合，話し手は主張の根拠をさらに説明して合意をめざす。

　たとえば，ハーバマスが挙げている例を借りると（少し手を加えてある），教授が講義中に学生に対して「水を 1 杯もってきてくれないか」と言う場合，学生はこの要求の妥当性を受け入れることもできるが，次のように異議を唱えることもできる。第 1 に，「今日は断水です」と言って，その発言の真理性を問題にすることができる。第 2 に，「教授が学生にそのような要求をするのはハラスメント行為にあたります」と言って，その正当性を拒否することもできる。あるいは「先生は水を飲みたいのではなく，本当は私を試そうとしているのではないですか」と言って，その誠実性を問うこともできる。このように要求の妥当性が問題にされたら，教授は「自動販売機の飲み物でもいいから」「いますぐ薬を飲まなければいけないのだ」「しゃべりすぎて本当にのどが渇いているのだ」などと，水をもってきてほしいという自分の要求がなぜ妥当なのかをさらに説明して合意をめざす。もし「お金を払うから」あるいは「単位がどうなっても知らないよ」と言うなら，それはもはや合意をめざすコミュニケーション的行為ではなく，自分の目的の実現のために貨幣や権力を用いて相手の選択を操作しようとする戦略的行為である。

　ハーバマスによる戦略的行為とコミュニケーション的行為の対比のうちにも，ヴェーバー以来の利害と理想の対比が受け継がれている。

〔浜日出夫〕

11 地位と役割

地　位

　人がさまざまな社会集団の中で占める位置を地位（status），もしくは社会的地位（social status）と呼ぶ。日常会話などで「地位」といえば，「名誉教授」や「都知事」などの社会的権威や権力をもった者のみが想定されがちだが，社会学的な概念としての地位にそのような限定はないし，社会集団内における位置を示すものであればそれを地位と呼んで差し支えない。

　地位には「性別」「世代」のように生まれもって，またはある時点で自動的にもつようなもの（生得的地位）と「（世襲制でない）職業」のように自身の努力や意図によって担うことが可能なもの（獲得的地位），また「社長」のように社会内で明確な位置の基準が設定されているもの（客観的地位）と「中流意識」のようにそのような基準がなく人々が主観的に感じているもの（主観的地位），そして「配偶者」のようにより大きな社会構造の中であらかじめその位置が了解されているもの（構造的地位）と「ムードメーカー」のようにその都度の相互作用において生まれるもの（対人的地位）など，さまざまな類型化がなされている。

役割とその諸概念

　それぞれの地位にはふさわしい振る舞いのパターンがある。これを役割（role）という。役割もまたさまざまな概念化がなされており，相互行為をより容易に進める役目も担っている。

　たとえば父親は娘に，娘としてのしかるべき振る舞いを期待するだろうし，娘も父親に「らしく」振る舞ってほしいと願う。そしてその期待が娘の，父親のそれぞれの振る舞いの基準となる。このような他者への一定の振る舞い方の期待を「役割期待」と呼ぶ。パーソンズは，二者関係においてお互いの相手への役割期待がともに「相手はこう振る舞うだろう」かつ「相手は自分がこう振る舞うと思っているだろう」の2点で構成されていることから，二者間で相互的かつ同構造となっていることを指摘し，これを「役割期待の相補性」と概念化した（Parsons and Shils 1951［訳 1960］）。この2点の期待が二者間で同調

（つまり期待が「正解」）しているときに，相互行為は首尾よく成立する。

　そして人は，社会化のプロセスにおいて他者の役割を取り入れることで，他者からの役割期待を内面化して先取りし，たとえば自身の「学生」としてや「娘」としての振る舞いのパターンを獲得する。これを「役割取得」と呼ぶ。この役割取得において内面化された他者の役割期待から構成される自我の社会的部分をミードは me（客我）と呼ぶ。そして，この me に反応しこれを超えようとする自我のもう一方の部分が I（主我）である（Mead 1934 [訳 1973]）。

　この役割取得における I の側面からも推察されるように，役割は単に人を振る舞いの鋳型にはめ込むような性質のものではない。人は相互行為の中で他者からの役割期待を取捨選択し，自らが担う役割を，創造したり一部修正したりすることで組み立てていく。これを「役割形成」と呼ぶ（Turner 1962）。ターナーによれば，役割取得はそもそも役割形成として現れるものである。

　役割形成に類縁的な概念に「役割距離」がある（Goffman 1961a [訳 1985]）。距離（distance）という表現からも想像できるとおり，この概念は当人が担うべき役割から意図的に「外した振る舞い」をすることで，「役割と私（I）」とを二重に可視化することを示す概念である。手術中，看護師にわざと馬鹿丁寧に接することで緊迫した場の空気を和ませる外科医などがその例である。ただしこの場合，役割形成と違い，その「距離」のとり方は原則として一時的なものである。

　ところで役割はつねに首尾よく遂行されるわけではない。たとえば，同時に「父親」と「教師」との役割を遂行しなければならなくなり，これらの役割の間で板挟みにあう事態を考えてみよう。両役割の同時両立は困難である（勤務先の学校に自分の娘がいる場合を想定せよ）。このような役割遂行上のディレンマを「役割葛藤」という。役割葛藤には，いま述べたような別種の役割間におけるもの（役割間葛藤）と，「人々が特定の社会的地位を占めることによって伴う役割関係のすべて」とマートンがいうような「役割群（role-set）」（Merton 1957 [訳 1961]）の中における役割葛藤（役割内葛藤）とがある。後者はたとえば「教師」たる自身が，生徒からと同僚からとのそれぞれの役割期待の間で板挟みにあうような事態である。

　このように役割は地位の「中身」としてパターン化された振る舞いを提供す

るものである。したがって，私たちは相互行為において相手を「役割」として見ることで相手の出方を容易に推察し，またそれがおおよそ「当たる」ことで相互行為はつつがなく進んでいく。こうして見れば，役割は相互行為における潤滑油のような機能を担っているといえる。

構造的役割と対人的役割

　同じ「役割」（もしくは「地位」）の名で呼ばれても，たとえば「父親」と「リーダー的存在」とではその種類が異なる。前者のような役割，具体的には「父親」「野球のレフト」「バスの乗客」のようにあらかじめ社会集団の中に配置され，当人がその地位についた時点で既存の当該役割を遂行するようなものを構造的役割（conventional role）と呼ぶ（Shibutani 1961）。

　構造的役割はその性質上，標準化され非人格化されており，振る舞いのパターン，つまり「らしさ」の幅の自由度が比較的小さい。たとえばバスの乗客の場合，携帯電話で通話してはいけない・降りたいバス停の前では降車ボタンで意思表示をする・バスが停車するまで座席を立ってはいけない，等々のルールに原則として拘束されることとなる（このルールに著しく反すれば，運転手や他の乗客に非難されるなどの社会統制が図られることとなる）。もともと構造的役割は，リントンが単に「役割」として定義したものに相当する（Linton 1936）。また「構造的役割」という表現は安田三郎によって造語的に訳されたもので，以後日本ではこの訳語が定着している（安田 1981）。これはシブタニが「conventional role を担う人は社会構造上の単位としてふるまっている」（Shibutani 1961: 324）と述べていることを汲み取った訳語である。

　一方，後者のような役割，具体的には「友だち」「敵」「リーダー的存在」のように，相互行為の中で自他が相互に創造していくもののことを対人的役割（interpersonal role）と呼ぶ（Shibutani 1961）。

　これらの例から推察されるように，対人的役割には情緒的交流（sentiment）が必要不可欠である（Shibutani 1961）。その意味で対人的役割は構造的役割とは対照的な性格をもっている。また「創造」という面から，単に既存の振る舞いのパターンをコピーするのではなく，相手からの役割期待をかわしたり反抗したりするプロセスが見られるだろうこともわかる。このように相互行為における人間の主体性を重視した対人的役割の議論は，人がシンボルを用いて主体

的に意味解釈を行いつつ相互行為するさまを分析する「象徴的相互作用論」という一潮流へと連なるものとして重要である。

両役割概念間の関係はどうなっているか。たとえば、「友だち」が「共同経営者」になるというように、対人的役割から構造的役割への移行は当然考えられる。また、構造的役割には役割距離が、対人的役割には役割形成がそれぞれ役割を遂行する際の戦略となりうる（安田 1981）。

地位－役割の現在

役割は地位と結びついて多かれ少なかれ振る舞いのパターンを「引き受ける」ことを前提とした概念であるが、近年、「引き受けない振る舞い」としてしか規定しようのないような地位や役割が登場している。たとえば「ニート（若年無業者）」や「ぼっち（学校などで友人がおらず一人でいる生徒）」がそれである。後者に関しては、本来相互行為を前提とする役割が、それ抜きで地位化・役割化されていることにも留意すべきである。さらに「元カレ」などの、時間的な遡及を条件とする地位－役割も出現している（これは「予期的社会化」の逆バージョンとしても位置づけられる）。また「友だち親子」のように、地位が異なっているのに役割が接近しているようなものもある。

このように、地位－役割が多様化したかに見える原因については、以下のようなものが考えられよう。まず、地位－役割理論自体の「古典化」である。これらの理論は 1980 年代頃までにほぼ完成されており、現在は「地位の非一貫性」のような、「これらの概念を使った議論」にシフトしてきている。しかし実際にはいま述べたような、既存の地位や役割の概念化からはみ出してしまう地位や役割が出現してきており、これらの新しい地位や役割を既存の地位－役割理論で説明することが難しくなってきたというわけである。

次にその背景として、私たちのライフコースにおける地位－役割決定の猶予期間が延長し続けた結果、このような「不定」な地位－役割が出現し始めたことが挙げられる。日本では 1970 年代後半に「モラトリアム（＝猶予）人間」（小此木 1978）という言葉が流行したが、現在ではこれが常態化してしまっている。

いずれにしても、地位と役割はマクロ面（社会構造）でもミクロ面（相互行為）でも、社会学理論の重要な視角であり続けるだろう。　　　　〔花野裕康〕

12 パターン変数図式

5つの二者選択

　パターン変数とは，行為者が周囲の状況に直面する際にとりうる選択肢を，5組の二者選択のパターンにまとめたもので，①感情性／感情中立性，②集合体志向／自己志向，③普遍主義／特殊主義，④属性主義（所属本位）／業績主義（業績本位），⑤限定性／無限定性からなる。アメリカの社会学者パーソンズが1950年代にこれを提唱した（Parsons 1951 [訳 1974]; Parsons and Shils 1951 [訳 1960]）。当時パーソンズは「行為システム」の一般理論を構想していたが，パターン変数はその中核をなす概念セットである。パーソンズの行為システム理論においては，行為は欲求充足に関わる「動機志向」と，その基準・規範となる「価値志向」とからなり，前者が「認識的」「カセクシス的」「評価的」の3つの志向に，後者が「認知的」「鑑賞的」「道徳的」の3つの志向にさらに分けることができるとされる。パターン変数はこれらの行為の基本的諸要素から形式論理的に導き出されたものである（高城 1986）。

　まず①の「感情性／感情中立性」の二者は，行為者が自分の感情を即時的に表出するか，あるいは道具的な利害計算や道徳的良心などへの配慮からそれを控えるかの選択である。たとえば，授業中に学生が，教師や他の学生の前で個人的な感情を表してよいかどうかという選択肢が考えられるだろう。

　②の「集合体志向／自己志向」は，自分の所属する集合体の公的利益や道徳義務を優先させるか，それよりも自分の私的利益や感情を優先させるかの選択である。たとえば，会社の企業成績アップのために真面目に働く社員は「集合体志向」であるとすると，自分の昇進と給料アップのために業務成績を上げようと働く社員は「自己志向」ということになるだろう。

　③の「普遍主義／特殊主義」は，客体の状況一般に妥当する普遍的基準を重視するか，特定の客体の間に形成された個別の関係を重視するかの選択である。たとえば，誰かを経済的に援助する際に，相手が誰であろうと等しく適用できる基準（収入の多少など）に従って「もっとも援助を必要とする人」と認識される人に援助するのが「普遍主義」的な行動であり，「友人だから」などのよう

に自分にとっての特別な関係性を理由にその友人を援助するのが「特殊主義」的な行動である。

④の「属性主義／業績主義」は，行為者が他の行為者を「属性」（性別，年齢，職業，エスニシティ，身分・階級帰属など）によって判断するか，その「業績」（すなわち，その行為者が「何を成し遂げたのか」ということ）によって判断するかの選択である。たとえば，相手を「あの人は女性だから……」という観点で見るのが「属性主義」であるのに対し，これまでの仕事上の実績に基づいて見るのが「業績主義」である。

⑤の「限定性／無限定性」は行為者の「関心」の範囲に関するものであり，客体の一部の「限定」された側面のみに関心を向けるか，限定されない不特定な多くの側面に関心を向けるかの選択である。たとえば，ある人に関し，その学者としての能力に限定して評価する場合（「優れた学者である」など）が「限定性」であり，その人の人格全体を評価する場合（「人間として問題のある人だ」など）が「無限定性」である（Parsons 1951［訳 1974]）。

行為システムの中のパターン変数

この 5 組の二者選択は，単に行為のその都度ごとの選択の特徴を記述するだけのものではない。パターン変数は行為者のパーソナリティに内面化された欲求性向のパターンを構成するものであるとともに，行為者間の相互行為における「役割期待」（相手がどのように振る舞うかに関する期待）のパターンを表すものでもある。さらにパターン変数は，社会の文化的価値基準のパターンを特徴づけるものでもある（「この社会は集合体志向的な文化パターンをもつ」などのような）。このようにパターン変数は，行為システムの 3 つのサブシステムを構成するパーソナリティ・システム，社会システム，文化システムの中にそれぞれ位置づけられ，3 つのサブシステムの相互の結びつきを明らかにするために用いられる概念となる。

その際，行為のパターンはパターン変数の各項の組み合わせによって特徴づけられる（Parsons 1951［訳 1974]）。たとえば，親子関係は基本的に「感情」的，「特殊主義」的，「集合体志向」的，「属性主義」的であり，また「無限定」的でもある。それに対し，大学の入試制度における人々の振る舞いは「感情中立」的（試験の出来不出来の評価に「感情」は介在しない）であり，「普遍主義」的

であり（点数という「普遍主義」的な基準によって評価される），「業績主義」的（点数という「業績」によって評価される）であり，「限定」的（試験は学業だけに「限定」して評価するもので，受験者の「人格」は関係しない）であると「期待」されている。もしそこに「親のコネ」のような「特殊主義」的で「属性主義」的な要素が入ってくれば，その試験は「不公正」なものとして世間の批判を浴びることになるだろう。

パターン変数と近代社会

　近代社会の分析用具としてのパターン変数は，テンニースの「ゲマインシャフトとゲゼルシャフト」という概念を発展させたものである。「ゲマインシャフト」とは情緒的愛着を基盤とした集合的紐帯が優位する社会関係であるのに対し，「ゲゼルシャフト」とは合理的計算を基盤とした個々人の私的利害の一致による関係性が優位する社会関係である。テンニースはこの2つの概念によって，近代以前の社会と近代社会における社会関係の様態を対比させた。しかしパーソンズにとって，この二項図式は，現実の近代社会を把握するためにはあまりに単純すぎるものだった。たしかに近代の資本主義経済や近代国家の官僚制組織は「ゲゼルシャフト」的であるかもしれない。だが，近代社会はそれだけで成り立っているわけではない。近代社会にも何らかの「ゲマインシャフト」的な側面は存在し，しかもそれが近代社会の重要な一部を構成している。テンニースの単一の二項図式を5つの要素に分解してみせたパターン変数は，近代社会の構造や過程を，より複合的な観点から明らかにすることをめざすものである。

　たとえば，近代社会の「ロマンティック」な恋愛関係は，個人の好みと選択に依存する部分が大きいから「自己志向」的である一方で，恋愛感情として「感情」的かつ「無限定」的であるという「ゲマインシャフト」的な側面ももっている。また，医療における医者と患者の関係は，近代医学の知識と技術による治療に関わるという点において「普遍主義」的，「限定」的かつ「感情中立」的であるが，他方で治療に不可欠な医者と患者の信頼関係は，「病気の克服」という共通の目標に向けた医者の公平無私な態度と患者の積極的な協力という「集合体志向」によって形成可能であるという側面もある。その点で近代医療の世界は，私的利害関心が優位する資本主義的な「ビジネス」の世界とは

異なっていると見ることができる（Parsons 1951［訳 1974］; 1964［訳 1985］）。

「退行」と「進化」のダイナミズム

　近代社会はまた，「ゲゼルシャフト」に向けて一方的に「進化」していくだけではない。近代化の過程で，「ゲマインシャフト」的なものへの「退行」が起きることもある。パターン変数は，そのような社会変動のジグザグ過程を把握することが可能な概念である。パーソンズは，そのような「退行」的な現象として，1960 年代にアメリカで発生した 2 つの現象についてしばしば言及している。一つは新左翼による対 抗 文 化 運動（カウンター・カルチャー），もう一つは黒人などの人種やエスニック・マイノリティ集団による「エスニック・リバイバル」の運動である。対抗文化運動は，「ゲゼルシャフト」化が進む近代社会の合理性に対抗し，「感情」的「無限定」的な「愛のコミューン」を打ち立て，それによって世界を変えていこうとした（Parsons 1978［訳 2002］）。また，エスニック・リバイバル運動においては，それまで多数派社会から排除・差別されてきたマイノリティ集団が，人種やエスニシティといった「特殊主義」的な「属性」によって結合し，多数派社会に抗して自分たちの存在や権利を主張するという運動であった（Parsons 1977［訳 1992］）。

　パーソンズはこれらの「退行」的現象を，近代社会のさらに高度な進化段階への「ブレークスルー」を引き起こす契機と考えた。対抗文化運動は，「属性」や「特殊主義」にとらわれない自由な感情の表出を広げる「表出革命」につながるものとして，またエスニック・リバイバルは，「特殊」な文化的背景をもったマイノリティ集団を「普遍主義」的に包摂する文化多元的な社会の実現を促すものとして積極的に位置づけられている（Parsons 1971［訳 1977］）。

　このようにパーソンズは，ジグザグの過程を経ながらも長期的には「進化」へと向かうという見通しをもっていた。このような楽観的な社会進化論を受け入れるかどうかは別にして，パターン変数は，「ゲマインシャフト」的な側面と「ゲゼルシャフト」的な側面とが対立しつつ共存する複合的な近代社会の様相とダイナミズムを把握するための概念として，パーソンズ理論の枠を超えて幅広く用いられている（たとえば，近代化の過程における原初的なエスニック感情の発生を論じたものとして，Geertz 1973［訳 1987］や Lechner 1984 などがある）。

〔佐藤成基〕

13 社 会 化

社会化とその段階

　人が社会の中でルールや価値を学び，そのことで他者と相互に役割行為を遂行できるようになる，そのプロセスを社会化（socialization）と呼ぶ。社会化は2つの段階に分けられる（Berger and Luckmann 1966［訳 2003］）。

　第一次社会化は，幼少期に達成される。まず，ままごとのような「ごっこ遊び」がその舞台となる（Mead 1934［訳 1973］）。この遊びを通じて，子どもは自分にとっての「重要な他者（significant others）」，たとえば母親の役をすることで普段自分に対して接している母親の態度を内面化し，そのことで，自分と母親との場当たり的でない継続的な，ということはつまり「役割」上の関係を学習する。「手づかみで食べたらお母さんはいつも怒る」という具合に。

　次に，この継続的な関係は自分にとって重要な他者のみならず，他者一般（「一般化された他者〔generalized other〕」）との関係として拡大される（Mead 1934［訳 1973］）。小学生が昼休みや放課後などに友だち同士でドッジボールなどのスポーツやカードゲームをする光景を考えてみよう。そこにはスポーツやゲームとしての一定のルールが存在している。参加する自身は，参加している他の友だち全員分の態度を「取ろうと思えば取れる」準備ができており，なおかつこれら役割間の関係をルールに沿った形で理解していなければならない。これは教室の中でも同様だ。たとえば給食の時間にはそれなりのルールが存在し，ここで箸やスプーンなどを使わずに手で直接食べ物をすくって食べると，クラスメイトからは笑われ，担任の先生からは注意されるだろう。ここにおいて「お母さんから怒られる」は「（ルールを犯せば）誰からも非難される」と拡大的に解釈され，そのことで子どもは社会一般的なルールや価値を学習するに至る。ここまでが第一次社会化である。これによって人ははじめて社会集団のメンバーに迎え入れられるのである。

　第二次社会化は，いま述べた第一次社会化を土台として行われる。土台である以上，第二次社会化は第一次社会化の結果に一定の影響を受ける。また，土台のことを「基礎」と呼ぶように，その上に形成される第二次社会化は「応

用」であり個別特殊な性格をもつ。たとえば義務教育を終えた者がさらにその上の教育機関に入学し，そこを卒業して社会人となる場合，人はその都度目の前に現れる特定の大学や会社に固有のルールに従い，とくにそこで期待される態度を内面化する。会社を退職しても次はたとえば町内会や老人会が待っているだろう。つまり，このような内面化＝社会化の積み重ねは生涯にわたって行われる。ところでこの特定の組織内では，自分の代わりに他人が参加してもその組織にとっては何の問題もない。その意味で，第二次社会化は第一次社会化と異なり，他者と交替可能な「匿名的」なものである（Berger and Luckmann 1966［訳2003］）。部長である私が退職しても別の誰かがその椅子に座るのだ。

社会化の場

　第一次社会化と第二次社会化を通じて重要なのは，その達成が社会化する者とされる者との間のコミュニケーションにおいてなされるという点である。つまり社会化される者は機械のように社会化する者の言動に操縦されているわけではない。そこでは，社会化される者の反抗や自己解釈も当然予想される。このような紆余曲折を経て，社会化は一定の時間的熟成を要求しつつ達成される。

　そのような社会化が行われる場としては，第一次社会化の場合は家族，学校，仲間集団などがあり，第二次社会化の場合は個別の社会集団（大学や職場，趣味のサークルや町内会など）が考えられる。

　パーソンズは，社会化を，ルールや価値を内面化する際の役割関係拡大のプロセスとしてとらえている（Parsons and Bales 1956［訳1981］）。「母子一体（単一社会）」→「母と子（2役割）」→「家族（父母と娘息子の4役割）」→「学校・仲間集団（後述の8役割）」→「大人集団（後述の16役割）」といった具合である。この流れの中で核となるのは「家族」である。ここにおいて，役割関係は「道具的（instrumental）か表出的（expressive）」と「優位か劣位」との掛け合わせによって「道具的かつ優位（父親）」「表出的かつ優位（母親）」「道具的かつ劣位（息子）」「表出的かつ劣位（娘）」と4分割され，子どもがはじめて出会う小さな社会としての要件を満たすこととなる。

　家族を「出る」と子どもが遭遇するのが学校や仲間集団である。学校では同年齢集団が学年ごとに序列化され，これを教師が統括するという「世代と権威」の強調が（家族よりはるかに強力に）図られる。一方，仲間集団においては

メンバー構成が同世代の「男子」と「女子」に分かれることで「性（ジェンダー）」の強調が図られる。これらそれぞれの強調に連動して，家族のみでは不十分であった世代や権威，性（ジェンダー）に基づく社会化が促進される。

　なお，学校・仲間集団の8役割とは，家族の4分割を，個別的な基準に基づいて行為する「個別主義」の役割と，一般的な基準に基づいて行為する「普遍主義」の役割とでさらに2分割したものであり，大人社会の16役割は，この8分割を，さらに当事者の「資質（quality）」に依拠する役割と，当事者の意思による「遂行（performance）」の役割とに2分割したものである。

　第二次社会化においては，これら役割関係を基礎に，新たに参加する個別特殊な社会集団が社会化の場となる。そこではその都度，当該社会集団での役割関係を学習・内面化し，自身のポジションを遂行することとなる。

　また，第一次・第二次の両社会化に共通の「場」としては，テレビなどのマスメディアも重要である。ただしこの「場」において，社会化される者は，単にマスメディアから一方的に「操縦」されるのではなく，そこから得た情報を取捨選択し再解釈することで社会化を達成しているといえる。

予期的社会化

　社会化は，しかるべき社会集団に所属してはじめて開始されるとは限らない。マートンが「予期的社会化（または，将来を見越した社会化〔anticipatory socialization〕）」と呼ぶプロセスがそれである（Merton 1957［訳1961］）。卒業式に中学校の制服を着て臨む小学校があるが，そのよい例である。マートンによれば，人はすでに所属している社会集団のみならず，まだ所属していない社会集団についても，自身の振る舞いの指針（準拠枠）とすることがままある。このような集団を一括して「準拠集団（reference group）」と呼ぶが，予期的社会化とは，現在自分が所属していない集団を準拠集団とし，そのうえでその準拠集団のルールや価値を学び取るプロセスをさす。

　この場合に重要なのは，社会や当人にとって，将来的にその準拠集団への参加が見込まれると予想されていることだ。先の例でいえば，自分が合格しなかった私立中学校の学生服を取り寄せ，校則を入手し理解しても，その中学校への入学は叶わないわけだから，これは予期的社会化とはいえない。要するに，予期的社会化が機能する社会とは相当程度に開放的で移動可能な社会だという

ことだ。また，これは一時的なものでもない。任俠映画を見た男性客が映画館からガニ股で肩をいからせて出て行くという光景はたしかにありうるが，これは一過性のものであり，客は任俠世界を準拠集団にしているわけではないので，予期的社会化とはいえない。「社会化」とは，継続的なものなのだ。

社会化される内容の多様さとその交錯

社会化の形式はいままで述べたとおり，どの社会でも同一のメカニズムをとるといってよい。しかし社会化の「内容」は社会や文化，また時代によって当然異なりうる。先に挙げた「手づかみで食べる」例についていえば，インドのように，それが正式な食事のマナーである社会や文化は存在する。また，和を重んじる日本と個性を重視する欧米とでは社会化の内容は異なる。

一方，性（ジェンダー）の社会化についていえば，近年日本でも性的マイノリティに対する社会的啓発が積極的になされており，性の社会化のあり方も今後大きく変化していく可能性がある。「性役割」は第一次社会化の中でもとくに重要なものだが，この内容が変化することで他の，あるいはそれ以後の社会化の「内容」も大きく影響を受けることは疑いない。

性的マイノリティに対する社会的啓発は全世界的な規模で行われているが，これに一役買っている社会化の場としてのインターネットについても触れておきたい。日本での世代別利用率が10代から50代にわたって90％を超えるほどに普及した現在（総務省 2015），インターネットのもつ全世界的な網羅性と双方向性，そしてリアルタイム性は，社会化の社会的・文化的な多様性を一斉に可視化させつつある。そしてさらにこれら多様性をネット空間上で交錯させることでグローバルな水準での社会化を促進させる可能性がある。

この際大きな障壁となるのが「言語」であるが，もともとネット空間上には動画などの視覚情報が豊富に存在しており，また日進月歩で改良されている機械翻訳や人力での翻訳作業によってこの壁も徐々にではあるが取り払われつつある。しかしその一方で，インターネットの普及により逆に（ヘイトスピーチなどとくに排外主義的な）ナショナリズムが強化されるという事態も一部発生しており，社会化の今後は予測が難しい面もある。いずれにしても，今後社会化の場としてインターネットが重要な役目を担い続けていくことは間違いないだろう。

〔花野裕康〕

13 社会化 **39**

14　日常生活世界

実証主義的理解

　日常生活世界とは普通の人が常識的知識を用いて経験している世界である。科学者が科学的知識を用いて認識する科学的世界と対比して用いられる。日常生活世界では，太陽は毎朝，東から昇り，夕方，西に沈むが，科学的世界では，地球が1日に1回自転しつつ太陽の周りを公転している。常識的知識と科学的知識の関係については，①実証主義的な理解，②現象学的な理解，③折衷的な理解の3種類がある。

　実証主義的な理解では，この2種類の知識の関係は次のように考えられている。科学的知識が合理的，論理的で，首尾一貫しており，体系的で，明晰判明であるのに対して，常識的知識は非合理的，非論理的で，矛盾が多く，断片的で，しばしば曖昧で不正確である。つまり，常識的知識は，科学的知識と比べて一段価値の低い，二流の知識であり，正しい科学的知識によって矯正されなければならないものである。

　社会学では，デュルケムの『自殺論』の「序論」に，このようなとらえ方を典型的な形で見ることができる。デュルケムは，「日常語というものは，それによってあらわされている概念と同じように，いつも曖昧なものなのだ。だから，学者が日常語を慣用どおりに使って，その意味を特別に吟味し，あらためて規定する労をいとうならば，重大な混乱におちいるだろう」(Durkheim 1897 [訳 2018: 19]) と述べて，日常語で「自殺」と呼ばれているものをそのまま自殺の科学的研究の対象とすることはできず，まず「自殺」を科学的に定義し直すことから始めなければならないと説く。

現象学的理解

　常識的知識と科学的知識の関係についてのこのような理解を逆転させたのがフッサールの現象学である。フッサールもまた科学と科学以前の生活世界 (Lebenswelt) を対比させる。だが，フッサールによれば，問題を抱えているのは生活世界ではなく，科学のほうである。科学は生活世界との関係を見失い，危機に陥っているのである。

フッサールによれば，科学的知識は科学以前の経験に起源をもち，それを理念化したものである。たとえば，（ニュートンの逸話を借りれば）落下するリンゴについての科学以前の経験を理念化して，万有引力の法則 $F = G\frac{mm'}{r^2}$ は得られる。このときリンゴは色や香り，手触りや味を捨象されて，「質量 m の物体」へと理念化される。科学は，このように生活世界の経験から「理念の衣」を仕立て，それを生活世界に着せ，次いでこの「理念の衣」を生活世界そのものと取り違える。「理念の衣は，一つの方法にすぎないものを真の存在だとわれわれに思い込ませる」（Husserl 1954［訳 1974: 73]）。私たちは $F = G\ \frac{mm'}{r^2}$ のほうを自然の本当の姿だと考えてしまう。こうして科学は自らの意味と妥当性の基盤である生活世界を「理念の衣」で覆い隠し忘れ去ることによって，自らも意味を喪失する。これに対して，フッサールの現象学は科学によって隠蔽され忘却された生活世界の経験を回復し，それによって科学を危機から救い出そうとするのである。

日常生活世界の発見

自然科学に対してフッサールが行った批判を社会科学の領域において展開したのがシュッツである。

私たちが経験する自然に，生活世界における自然（落下するリンゴ）と自然科学における自然（質量 m の物体）があるのと同じように，社会にも，社会の中で生活している人間が経験している社会と，社会科学者が認識している社会とがある。しかし，自然の場合と社会の場合では違いもある。自然科学者が万有引力の法則によって記述しているリンゴの落下という現象は，落下しているリンゴ自身にとって意味をもっているわけではない。これに対して，社会科学者が科学的な概念を用いて説明する社会現象（たとえば貨幣）は，実際に貨幣を使用している人々自身によって常識的な概念を用いて有意味なものとして解釈されている。社会は，社会科学者による説明に先立って，その中で生活している行為者の解釈を通してすでに1次的に構成されているのであり，社会科学者による科学的概念を用いた説明は2次的な構成にすぎない。

そして，社会科学もまた自らが2次的構成であることを忘却するときには，自然科学と同様の「理念の衣」となり，科学以前の行為者による1次的構成を隠蔽することになる。シュッツはパーソンズの行為理論をそのような「理念

の衣」の一つとみなした。「彼（パーソンズ）は行為者の心のなかの主観的諸事象を，観察者だけに接近できるその事象の解釈図式と取り違え，したがって主観的現象の解釈のための客観的図式とその主観的現象自体とを混同してしまっている」（Schütz und Parsons 1977［訳 2009: 82]）。シュッツは，これに対して，社会学者が科学的概念を用いて 2 次的に再構成する以前の，行為者が常識的概念を用いて 1 次的に経験している社会を，行為者自身の視点から記述しようとする。これがシュッツの「自然的態度の構成的現象学」（いわゆる現象学的社会学）である。シュッツによってはじめて，社会学による矯正の対象ではない，社会学が解明すべき主題としての日常生活世界が発見されたのである。シュッツは，フッサールの "Lebenswelt" を "the world of daily life" あるいは "the world of everyday life" として，またはそのまま "lifeworld" と英語で表記する。社会学における「日常生活世界」概念は，フッサールの「生活世界」概念のシュッツによる翻訳に由来している。

　シュッツは，社会の中で生活している行為者が経験している世界を「多元的現実」として描く（Schutz 1962［訳 1985]）。

　日常生活世界とはまず〈私〉が〈私〉の身体によって繋留されている世界である。〈私〉が日常生活世界で経験する現実は，〈私〉の身体が位置する〈いま〉と〈ここ〉をそれぞれ時間・空間の原点として，過去 - 未来，上 - 下，前 - 後，左 - 右，遠 - 近に従って組織されている（日常生活世界の記述の原点に位置する行為者を〈私〉と表記する）。日常生活世界は理論的関心の対象ではなく，実践的関心の対象であり，〈私〉は日常生活世界において常識的知識を用いて対象に働きかけ，実践的な目的を追求する。また日常生活世界は他者とともに生きられている間主観的な世界である。〈私〉はもっとも身近な対面状況に直接的に経験できる〈あなた〉を見いだす。しかし，〈あなた〉以外にも，〈私〉は同時代をともに生きる他者たち（contemporaries），すでに亡くなっている過去の他者たち（predecessors），これから生まれてくる未来の他者たち（successors）についても多くのことを知っており，この知識を介してこれらの他者たちを間接的に経験している。

　〈私〉が日常生活世界で経験している現実は唯一の現実というわけではなく，それ以外にも夢の世界，空想の世界，宗教的体験の世界，科学的思考の世界な

どの「限定的な意味領域」があり、それらもまた「現実のアクセント」が付与されることによって、またアクセントが付与されている間、現実として経験される。悪夢にうなされるとき、〈私〉はそれを現実として経験しているからうなされるのである。しかし悪夢もまたいつかは醒め、〈私〉は再び日常生活世界の現実に戻ってくる。この意味で、日常生活世界の現実は「至高の現実」の位置を占めている。

シュッツが社会学の主題として発見した日常生活世界の研究はその後、エスノメソドロジーへと受け継がれていくことになる。

折衷的な試み

科学的世界と日常生活世界の関係に関する実証主義的な理解と現象学的な理解は（ルビンの壺のように）ちょうど図と地が反転した図地反転図形となっている。本来、図地反転図形では図と地が同時に見えることはないが、実証主義の科学的な社会像と現象学的に記述される科学以前の社会像を一つの社会像の中に統合しようとする折衷的な試みもなされている。

代表的な試みとして、ハーバマスのコミュニケーション的行為の理論を挙げることができる（Habermas 1981［訳 1985-87］）。ハーバマスはパーソンズに由来する「システム」という社会像と、フッサール、シュッツに由来する「生活世界」という社会像を、近代社会を構成する 2 領域としてとらえる。そして、ハーバマスによれば、近代社会において、貨幣と権力をメディアとして行為の調整を図る経済システムと行政システムという 2 つのシステムが、コミュニケーション的行為の基盤であり、またコミュニケーション的行為による合意を通して再生産される領域である生活世界を植民地化しつつあるのである。

また、行為者による社会生活の解釈と社会学者による社会生活の 2 次的な解釈の関係を「二重の解釈学」として理解しようとするギデンズの試みもそのような折衷の試みと考えることができる（Giddens 1990［訳 1993］）。ギデンズは近代社会における両者の関係を「再帰性」としてとらえる。ギデンズによれば、行為者による科学以前の解釈によって作り出される社会生活を対象とする社会学者による科学的な解釈は、行為者による社会生活の解釈に再帰的に影響を与え、結果として社会生活そのものを不断に作り変えていくのである。

〔浜日出夫〕

15 自己呈示と相互行為儀礼

自己呈示

「自己呈示」という概念は，アメリカの社会学者ゴッフマンによって社会学に持ち込まれたといっていいだろう。彼が注目されることになった初期の代表的な著作のタイトルは *The Presentation of Self in Everyday Life* で，文字どおり「日常生活における自己呈示」であった。この著作において彼は，人々が対面的な状況で他者と相互行為をする際に日常的に行っているさまざまな工夫や，それに苦心する姿を描き出した。

他者と相対する対面的な状況の中に身を置くと，私たちは他者の目にさらされることになる。コミュニケーションをとろうという意思に関わりなく，すでにそこにいるだけで自分に関する情報を他者に伝えており，人々は自己呈示を余儀なくされる。ただ単にその場に立っているだけでも，自分の姿形は他者によって認知され，意味づけられ，評価され，そして何らかの行動を促すかもしれない。そう考えると，対面的な状況に入ることそのものが，相互行為の開始を意味するといえる。自己呈示といっても内容はかなり多様で複雑である。まずメッセージの種類として，それが話し言葉や文字などの言語的なものなのか，あるいは容姿，持ち物，表情，声，視線，匂いなどといった非言語的なものなのかによって大別できる。そして，それらが意図的なものか非意図的なものかによっても，それぞれが分けられる。

意図的表出は，その行為に対して十分意識したものであり，非意図的表出は行為者が意識していないことが多いが，いずれの場合も，それらは他者に何らかの「印象」を与えることになる。非言語的メッセージは非意図的な表出として相手に漏れ伝わってしまいがちだが，そうしたものもコントロール下に置き，他者に少しでもいい印象を与えようと工夫や努力をすることができる。これをゴッフマンは「印象操作（impression management）」と名づけた。

もちろんこの印象操作には，その場に居合わせた人々の間でお互いに駆け引きがあり，つねにうまくいくとも限らない。メッセージの受け手は，送り手の意図したとおりにその意味を理解するとは限らず，それ以上のものを読み取っ

てしまうかもしれないからである。にもかかわらず人がそのような行為を行う
のは，人間のコミュニケーションがもつ特性として，何らかの形で自分の意思
を表出しなければ，相手には伝わるものも伝わらないからである。その表現力
は，詐欺などといった形で人をだます目的でも使われうるが，逆に，カウンセ
ラーや友人などが人を助けたり勇気づけたりするためにも必要で，自分の善意
が相手に誤解されないように行う工夫でもある（Goffman 1959 [訳 1974]）。つ
まり，使い方次第で善にも悪にもなるのだ。

ドラマトゥルギー（演劇論）と面子

　彼はコミュニケーションにおけるそうした人々の営みを描き出す際，それを，
舞台で繰り広げられる演劇に喩えている。パフォーマンス，オーディエンス，
表局域（front region），裏局域（back region），舞台装置，チームなどの用語を
用いた分析手法を彼自身「演劇論的アプローチ（dramaturgical approach）」と
称しているが，パフォーマンスを行うのは何も舞台に上がった俳優ばかりでは
なく，日常生活を送る普通の人々もパフォーマーで，表舞台と舞台裏を使い分
けながら，他者というオーディエンスに「見せるもの」と「見せないもの」を
選択し，見せ方にも細心の注意を払っているという。ここで1点だけ注意し
ておかなければならないのは，彼が使う「パフォーマンス」という言葉の解釈
である。この言葉は「演技」として紹介される場合が多いが，日本語で「演
技」というと，「正直でない」，あるいは「嘘をついて人をだましている」とい
った意味でとられがちであろう。しかし，先述したように，そうしたケースば
かりでなく，本心からそう思っていて，そのことを相手に伝えようとする場合
にもパフォーマンスは必要である。つまり，人が行う表現の工夫そのものを意
味するので，「表現」あるいはカタカナでそのまま「パフォーマンス」とする
のがいいだろう。

　パフォーマンスは自分の利益ばかりを考えた利己的な目的で行われるとは限
らない。そのことがよくわかるのが，彼のいう他者に対しての「保護的措置」で
ある。これは，他者が印象操作に失敗し面子を失ってしまいそうな場合，気ま
ずい思いをしている本人を助けるべく，わざとその失敗に気づかないふりをす
るといったものである。この「面子（face）」は，ゴッフマンが社会的相互行為に
おける「儀礼的秩序の主要原理」と考えるもので，「面子の保護」と「場面の保護」

つまり「状況の定義の維持」とがつながっていることを意味する（Goffman 1967［訳 1986]）。その場にいる誰かの面子が失われると，それまでスムーズに行われていた相互行為が滞り，人々がどう行動していいかわからない一種のアノミー（無秩序）状態となるのである。そのため，この面子の防衛と保護は，自己と他者両方にとって義務となる。つまりこれは，その場の参加者に対する社会からの道徳的な要求であって，これを守れない者，あるいはあえて守ろうとしない者は，相互行為能力を疑われ，非難されたり，その場から排除されるなどの社会的制裁を受けることになる。宗教の影響力が衰退したといわれる現代においても，人々が生きる日常は，面子を守るという形で個人を尊重する道徳に包まれており，この意味で，人はいまもきわめて道徳的な世界に生きているのである。ここに，デュルケムが主張した社会の紐帯，すなわち人々を社会に結びつけるものとして，彼は「道徳」を見ている。有機的連帯により，互いの違いを超えて結びつく現代の人々は，「個人の尊重」という道徳をもとに，社会という集まりを形成しているのである。したがって，社会とは「道徳共同体」としてとらえられている。デュルケムの名は彼の著作のさまざまな箇所に見られるが，ゴッフマンをデュルケム社会学の伝統を受け継ぐデュルケミアンだとするコリンズの主張は，その解釈の手助けとなろう（Collins 1994［訳 1997]）。

相互行為儀礼

このように人々の間では，面子の防衛と保護のために行為が交わされる。相互行為儀礼とはそうした行為をさすが，そもそもゴッフマンが自己呈示の問題を取り上げたのは，社会の秩序はいかにして可能かという社会秩序の問題を考えるためであった。そのことを彼は著書の最後で，「この報告書の関心事は，社会的出会いの構造——社会生活において，人びとが互いに直接肉体をもった者として人前にでたときに存在し始めるようなさまざまの事象の構造——である」とし，「状況に関して単一の定義を維持すること，すなわちこのような定義は表出されねばならず，またこのような定義は無数の潜在的攪乱のただなかで維持されねばならない」と述べている（Goffman 1959［訳 1974: 300-01]）。つまり，人々の関心は，状況の定義の維持にあり，ゴッフマンが行ったパフォーマンスの要素の分析は，その模様を記すために用いた技法にすぎないことを意味する。

彼のこうした学問的な関心は他の著作にも貫かれている。たとえば，『アサイラム』（1961b）は面子の問題を取り扱った『儀礼としての相互行為』（1967）と表裏をなし，自己の尊重がかなわない所，つまり全制的施設（total institution）の一つである精神病院で，患者がどのように自己を否定・剝奪され，そして，その後どのように自己を取り戻す工夫（第二次的調整）をするかを見ることで，そうした施設でさえも，自己の回復という形で道徳共同体の性格を帯びることを示している。また，『集まりの構造』（1963）では，「関与規範」という形で，相互行為の際のルールを描き出している。後期の代表的な著作である『フレーム・アナリシス』（1974）でも，「フレーム」や「転調」という用語を用いて，「ここで起こっていること」の意味づけ，すなわち状況の定義が生成するさま，そしてそれが層をなして移行するさまを分析している。

　パフォーマンスとして人々が交わす行為には，このように相互行為をスムーズに行うための工夫として，お互いを尊重していることを示す儀礼的な要素が随所に盛り込まれており，日々の生活はそうした行為に満ち溢れている。その特色がよくわかる一例として，「儀礼的無関心（civil inattention）」を挙げておこう（『行為と演技』では，「察しのよい無関心（tactful inattention）」という用語を用いている）。これはたとえば，相手を凝視せず，確認程度に一度見たあとは意図的に目を逸らすといった人々の視線の動きとして描かれている。そうすることで，相手の存在は認めつつも，それ以上に特別な関心はなく，また，疑いや敵意なども抱いていないことをほのめかす役割を果たしているという（Goffman 1963［訳 1980］）。

　このように，ゴッフマンの社会学の特徴と魅力は，私たちが無意識的に行っている行為を心理レベルで描き出し，その機能を的確に指摘している点にある。いわれてみれば誰しも心当たりがあるが，あまりにも当たり前すぎて意識することのなかった行為を，人間の営みとして生き生きと描き出している。彼の理論的な関心は先述したようにデュルケムにあるが，行為の理由を個人の心理レベルで描き出すその手法はヴェーバー的であり，研究対象を見知らぬ人々の対面的な相互行為に定める姿はジンメル的でもある。ユダヤ人移民の子というマージナルな存在だったからこそできたといえる彼の優れた観察と分析は，ミクロ社会学における一つの金字塔となっている。　　　　　〔土井文博〕

16 エスノメソドロジー

違背実験

　あなたが友人と三目並べをしていると，突然友人があなたの置いたコマを勝手に動かして，そこに自分のコマを置いたり，あなたが友人に「調子はどう？」と聞くと，友人が「調子って何の調子のこと？　身体？　金？　勉強？　気分？」と聞き返してきたら，もしかしたら友人はエスノメソドロジーの宿題をやっているのかもしれない。これらはエスノメソドロジーの創始者ガーフィンケルが学生に宿題として課した違背実験の一例である（Garfinkel 1964［訳1989]）。違背実験とは，わざと規則を破ったり，相手の期待に背いたりして，相手の反応を観察する実験である。ガーフィンケルはこのほかにも，自宅で下宿人のように振る舞ったり，商店で定価のついた商品を値切ったり，鼻がつきそうになるくらい相手に顔を近づけたりする，さまざまな課題を学生に与えた。これらの実験はいったい何のために行われたのだろうか。

翻訳定理 ｜ ｜ → （ ）

　ハーバード大学のパーソンズのもとで社会学を学んだガーフィンケルは「社会秩序はいかにして可能か」という問いをパーソンズと共有していた。違背実験は，ゲームの秩序や会話の秩序を人為的に攪乱することによって，正常に保たれているときには気づかれにくい秩序の成り立ちを可視化するねらいで考案されたものであった。だが，パーソンズとガーフィンケルの社会秩序に関する関心には大きな違いがあった。ガーフィンケルは後年，パーソンズと自分の間の関心の違いを ｜ ｜ → （ ） という公式で表現した（Garfinkel and Wieder 1992）。ガーフィンケルはこれを「翻訳定理」と呼ぶ。

　チックかっこ ｜ ｜ は，ある場面で起きている具体的な現象をさす。矢印→は，研究者による方法手続きの使用を，マルかっこ （ ） は，この方法手続きを使用した結果得られる，記号化された対象をさす。したがって，この公式は，研究者が，方法手続き→を用いて，具体的な現象 ｜ ｜ を，記号化された対象（ ）に翻訳する作業を示している。従来の社会学の考え方によれば，具体的な現象 ｜ ｜ はそれ自体では無秩序であり，秩序は，研究者が方法手続き→を

使用することによって，記号化された対象（　）として2次的に構成されるものであった。パーソンズが複数の行為者の合理的行為の集計結果を「万人の万人に対する闘争」としてとらえ，「いかにして社会秩序は可能か」という問いを立てるとき，パーソンズが行っているのもそのような翻訳作業である。パーソンズにとって，秩序はそのような翻訳作業によって，記号化された対象（秩序）として2次的に獲得されるものであった。

　これに対して，ガーフィンケルが関心を向けているのは具体的な現象｜｜にすでに備わっている秩序であった。ガーフィンケルによれば，具体的な現象｜｜はけっして無秩序ではなく，それ自体秩序立ったものである。ガーフィンケルは，パーソンズのように具体的な現象｜｜を（　）に翻訳することによって2次的に秩序を構成しようとするのではなく，具体的な現象｜｜の中にすでに備わっている秩序｜秩序｜をそれ自身の権利において社会学的現象として記述しようとするのである。

　ガーフィンケルのこのような関心は，ガーフィンケルに大きな影響を与えたもう一人の社会学者シュッツに由来するものである。シュッツはすでに，社会学者が科学的概念を用いて2次的に再構成する以前の，行為者が日常生活世界において常識的概念を用いて1次的に経験している社会を，行為者自身の視点から記述しようとしていた。ガーフィンケルの具体的な現象に備わっている秩序への関心は，シュッツによるこの日常生活世界の発見を引き継ぐものであった。

　そして，具体的な現象に内在する秩序を形作っているのが人々の「エスノメソドロジー」である。エスノメソドロジーとは「人びとの（ethno）方法論（methodology）」を意味するガーフィンケルの造語である（Garfinkel 1974［訳1987]）。「方法論」は通常，具体的な現象｜｜を，記号化された対象（　）に翻訳する際に研究者が用いる科学的な方法手続き→を意味している。これに対して，エスノメソドロジーがさしているのは，具体的な現象｜｜を作り出している人々によって実践されている方法論である。それは三目並べゲームをするためのエスノメソドロジーであったり，挨拶をするためのエスノメソドロジーであったり，渋谷のスクランブル交差点を横断するためのエスノメソドロジーであったりする。

そして，この人々のエスノメソドロジーを研究するのがエスノメソドロジーである。エスノメソドロジーにおいては，研究の対象と研究そのものが同じ名前で呼ばれているのである。ここにエスノメソドロジーという学問の最大の特徴がある。この2つのエスノメソドロジーはどのような関係にあるのだろうか。エスノメソドロジーの主要な研究分野となっている会話分析を例として考えてみよう。

会話分析

会話分析はサックスによって始められ，シェグロフらによって展開された研究分野であり，実際の会話を録音しそれをトランスクリプトに書き起こして，会話の形式的構造を「順番取り」「隣接対」などに注目して記述するものである（Schegloff and Sacks 1972［訳 1989］）。

次のイラストを見てみよう。

私たちはこれを「調子はどう？」「まあまあ」という会話として読むだろう。私たちはどのようにしてそうしているのだろうか。この画面には「調子はどう？」と「まあまあ」という2つの発話が空間的に並べて描かれているだけであるにもかかわらず，私たちはこの2つの発話が同時に発せられているのではないし，また一人が続けて発話しているのでもなく，一人が1つの発話をしたあと，別の一人が次の発話をしていると読んでしまう。これは，私たちが会話という現象は，①一度にしゃべるのは一人である，②話し手が繰り返し交替する，という「順番取り」によって成り立っていることを知っているためである。

また，私たちはこれが「調子はどう？」「まあまあ」の順序であり，「まあまあ」「調子はどう？」の順序ではないことも読み取るだろう。これは，隣り合

った2つの発話の間には第一成分のあとに第二成分が来るという決まった順序があること，また第一成分と第二成分の間には，「質問」-「返答」，「挨拶」-「挨拶」，「提案」-「受諾／拒否」などのように，ある第一成分は決まった第二成分を要求するという決まった組み合わせがあること（「隣接対」）を私たちが知っているためである。この知識を用いて私たちはこの2つの発話を「調子はどう？」（質問）-「まあまあ」（返答）という隣接対として読むのである。

　重要なことは，この知識は会話分析を行っている研究者が作り出した知識ではないということである。この知識は会話を行っている当事者自身に属する知識である。会話を行っている当事者自身が会話を分析しながら会話を円滑に進行させているのである。いまあなたがイラストの画面を会話として読むことができたのもあなた自身が行った会話分析によってであったはずである。したがって，「会話分析」は「会話」を「分析」する研究ではない。「会話分析」は，会話を行っている人自身が行っている「会話分析」を明確に記述しようとするだけである。翻訳定理を用いて表現すれば，｜会話｜ → （会話分析）なのではなく，｜会話分析｜ → （会話分析）なのである。そして，エスノメソドロジーが研究の対象の名前であると同時にそれを研究する研究の名前でもあるのもこれと同じである。エスノメソドロジーは，人々がそれを用いて秩序を生み出しているエスノメソドロジーを明確に記述しようとしているだけである。そして，会話分析に続いて，論理文法分析（Coulter 1979 ［訳 1998］；西阪 1997）や概念分析（酒井・浦野・前田・中村編 2009）などが登場しても，それらが人々が行っている論理文法分析，概念分析というエスノメソドロジーを記述しているかぎり，それらはエスノメソドロジーなのである。

　それでは，人々のエスノメソドロジーを記述するエスノメソドロジーという研究にはどのような意味があるのだろう。ガーフィンケルは，人々は自分が用いているエスノメソドロジーをよく知っているけれども（知らなければ会話をすることはできない），それが何かということには気づいていないと述べ，この性質を「見られてはいるけれども気づかれていない（seen but unnoticed）」と呼んだ（Garfinkel 1964 ［訳 1989: 34］）。エスノメソドロジーは，人々がよく知っているけれども気づいていないエスノメソドロジーを人々に思い出させようとするのだといえるだろう。　　　　　　　　　　　　　　　　　〔浜日出夫〕

17 エイジェンシーと構造

主観主義と客観主義

「エイジェンシーと構造」という概念は，イギリスの社会学者ギデンズが提起した社会理論である「構造化理論」の核となる考え方である。社会理論とは，「人間の行為や社会とはそもそもこうなっている」という説明をめざした理論体系のことである。ギデンズは，当時（1970年代まで）有力であった社会理論が抱えていた問題を乗り越えるために，構造化理論という独自の社会理論を構築したのである（Giddens 1984［訳2015］）。

ではその問題とは何だろうか。一言でいえば，それは主観主義的社会理論と客観主義的社会理論の対立であった。主観主義的社会理論とは，人々が行為に込めた意味から出発して社会を説明しようという立場である。たとえば「電車に乗る」という行為については，「出勤する」「買い物に行く」といった意味（この場合は目的や意図）が付与されている。そしてその目的は，「生活資金を稼ぐ」といったさらなる目的のための手段であり，こういった目的・手段連関をもとに私たちは日々の生活を送っている。そしてコミュニケーションを通じて主観的意味を共有し合うことで社会が成り立っている，と考えるのが主観主義的な社会理論の立場である。

これに対して客観主義的な社会理論は，人々の意図に還元しないで社会を説明しようとする。この立場は，一見奇妙に見えるかもしれない。社会は私たち一人ひとりが作り上げているものなのだから，あえてその外から社会を説明する必要はないのでは，と考えたくなる人もいるだろう。

しかし，それでは説明できないことはたくさんある。たとえば「言語」はどうだろう。日本語という言語体系は，主に日本という社会の中で生活するたくさんの人々によって，それなりに長い期間使用されている。しかし「日本語という言語が広い空間で長い間保持されている」ということは，日本語を日々の生活で使う人々の意図からは説明できない。というのは，私たちは通常誰一人として，日本語体系を維持しようという意図で日本語を話したり書いたりしているわけではないからだ。

同様に，私たちは電力会社や世界のエネルギー流通構造を維持するために電気を使っているわけではない。例を挙げればきりがないが，客観主義的な社会理論は，人間個人の意図からは説明できない社会全体の構造やその変動について，何らかの別の「理屈」で説明しようとする立場である。「社会進化論」がその典型だ。社会の形態は，人々の意図とは独立した水準で発展・進化している，と考えるのである。

構造の二重性

ギデンズは，主観主義と客観主義の両方とも間違っている，と考えた。人間はたしかに，周囲の社会の様子を見渡し，それを特定の方向に意図的に変えようとし，それはある程度成功することもある。たとえば地域の犯罪を抑止するために監視カメラを設置し，それが実際に意図された効果をもつこともあるだろう。その意味では主観主義的立場も有効性をもつ。しかし経済不況などは，たしかに人々の主観的行為の集積の結果ではあるが，けっして人々が意識してもたらした結果ではない。つまり，社会を人間の意図的行為の集積として考える主観主義的立場には限界がある。

他方でギデンズは，客観主義的立場も危うい，と考えた。たしかに客観主義的立場は社会を人間の主観に還元したりしないが，その代わりに社会全体の動きについて余計な想定をしてしまうことが多い。先ほど触れた「進化」もそうだが，機能主義といわれる客観主義的社会理論も同様である。機能主義によれば，社会のあらゆる要素は特定の「機能」をもっている。たとえば政治部門は社会を統合する機能をもっているし，家族部門は精神的な安定をもたらす機能をもっている，といった具合である。

しかしこういった想定は楽観的かつ非現実的である。たとえば地球温暖化はどうだろう。私たちは意図して地球温暖化につながる行為（自動車の運転など）をしているわけではないが，それでも地球温暖化という破壊的な結果は個々の人間の行為によって生み出された客観的な状態である。社会は，必ずしも機能主義や進化論が思い描くようには調和的に動かないものなのだ。

そこでギデンズは，行為と社会との関係を考える際に，「構造の二重性」という概念を提起する。まずギデンズは，行為者個人あるいは行為のことを「エイジェンシー」と呼び替える。エイジェンシーには「媒介」「代理」といった

意味合いがある。人々の行為がエイジェンシーとして働くのは，それが構造を介して社会システムを再生産するからである。

しかしこれだけだとよく理解できないかもしれない。具体例を示そう。構造化理論では，構造とは規則や資源のことをさしている。たとえば私たちは，基本的に「誰かと付き合っているときは，他の人と付き合わない」という規則にのっとって恋愛関係を結んでいる。そしてその行為によって，まさに規則が時間を超えて維持されていく。新たな社会への参加者も，この規則を当てにして行動することができる。しかし恋愛をしている人に対して「あなたは，恋愛の規則を維持するために恋愛をしているのですか」と主観的意図をたずねても，そんなことはないという答えになるだろう。規則＝構造が維持されるのは，行為の意図せざる結果にすぎない。このように，構造はエイジェンシーの条件となり，またその結果でもある。これが構造の二重性である。

構造的矛盾と社会の変動

構造化理論では，社会システムの多くが個々の行為の意図せざる結果として維持されていると考える。もちろん私たちは政治や経営などを通じて社会集団全体に介入することもあるが，社会の仕組みのすべてが主観的意図に従って作り上げられているわけではない以上，つねにうまくいかないことが出てくる。進化論や機能主義の立場であれば，「人々の意図から外れた社会の動きも，何らかの機能を担っている」と考えることになるが，構造化理論ではこういった調和的な社会の機能を想定しない。したがって個々の人々の思惑（主観）とその結果（客観）は基本的に緩やかにしか連動していない。

また，人々は自分たちの行為において利用する構造（規則と資源）について必ずしも明確に理解していないために，構造同士が矛盾をきたすこともある。

たとえば私たちは，人々と協力し合ってモノを作り上げる。自動車でも建物でもパソコンでも，人間一人で作ることはできず，さまざまな人々との分業を通じてモノが作られている（「協業」という規則構造）。他方で私たちは，自分たちが所有しているモノ（やお金）によって生活している。「ここまでは自分のもので，これは自分のものではない」という厳しい区別がその前提となっている（「私的所有」という資源構造）。つまり，一緒にモノを作っているのに，その成果は個別に分配するのである。

ここに深刻な矛盾が生じることがある。一緒にモノを作る際には，必ずしも「ここまでは自分，ここからは他の人」というふうに，貢献の度合いをはっきりと区別できないことが多い。しかし何らかの目安で貢献度合い（たとえば仕事の成果，勤務内容）を評価し，報酬を決めなければならない。しばしば，最初にお金を出して工場や会社を作った人（資本家）が，その立場を利用して，実際に働いた人よりも多めに取り分をもっていくことになる。協業と私的所有の構造的矛盾は，その結果，労使対立という激しい衝突を生み出し続けている。

構造化理論の現代的意義

　構造化理論の特徴は，主観（意図）と客観（社会システム）の間の関係が部分的にしか連動していない，ということを明らかにしたところにある。そのために，意図せざる結果や構造的矛盾を，単純に誰かの意図（悪意）のせいにしたり，逆に人間の意図を離れた運命のせいにしたりすることを回避できる。

　現代社会は専門分化やグローバル化の結果，複雑に入り組んでいる。そのため，間違いなく人々の行為の結果であるのにもかかわらず，けっして意図されたものではない状態が数多く帰結している。経済不況や温暖化などはその典型である。客観主義的立場の考えるとおり，経済不況や温暖化は特定の人が意図的に，悪意をもって導いたものではない。したがって，ただ単に「犯人探し」をするだけでは，問題は繰り返されるだろう。他方で，一部の客観主義的立場が主張するように，それは人々の意図的な行為とまったく関係なくもたらされるような結果でもない。つまり，結果はまったく変えられないものでもないのである。なかなか思いどおりにならないことでも，社会構造についての適切な知識を構築し，粘り強く対応すれば，物事はよい方向に進む。

　ここで肝心なのは，個々人の行為がどのような仕組みで不況や環境破壊などの望ましくない結果に結びついているかを冷静に見極めることである。その意味で，個々の行為（エイジェンシー）と構造を結びつける構造化理論は，社会問題の解決に向けた指針を与えてくれるものである。

　最後に，構造化理論についての日本語による紹介としては，宮本（1998）などがあるので，そちらもあわせて参照してほしい。

〔筒井淳也〕

18 言語行為と言説

社会科学における言語論の位相

　出自も強調点もかなり異なるこの2つの概念を，あえて並べて扱うとすれば，広く言語的な要素に注目することが，社会の探究にとってどのような意義をもつかというところから出発する必要がある。言語が中立的で透明な記述の道具ではないことへの反省から始まった20世紀の人文科学の知的革新が，言語論的転回（linguistic turn）と呼ばれている。もちろん，社会は言語的構成物そのものではない。だが，まさにそのことにより，社会科学における言語論的転回は，「社会」という対象／それに対する記述の水準という，密接に関連する2つの問題系にまたがった，複雑な様相を呈しているともいえる。

　たとえば，「社会」の中で生きる人々は，しばしば中立的ではない形で言葉を用いており，さらにいえば，日常的意識には，そのことがたいてい透明化されている。社会科学において言語が問題となるのは，何よりもまず，利害関心や願望，意識的無意識的な駆け引きと策略に充ち満ちた，コミュニケーションの事実性においてだろう。動機の語彙論やラベリング論などを援用しながら，そうした過程を記述することがミクロ社会学の一つの潮流になっているが，ここでは，非中立的な発言を発生させる大規模な仕組みを想定する全体社会の理論が注目される。多くの場合それは，①何らかの政治作用や政治的意図による，思考や発言の構造的な歪曲の過程があり，②その過程は日常的意識からは隠蔽されているとする，イデオロギー論的構図をとる。

　イデオロギー論の本家本元であるマルクス（主義）的理論が典型的にそうであるように，この構えは，歪曲された言葉／客観的な言葉という区分が成り立つことを前提している。特定の言葉がイデオロギー的歪曲のもとにあると論じる人は，自分が真理＝科学の側に立っていると主張していることになる。だが，言葉の政治的歪みが客観的に測定できるとするとき，言葉は政治過程の従属変数となる。言葉それ自体は，実は問われていないのである。

言葉の「中の」社会へ

　別の角度からいえば，マルクス（主義）的な，唯一の客観的「社会科学」と

いう像への信憑が崩壊したあとも，この問題系が分裂しながら持続している。第1に，イデオロギー批判の断片化。歪曲を主張する側の「客観性」についての疑念が，ますますあからさまに出現するようになる。そして，「客観性」を批判するというポジションが，自分だけが客観的に正しく見抜いていることを担保する。だが，別のポジションからは，それもまた批判されうるのだから，その担保はあくまで一時的なものにすぎない。かくして，超越視点への暫定的繋留とそこからの切り離しが繰り返される。いわゆる現代思想でよく見られる光景である。第2に，真理性の基準を緩めると，特定の知のまとまりが，社会の特定の状態もしくは社会のある部分と対応（写像）しているという知識社会学に漸近していく。しかしそこでも，「社会」状態が言語独立的に取り出せるという方法的前提を置いていることは変わらない。そして，取り出されたその「社会」状態なるものがどこまで妥当であるかは，しばしばあやしい。

　こうしたあやしさや危なさが，本質的に解消されたわけではない。言語行為であれ言説であれ，何か万能の方法論によってそれを消去できるものでもない。ただ，中立ならざる言葉を生きる私たちが，あたかも外に立って，それを客観的に扱えるかのようなやり方が，どうしようもなくリアリティを欠いているように見えるようになったところに，言語行為や言説といった概念が浮上してくる。社会学的に近似すれば，これらは，それぞれのやり方で，言葉や語りの中にある「社会」をとらえようとする。もしくは，言葉や語りに内在して「社会」を発見することを指向している。重要なのは，その「中にある」や「内在して」がいかなることである（ありうる）かを考えることである。

行為としての言葉

　20世紀の哲学において，言語の振る舞いを反形而上学的＝非超越論的に考える途を切り開いたのはウィトゲンシュタインである。言語行為（speech act）というアイディアは，彼の発想を受け継いだオースティンに由来する（Austin 1962［訳 1978］）。言語の機能が事実の記述にのみあるとする「記述主義的誤謬」を批判する中で，彼は事実確認的発言（constative utterance）とは異なる行為遂行的発言（performative utterance）の領域を切り出した。事実確認的発言とは異なり，行為遂行的発言は真偽を判定できない。適切／不適切がその基準となる。適切／不適切は，それが置かれた文脈の適合性によって測られるが，文

脈は個々の発言によって確定できない形で，いわば開いている。さらに，発言が事実確認的か行為遂行的かはしばしば区別しがたい。部屋に入ってきた人が「今日は暑いね」と発言するとき，それは気温を客観的に記述しているのではなく，「窓を開けてほしい」という要請や命令でありうるように。

　このようにしてオースティンは，「発語行為（locutionary act）」としての語りの中に，命名，約束，命令，警告，宣言のような，それ自体で一つの行為となる「発語内行為（illocutionary act）」と，後続する行為を誘発する「発語媒介行為（perlocutionary act）」の位相を見いだした。語りのうちに内在する行為性に着目することで，それは，語りに政治的効果を外在させるやり方とは異なる方途を示している。同時に，「約束」や「命令」等の行為の実体的領域が，外からもちこまれているようにも見える。哲学的混乱を日常言語の用法の観察によって除去するという言語哲学的課題にとっては，それは副次的な事柄だが，行為の社会的文脈を重視する社会学にそのままの形で上書きすると，通常のコミュニケーション論とあまり変わらなくなる危険性もある。言語行為における「文脈」が，発言それ自体によってはただちには確定できないという方法的緊張を，どのように引き受けるかがポイントになるだろう。

言説分析の記述戦略

　西欧近代をめぐるフーコーの著作群を起爆剤とした言説（discourse）概念は，言語行為とは異なるやり方で，言葉の「中にある」社会性を追究している。「権力」や「知」を代表として，彼が提出したさまざまな鍵語が示唆しているように，そこでは，近代性の総体的批判と深く結びついた，高度に戦略的な反省的思考が働いている（Foucault 1969 ［訳 2012］）。

　ごく単純化していえば，言説分析とは，「語られたこと」がそれ自体で形成する布置（configuration）を記述する営みである。しかしそれは，雑誌や新聞といった特定の資料体をあてにして，あるいは「文学」であれ「精神医学」であれ，すでに社会的に定義づけられた言説領域（ジャンル）の内部を「分析」することとは違う。むしろ，語られた対象を言説の布置へと送り返していく書き方をすることで，語りを生み出す仕組みや背後要因を措定してしまう思考の慣性を停止させることが重要なのだ。「人間主体」が十全に発揮する意図や，「社会」という見え方自体をも含めて。

たとえば，行為をめぐって，通常の社会学は何らかの同定規則を外からもちこめるという前提をとっているが，言説分析においては，何かの行為や振る舞いらしきものが見いだされたとしても，それが「語られない」ときと「語られている」ときとに通底する，行為や振る舞いの同一性をただちに措定することはできない。むしろ，それが言説化されている／言説化されていないという出来事性との相関において考えていく。また，異なる時空間で同じような言表が見いだせるとしても，それが同一であるとは限らない。いかなる言説の格子と結びついているかによって，言表の身分は異なることがありうる。

　言説分析が「考古学」や「系譜学」を掲げ，認識論的切断（epistemological rupture）のもとで事象を描く歴史記述を指向するのは当然なのである。その向こう側で，そもそも「社会を書く（と，私たちに見える事態）」が，どのような言説的条件のもとで成立しているのかが，問われ続けている。

社会学と言説分析

　社会は言葉に還元できないが，「これ」と直示できるようなモノ的存在でもない。そして，社会の説明は，いずれにせよ言葉以外ではなされえない。そう考えると，社会学と言説分析とがいわばねじれの位置にあることが見えてくる。実際，社会学が扱う素材の多くは，社会について誰かが書いたり語ったりした言語資料である。それらを手がかりにして，社会学者が「社会」を描き出そうとするとき，一連の方法的仮定に基づく操作を行っていることを認めざるをえないからだ。言説分析は，それらが方法的仮定であることを明るみにさらし，仮定としての身分を忘却して実体化するとき，多くの不当前提を犯すことを警告する。とはいえ，だからといって，言説分析がいかなる仮定からも自由であるとは限らない。むしろ，安定的な言説の輪郭を揺るがせることは，ある形象の恣意的な特権化を行う危険と，つねに隣り合わせである（遠藤 2006）。

　その意味でも，社会学と言説分析は背中合わせの関係にある。最善の社会学が，なるべく無理のない方法的仮定を導入することで，現象を比較的うまく説明することをめざすとすれば，普通の感性が素直に実体とみなす事象を次々に「言説」の抽象性へと解体していく言説分析は，それが提出する異貌の描像が，通常の説明にどれだけ不意打ちを食らわせられるか，その，あえていえば経験的な手応えによって勝負するしかないからだ（遠藤 2016）。　　　〔遠藤知巳〕

19 基礎集団と機能集団

ゲマインシャフトとゲゼルシャフト

　近代化の進展に伴い，血縁や地縁などに基づいて自然に成立しているように感得される集団，すなわち基礎集団ではなく，特定の目標の達成のために人為的に創られた集団，すなわち機能集団の力が大きく伸張するようになってきた。基礎集団の典型としては家族集団・仲間集団・地域集団などが，また機能集団の典型としては教育機能に特化した学校組織や生産機能に特化した企業組織などが挙げられる。社会における機能集団の役割の高まりというのは，近代化のうねりに直面した草創期の社会学が集中的に取り組んだテーマであった。

　テンニースはゲマインシャフトとゲゼルシャフトという概念セットを開発することで，独自の集団類型論ならびに近代化論を展開した（Tönnies 1887［訳1957］）。テンニースは人間の精神活動の根本に本質意志と選択意志の2つを区別する。そして諸々の関係や集団のありようを，本質意志に基づいた実在的で有機的な生命体としてのゲマインシャフトと，選択意志に基づいた観念的で機械的な構成体としてのゲゼルシャフトの2つに分類した。家族・村落・近隣・仲間がゲマインシャフトであるのに対して，企業・大都市・国家はゲゼルシャフトである。

　テンニースは，ゲマインシャフトがさまざまに分離する可能性がありながらも，根底的なところで結合しているのとは対照的に，ゲゼルシャフトはいかなる結合を見せたとしても，結局は分離していると説く。この2つは関係や集団の様相として質的にまったく異なっているというわけである。そしてテンニースは，近代化によってゲマインシャフトではなくゲゼルシャフトの重要性が際立つようになってきたと論じた。このゲマインシャフトの時代からゲゼルシャフトの時代へという近代化仮説は，社会学の歴史上，もっともよく知られた命題の一つである。ただし近代化が完遂したとしてもゲマインシャフトの大切さが雲散霧消してしまうわけではない。テンニースによれば「ゲマインシャフトの力は，消滅しつつあるとはいえ，なおゲゼルシャフト時代にも保たれており，依然として社会生活の実体をなしている」（Tönnies 1887［訳 1957〔下〕:

210]）。今日の社会においてもゲマインシャフトのありようとその意味を見極める作業は重要であり続けているのである。

第一次集団と第二次集団

他方，基礎集団対機能集団の対比は，ゲマインシャフト対ゲゼルシャフトという図式だけでなく，第一次集団対第二次集団という図式で語られる場合も少なくない。第一次集団という概念を提起し，これについて詳細な議論を展開したのはクーリーである（Cooley 1909［訳 1970］）。クーリーの説く第一次集団とは，対面的な親密性からなり，協力の精神に満ちた集団のことだ。それは諸個人が理想をはぐくみ社会性を獲得していくにあたっての基礎となるという意味において，第一次的ということができる。第一次集団の典型としては，家族，仲間，近隣が挙げられる。クーリーは，第一次集団はくつろぎを可能にする共通の生活の源であり，また社会的な理想に溢れた連帯の場であるとして，これを社会学的に賞揚した。

クーリーが第一次集団に関する議論を集中的に展開したのは，近代化に伴って比重を増してきた機能集団の姿に危機感を覚えたからである。非対面的な第二次集団としての近代組織は，温もりのある第一次集団とは対照的にある種の冷徹さをはらんでいる。クーリー自身はとくに第二次集団という呼称を用いてはいないが，大規模で複雑な近代組織のありように対しては批判的な見方を示した。彼によれば，近代組織は機械的で非人間的な様相を呈している。あまり統合されてはおらず，むしろ人々の孤立ばかりが目立っている，というのがクーリーの近代組織に対する評価であった。

クーリーは，彼が生きた時代のアメリカ社会において集合的な訓練が軽視されていること，仲間意識や協力意識が低減してきていること，より広い社会への関心が稀薄化しつつあることなどに関して繰り返し警鐘を鳴らしている。クーリーの第一次集団の議論は，単なる集団類型論の提示にとどまるものではない。それは鋭い同時代批判として展開されたのである。ただしクーリーは，第一次集団の統一性を強調しながらも，それを諸個人の個性を均してしまうような類のものとは考えていなかった。クーリーによれば，統一のとれた第一次集団はその内部に自己主張，競争，分化，多様性といったものを含み込む。つまり，そこでは諸部分の自律性と全体の調和とが矛盾することなく，両者ともに

際立っているとされるのである。クーリーの賞揚する第一次集団は，斉一性が高いだけの原初的で単純な集団とは決定的に異なるものであった。

コミュニティとアソシエーション

　基礎集団と機能集団という対比でもう一つ重要なのは，マッキーヴァーによるコミュニティとアソシエーションの議論である（MacIver 1917［訳 1975]）。マッキーヴァーはコミュニティを共同生活の領域として，またアソシエーションを特定の関心を追求するために設立された組織体として規定する。マッキーヴァーにおいて共同関心に基づいて成立する生活領域としてのコミュニティとは，とりもなおさず地理的な境界で区切られた精神的な統一体のことだ。その代表例としては村，町，地方，国といったものが挙げられる。また，コミュニティの中にはさまざまな組織体が形成されることになるが，そうしたアソシエーションには家族，企業，国家などが含まれる。ちなみにテンニースではゲマインシャフトの，そしてクーリーでは第一次集団の典型とされた家族を，マッキーヴァーは原則としてコミュニティではなくアソシエーションのほうに分類した。それは，既存の家族の中に生まれ落ちてくる子どもの立場ではなく，これから夫婦になろうとする一組の男女の立場に立てば，家族は明確な意志をもって人為的に構成される組織体ということになるからである。

　マッキーヴァーによれば，すべてのアソシエーションはコミュニティを基盤として成立するものであり，それがなければ存続することができない。その意味でアソシエーションはコミュニティの器官であり，コミュニティはアソシエーションに先行する。そしてコミュニティの統一性はアソシエーションのそれよりも高く，つまりアソシエーションが部分的であるのに対してコミュニティは統合的である。さらにアソシエーションは何らかの契約に基づいて形成されるが，コミュニティはその契約より前に存在し，契約そのものを基礎づける前提条件となる。このようにマッキーヴァーは，コミュニティをアソシエーションよりもはるかに包括性が高く，そして基礎的なものとしてとらえた。

　ただしその基礎的で統一的なコミュニティは，クーリーにおける第一次集団と同様，過度の斉一性を伴うものではない。「全てのコミュニティはコミュニティ成員に共通する類似性と，その成員に多様な差異との織りなした網である」（MacIver 1917［訳 1975: 110]）。コミュニティは統一的ではあるものの，

それを構成しているのは真に自律的な諸個人であり，またコミュニティの内部には協働の力と競争の力が混在しているということを，マッキーヴァーは事あるごとに強調していた。

今日的含意

　基礎集団と機能集団の区別ならびに近代化に伴うこの2つの比重の変化は，古典的な社会学の主要なテーマであった。しかし，これは単なる古い学説史上の知にとどめておくべきものではけっしてない。テンニース，クーリー，マッキーヴァーの集団論には，現代社会を読み解くにあたって有用な洞察がたくさん含まれている。まず自然対人為という対比には，今日考察を深めるべき部分が多々認められよう。たとえば，親族集団や地域社会は本当に温もりのある自然な存在と言い切ることができるだろうか。家族にせよ近隣にせよ，それはジェンダー，階層，民族といった各種の属性や社会経済的地位に裏打ちされた人為的な制度とみなすことも可能であり，だからこそそこでのしがらみを厭うケースもそれなりに出てくる。また，これらよりも明らかに人為的な構成体といえる職場や，あるいはウェブ上の仲間集団のほうが，かえって自然で寛げるとする人も少なくない。自然対人為というのは刺激的な問題設定であり続けており，これに挑戦するにあたっては，古典的な社会学者たちによる例示や解釈を大胆に乗り越えることも，ときに必要となってこよう。

　またテンニースやクーリーやマッキーヴァーの研究は集団論という以前に，あるいはそれを超えて理論社会学，社会理論，現代社会論そのものであり，そこで提起された個人対社会という問題は今日でも生き続けている。クーリーもマッキーヴァーもともに，社会的文脈を離れた過度に個人主義な見方に対しては批判的で，近代化に伴う諸個人の孤立化に関して警鐘を鳴らし，基礎的な集団の統一性の大切さを訴えたが，その一方で過剰な集団統合がはらむ抑圧的な側面も十分に押さえ，諸個人の自律性を損なわない集団のあり方について分厚い議論を展開していた。興味深いことに，これは今日的なリベラリズムとコミュニタリアニズムが取り組んでいるテーマとちょうど同じである。今日の社会学は，こうした古典的な議論からの刺激を多く受けることで，さらに洞察を深めていくことができよう。

〔山田真茂留〕

20 支配と権力

権　力

　組織内の上下関係や，社会における強制や隷従について論ずる際，「権力」という語はよく用いられる。この日常用語としての「権力」は，むきだしの暴力やら，経済的・政治的な影響力やら実にいろいろな意味を含みうる。社会学者による権力の理解も，負けず劣らず，実に多様であり，いくつもの異なった問題が同じ名前でくくられていると見ることもできる（詳しくは，盛山 2000）。

　これらの権力論の出発点には，しばしば，「権力とは，ある社会関係の中において，抵抗を排してでも，自己の意志を貫徹しうるあらゆる蓋然性」というヴェーバーの古典的定義が置かれる（Weber 1922b ［清水訳 1972: 86]）。しかし皮肉にも，彼自身はこう定義したあと，社会学で用いるには権力概念はあまりに不定であるとし，権力の一般的な考察を断念する。彼はそれに代えて，問題としてはより限定された「支配」についての考察を展開する。

支　配

　ヴェーバーは「支配」を「ある特定しうる一群の人々において，特定の（あるいは全ての）命令に対する服従が見いだされる蓋然性」と定義する（Weber 1922b ［世良訳 1970: 3]）。この命令を下す者を「支配者」，それに服従する一群を「服従者」と呼ぶとしよう。ヴェーバーの支配論は，支配者についてではなく服従者に着目する。

　服従者は，なぜ命令に服従するのか。そもそも服従者に，服従する動機が皆無なら支配は成立しない。服従の動機には，たいがい利害関心が絡む。そして支配者は，恩賞（アメ）と罰則（ムチ）などの制裁によって，この利害関心を強める。とくに政治的支配には，究極的には暴力の裏づけが必要であろう。

　しかしヴェーバーは，ここで核心的な問題を提起する。服従者が命令に服従する利害計算をいちいちするならば，安定した支配は成立しない。むしろ安定した支配ほど，服従者は，命令の内容への利害にはとらわれず，「あたかも命令を服従者自身の行為の格率に従わせるかのごとく」行為を経過させる。安定した支配では，支配者の命令が，一定の限界までは，いわば無反省に服従され

表1　支配の3類型

支配類型	正当性の権利根拠	正当性の特色		支配装置の典型例
①合法的支配	制定された規則の合理性についての信仰	非人格的な正当性（権限を有する役職者に従うべきとの信仰）	日常的	近代的官僚制
②伝統的支配	古来の秩序の神聖性への信仰（支配者の伝統的権威への恭順）	人格的な正当性（支配者自身の権威・能力への信仰）		家父長制中国家産官僚制西洋中世封建制
③カリスマ的支配	支配者の非日常的な能力（カリスマ）への信仰		非日常的	軍事英雄従士団教祖の弟子集団

る。ヴェーバーは，これを服従者の「正当性」の信仰によって説明する。服従者は，支配者には特定の命令を下す正当な権利（権威）があるという信仰をもちうる。こうした信仰は，服従への利害計算を素通りさせる。

支配の3類型

ヴェーバーは，こうした正当性の信仰は，集約すると，3つの権利上の根拠にだけ基づくと論ずる。そしてこの3つの正当性の権利根拠に応じて，①合法的，②伝統的，③カリスマ的という，支配の3つの純粋類型を立てる（表1。以下の記述も含め，Weber 1922b［世良訳 1960, 1962, 1970］から再構成）。

広範な服従者に対する支配では，支配者は，服従者に制裁を加える専門スタッフ（行政幹部）を必要とする。こうした行政幹部と強制手段とをあわせ「支配装置」と呼ぶ。支配装置内においてこそ，行政幹部が支配者の命令の当否について疑わず，支配者の正当性を信仰していることはむしろ重要である。それゆえ，正当性は，支配装置の特質を強く規定する。

①合法的支配

合法的支配は，「合法性」の信仰に基づく。これは，合理的に制定された規則には従うべきであり，しかも，その規則に定められた限界（権限）の範囲では支配者の命令に服従すべきであるという信仰である。支配の正当性は，3つとも，支配者の命令を正当な権利とみなす際の根拠になっているルール（規範）への信仰ともいえる。合法的支配では，明示的に制定された規則（法律等）への信仰が前提になっている（水林 2010）。

合法的支配の典型的な支配装置は，近代的・合理的な官僚制である。そこでは各行政幹部の権限と命令系統が体系的な合理的規則によって定められる。たとえば近代国家，軍隊，企業の組織がそれに近い。官僚制では役職こそが服従の対象であり，役職に異動があれば新しい上司に淡々と従うことになる。

②伝統的支配

伝統的支配は，古くからある秩序は侵してはならないという伝統的な規範への信仰に基づく。伝統的な規範は曖昧であり，合法的支配での明確に制定された規則と違い，権限は不明確である。それゆえ伝統的支配では，支配者に恣意的な命令を下す余地がある。しかし恣意も，実際には伝統的な規範によって制約されており，無制限というわけではない。

伝統的支配で服従者を動機づけるのは，支配者本人への恩の意識や恭順である（親子関係や運動部などの先輩後輩関係を思い浮かべるとわかりやすい）。伝統的支配の典型的な支配装置は，それゆえ家父長制とされる。家父長制では，「父」に「子」が恭順する。伝統的支配も，支配領域が広域に及ぶ場合には，行政幹部が必要となる。その場合，家父長制は変質し，支配者は，支配領域を分割し，幹部が各領域での役得を専有する権利を許すことになる。

伝統的支配での領域分割には，家産制と封建制という2つの対照的な類型がありうる。家産制の行政幹部は非世襲的に，一代限りで役得を専有する。この高度な発展例が，科挙による中国の家産官僚制である。他方，封建制（レーエン制）は，領域の世襲的な専有が認められる。封建制では，支配者（王）と幹部（家臣）との間には古来の契約による支配関係があるにすぎず，王は相対的に脆弱である。この分割の典型例は，西欧中世の封建制である。

③カリスマ的支配

カリスマ的支配は，支配者が特異な（非日常的な）能力を有しているとの信仰に基づく。支配者が有するとされる超能力を「カリスマ」と呼ぶ。典型例としては，治癒力を有するとされる宗教教祖（呪術カリスマ）や，不敗の天才と信じられた将軍（軍事カリスマ）による支配がある。カリスマ的支配の支配装置は，弟子や従士集団にすぎないことも多いが，熱狂的な個人崇拝のゆえに強力な服従も期待できる。カリスマ的支配は，合法的・伝統的支配と異なり，制定規則や伝統的な規範によって制約されず，革命的な変化をもたらしうる。

ただしカリスマ的支配にも，制約がある。カリスマ支配者は，自らがカリスマを所有していることを，服従者に不断に証明し続けなければならない。常勝将軍は，戦いに奔走せざるをえず，敗戦が続くと，支配が終焉する。

カリスマの日常化

　カリスマ的支配は，特定の人物の非日常的な能力への信仰を根拠にするがゆえに，その人物が死んだ際には，後継者選びという支配の危機を必ず迎える。何らかの形でカリスマ信仰の根拠を変質させないかぎり，カリスマ的支配は長期的には存続しえない。カリスマ的支配は消滅するか，あるいは伝統的支配や合法的支配へと変質していく。ヴェーバーは，こうした法則性を「カリスマの日常化」と名づける。

　変質したカリスマ信仰は，その後の支配構造に独特の影響を残す。カリスマが血統によって継承されるという信仰（世襲カリスマ）が成立することは，封建制的・カースト的支配に親和的である。特定の官職についた者にカリスマが天から与えられるという信仰（官職カリスマ）は，教権制（西洋のカトリック教会など）を基礎づける。すべての人は生まれながらにして一定の権利を有しているという近代の人権信仰には，こうした教権制と対抗し，個人の信仰心を重視したピューリタン諸派のカリスマ解釈の影響が残る。

発見法としての支配の 3 類型

　ヴェーバーが重ねて強調することだが，現実のあらゆる支配は，支配の 3 類型の混合として認識されるべきものである。支配の 3 類型に発展・進化法則を読み込み，カリスマ的支配→伝統的支配→合法的支配と推移したかのごとくとらえることは戒めなければならない。とりわけ近代社会の支配をすべて合法的支配と理解することは適切ではない。むしろ近代のあらゆる現実的な支配にも，支配者の能力（カリスマ）への信仰や，伝統的な恭順が組み合わさっている。

　支配の 3 類型は，現実の支配にひそむ正当性の根拠を記述し説明していくための発見法的な「物差し」として活用すべき類型論である。

〔矢野善郎〕

21 官僚制と近代組織

ヴェーバーの官僚制論

　組織とは目標達成のために人為的に構成された機能集団のことであり，そこでは垂直的な権力関係ならびに水平的な分業関係が高度に制度化されている。家族や近隣といった基礎集団に伝統的な要素が多く含まれているのに対し，機能集団としての組織に特徴的なのは近代的な合理性である。そして，この近代組織の合理的な仕組みならびに働きを深く抉ったのが，社会学ではヴェーバーであり，また経営学ではバーナードであった。

　ヴェーバーは支配の類型として伝統的支配，カリスマ的支配，合法的支配の3つを挙げたが，このうち唯一非人格性が際立ち，近代社会の礎となっているのが合法的支配である。そして合法的な支配の純粋型とされるのが官僚制にほかならない（Weber 1922b［世良訳 1960, 1962, 1970］）。ヴェーバーが官僚制の特徴として挙げたのは，①権限の原則（活動の規定・権力の規定・計画的な任命），②一元的で明確な上下関係，③文書による職務遂行ならびに公私の分離，④専門化した活動，⑤職務への専念，⑥一般的な規則に基づく職務遂行といった項目である。これらからなる官僚制原理は，精確性や恒常性や信頼性に優れ，計算可能性に富んでいる。それは普遍的な適用が可能なものであり，ヴェーバーにおいては形式的にもっとも合理的な支配のありようとしてとらえられた。

　この官僚制というものは行政機関のみが具備したものではなく，官庁・会社・学校・病院などおよそあらゆる機能集団に共通して見られる近代組織の根本的な編成原理ということができる。そしてヴェーバー以降，構造論的な組織研究が理論的・実証的に発展することによって，官僚制の特徴は，①専門性，②集権性，③公式性の3つに集約されることになった。すなわち，諸活動がはっきりと区切られていること（専門性），指揮命令系統がしっかりしていること（集権性），そしてそれらが文書によって明確に規定されていること（公式性），この3つこそが近代組織の基盤になっているというわけである。

マートンによる官僚制の逆機能論

　ただし，これらは近代組織の構造の形式的な合理性を表象するものではあっ

ても，その過程の実質的な合理性を保証するものではないかもしれない。そして実際，官僚制的な仕組みの堅さによって組織の働きが阻害されるということはおおいにありえよう。この問題に探究の光を当てたのが，官僚制の逆機能論である。その代表的な論者であるマートンによれば，官僚制の逆機能は次のような形で展開する（Merton 1957［訳 1961]）。①官僚制が効力を発揮するために，反応の信頼性と規則の厳守が要求される。⇒ ②そうした規則が絶対視され，しだいに組織目標と関係のないものとなっていく。⇒ ③もともと予測していなかったような事態が生じた際，柔軟な対応がとられなくなる。⇒ ④非能率的な結果が出ているにもかかわらず，成員の多くはそれに気づかない。

本来の組織目標を閑却して瑣末な手続きにばかりこだわる，いわゆるお役人的な態度は，官僚制の逆機能の典型ということができよう。

バーナードの組織論

振り返れば，ヴェーバーの官僚制論の根幹の部分に目標の概念は入っていなかった。これに対して目標を中心として近代組織論の礎を築いたのがバーナードである（Barnard 1938［訳 1968]）。組織というものを意識的に調整された人間の活動や諸力のシステムとしてとらえたバーナードは，その要素として①協働意欲，②目的，③コミュニケーションの3つを挙げた。そして彼は，組織の共通目的の達成（すなわち有効性）と参加者の動機の満足（すなわち能率）こそが組織の存続にとっての要件となると論じている。

また，バーナードの組織論のキーワードの一つとして無関心圏という概念があるが，これが意味しているのは，組織において下される行為命令の中には下位者がその内容に関して無関心なまま受容可能な一群のものがある，ということである。下位者は無関心圏内の命令であれば，その内実の如何について意識的に問うことなく，非人格的に淡々と服従することになる。これは近代組織における人間行動の重要な一側面に違いない。

基礎集団においては人格性がしばしば顕わになるが，これに対して機能集団においては非人格性こそが目立った特徴となっている。ヴェーバーの理論とバーナードの理論の双方においてともに強調されているのが，まさにこの近代組織のはらむ非人格的な性質である。ところがこの2つの理論の間には，かなりの対照性も看取される。セルズニックが指摘するように（Selznick 1992），

ヴェーバーの官僚制論において重視されていたのは，目標を所与のものとみなし，その達成のために定められた既存のルールに従うという姿勢であった。これは，目標達成を主軸にした協働システムとして組織を見ていたバーナードとは相当に異なった見解ということができる。セルズニックによる議論をもとに対比的な言い方をするならば，ヴェーバー的な組織観が"所与の政策を実現するための手段になる諸々の価値や手続きを支える静態的な権力構造として，組織を価値合理的にとらえる視角"であるのに対して，バーナード的な組織観は"共通目標の達成を志向して人々が活動する動態的な分業過程として，組織を目的合理的にとらえる視角"になっているわけである。

リッツアによるマクドナルド化批判

近代組織に対する批判としては，価値や手続きに拘泥するあまり，適切さへの志向が過剰になってしまっていることに対する批判と，目標達成を主眼にするあまり，効率性への志向が過剰になってしまっていることに対する批判の2種がありうる。近代組織にはときとして"目的を忘れて手段にこだわる"という態度と，その反対に"目的のためには手段を問わない"という態度の双方が顕在化するが，前者は先述の官僚制の逆機能の病理にほかならず，また後者は効率性至上主義の病理と呼ぶことができよう。

マクドナルド化する社会に関するリッツアによる批判の矛先は，このうち主として過剰に効率性を追い求める志向に向けられているといっていい（Ritzer 1996［訳1999］）。マクドナルドをはじめとするファストフード・チェーンに典型的な標準化されたシステムは，関与する人々を画一的に管理することを通じて収益性を上げようとひたすら努める。リッツアによればマクドナルドが成功したのは，店長，従業員，顧客の行動に関して，①効率性，②計算可能性，③予測可能性，④制御を徹底できたからであった。リッツアはこの4つがヴェーバーの官僚制論に通底するものだということを強調するが，しかしこれらは専門性・集権性・公式性といった官僚制の構造原理そのものではなく，それが形式的に果たしうる合理的な効能に関する事柄である。その意味でリッツアのマクドナルド化論は，上記の2つでいえば官僚制の逆機能に対する批判よりも効率性至上主義に対する批判の色合いが濃いものとなっている。

リッツアは，効率性を至上命題とした画一的な管理によって人間同士の接触

が極小化するなど，現代社会において脱人間的なシステムが拡大していくことに対して，鋭い批判を展開した。ただし官僚制原理は，それが適正な水準にとどまるかぎり，人間性を守る砦にもなるということに注意しておこう。ヴェーバーは官僚制を効率的なシステムとみなすとともに，公平性や平等をもたらすものだとも論じていた。考えてみれば，労働者が自らの権利を守れるのは，文書の形で公式化された近代的ルールがあればこそのことである。それがなければ，彼らは時の為政者や雇用主の恣意的な力に屈し，あるいは市場からの効率性の要請に際限なく従い，過酷な労働条件を強いられることにもなりかねない。

ドゥ・ゲイによる官僚制の再評価

そしてこの問題を深く掘り下げ，官僚制原理の重要性をあらためて訴えたのがドゥ・ゲイである（Du Gay 1996［訳 2001］; 2000）。ドゥ・ゲイによれば近年，官僚制は時代遅れの管理形態とみなされ，その代わりに柔軟で分権的で企業家精神に富んだ組織が賞揚されるようになった。そして新たな管理論の流れにおいては，価値や規範や卓越性などといったものが重視されるとともに，組織成員の自己充足や自律や責任が強調されている。またそこでは労働と非労働，理性と感情，公と私を再結合することが必要だとも説かれる。

しかしながら，これによって公共生活が一部の人々の私的な恣意のまかりとおる場になったり，あるいは公的な仕事の場で諸個人のコミットメントが過剰に調達されてしまうとしたら，それは大問題だろう。ドゥ・ゲイによれば，こうした事態を抑止できる制度は官僚制以外にない。つまり官僚制は，公と私の領域を明確に区切ることを通じて，私的利害によって公共性が侵食されるのを防ぐとともに，私生活の自由を公的な圧制から守ってくれる，非常に大切な倫理なのである。

官僚制的なルールはいつも逆機能を呈するとは限らない。目的－手段関係が合理的に編成される近代組織では目標達成志向も手続き遵守志向も相当に強いものとなるが，この2つの志向がそれぞれ適正な範囲に収まっていれば，当の組織は効率的でかつ適切な状態を保持しうる。それらが過剰になり，効率性至上主義や官僚制の逆機能がもたらされることのないよう注意を払い続けるのは，個々の組織ならびに組織社会全体に課せられた大きな課題に違いない。

〔山田真茂留〕

22　フォーマル・グループとインフォーマル・グループ

近代化とフォーマル・グループ

近代化とともに生産の大規模化が進展し，大規模な組織の運営が経済社会にとってきわめて重要な意味をもつようになった。目標達成のための仕組みとしてのフォーマル・グループ，つまり組織に関する議論は，組織に要求される効率性原理，すなわち目標と計画，その実行に必要な命令・伝達の仕組みに要求される合理性を中心課題とする。それに対して，自然発生的で感情に左右され，事前に発見や計画が行われない非合理的な関係性の影響を明らかにしたのが，ホーソン実験とそこで見いだされたインフォーマル・グループの議論であった。

ホーソン実験の概要

産業社会学の発達に大きく貢献したホーソン実験は，1924年から1933年にわたって，シカゴ郊外のウェスタンエレクトリック社ホーソン工場を舞台に実施された，従業員の勤務状況とその規定要因に関する複数の調査からなる一連の研究である。1924年から1927年にかけて行われた照明実験で，照明と作業効率の関係が明確にならず，労働者の反応を単一の要因に帰することができないとの結論を受け，メイヨー，レスリスバーガーなど，産業社会学と経営学の研究者たちが1927年以降実験に参加し，組織研究の一領域を確立した。

この実験は，人間関係論と呼ばれる視座を生み出したこと，インフォーマル・グループの重要性を発見したことで知られる。人間関係論は1927年から1933年にわたる継電器組立実験と面接計画の展開によって確立した研究潮流である。そしてその結果を敷衍する中で，1931年から1932年にわたるバンク配線実験において，インフォーマル・グループの存在への注目がなされた。継電器組立実験によって示されたのは，生産量の増大は賃金によるインセンティブ効果だけに起因するとはいえず，職場の個人間の関係や仕事以外の個人的な状況に依存するということであった。さらに個人的な状況を詳しく明らかにするために面接実験が行われ，従業員はそれぞれ組織における社会的な地位や価値意識をもち，それが個々人の労働に関する状況の判断に大きく影響するということが指摘された（Roethlisberger and Dickson 1939）。

人間関係論

人間関係論は，労働者が承認を得たり社会的存在として扱われることによって作業量を増大させるという，労働者の心理による効果が，組織目標の達成のために重要であることを示した。実際には実験でもたらされたこの効果が，ほかの経済的変動要因から独立のものであるか，また実験の設定が厳正なものであったのかについては，さまざまな議論がある（大橋・竹林 2008）。しかしながら，人間関係論は以下の2点で重要である。

第1は，当時普及していた組織の公式構造を設計するための課業と賃金の管理に関するテイラー的発想に対して異議を唱え，作業組織における経済的報酬以外の誘因を明らかにする必要を提起した点である。ここでは伝統的な組織論が強調する分業化の徹底に対して，分業が人間に及ぼすマイナスの効果，組織に対する人間の動機づけや満足といった事柄への注目がなされる。第2は，この人間関係論的な個人の心理に関する視点が，社会関係に対する注意をさらに促し，インフォーマル・グループに関する議論を導き出した点である。

インフォーマル・グループ

インフォーマル・グループの議論は，工場の現場において行われていた集団的生産制限の実際の仕組みを追求する中で明らかにされた。インフォーマル・グループとは，「実際の個人間の相互関係で，組織メンバー間に存在していて，公式組織によってはまったくあるいは不十分にしか表すことのできない」ものである。その集団が存在することで集団内部の人間の行動は統制され，人は集団外部からの圧力に対して好意的にも反抗的にも行動しうる。インフォーマル・グループはより具体的には，「ある特定の働き方を通じて得られた個人関係のネットワーク」であり，「組織の経済的目標に対して多くの点で反対するような，メンバーが共通してもっている一連の習慣や信念」でもある。しかし，またあるときには，「個人の希望を叶えると同時にマネジメントの目標に対しても好意的に働くもの」であった（Roethlisberger and Dickson 1939: 559-61）。つまりそれは職場集団が実際に形成されたのち，そこでの関係を通じて事後的に発生するものであり，その意味では，事前に計画や予測することのできない関係から構成されている。

さらにホーソン実験は組織（企業）による目標達成のための計画や命令とい

った，経営における公式組織の基本的性質に疑義を提示するものではなく，相互補完的なものであり，その目標達成のために組織が管理手法を進化させる必要があるという認識を示した。実際に，実験の内容を詳細に示した著作の終章では，人事管理の制度の改善に向けた議論がなされており，従業員意識調査，カウンセリングなど，現代でも用いられている手法が提言されている（Roethlisberger and Dickson 1939）。

組織におけるコミュニケーションと協働

このような視座を実際の組織管理の前提として理論に組み込んだのがバーナードであった。バーナードは，組織とは目的をもった協働の体系であるとし，参加者の協働への意欲とコミュニケーションに着目した。その前提に立って，無関心圏のような空気のように従うことのできる命令群を想定するとともに，公式組織にはそれを超えて協働を志す個人の意欲を引き出す誘因やそれを受容させる説得が不可欠だと指摘した（Barnard 1938 ［訳 1968］）。

バーナードにとって，公式組織は社会の主要な構造的側面であり，またそれは経営者のリーダーシップによって運営される。一方で，そこでの社会的結合は個人の本質的な要求であり，組織内の非公式組織は，伝達，凝集，および個人の全人性保全の手段として組織に活力を与えるとされる。非公式組織は，その密度もさまざまな形のない集合体であり，公式組織によって条件づけられるが，両者は協働において相互に影響を及ぼし合う関係にある。バーナードは，非公式組織の存在は公式組織の定義に不可欠であるとして，これを重視した。

日本におけるインフォーマル・グループと今日的課題

インフォーマル・グループの議論が社会学に果たした貢献の一つに，小集団で行われる相互作用や規範の生成についてグループ・ダイナミクス論に題材を提供した点がある。たとえば，ホマンズは，バンク配線作業実験における職場集団内相互作用を素材として取り上げ，外部環境としての組織規範による影響と，内部環境としてのコミュニケーション行為による規範の生成の関係を論じた（Homans 1951 ［訳 1959］）。

だがその一方，インフォーマル・グループの議論において，フォーマルな組織への影響は示されたものの，インフォーマルな関係そのものの議論は進まなかった。むしろ，何がインフォーマルなのかは，職場集団の前提となるフォー

マルな組織に依存している。そのため公式組織の状況次第で，その実態や評価は大幅に変わってしまう。

　インフォーマル・グループの理論や人間関係論がアメリカから日本に導入されたのは，1950年代であった。しかしそれは一時期のブームにとどまった。たとえば，尾高邦雄は当時の日本での状況について，日本の雇用関係に見られた経営家族主義的発想に似たものと理解される傾向が強いことを指摘し，経営者との間の自発的な協力関係を作り上げる企業のフォーマルな組織構造の革新を伴わないことを問題視している（尾高 1958）。

　同時期に同じくアメリカから導入された経営手法に，品質管理運動がある。これを全社規模，トップダウンで行う場合にはTQC（Total Quality Control），職場単位の活動として行う場合にはQC（Quality Control）と呼ぶ。QCを実施する職場の小集団活動がQCサークル活動である。人間関係論がブームで終わったのに対し，品質管理やQCサークル活動は日本企業に広く定着し，現代においても一定の意義を持ち続けている。

　QCサークル活動は，経営者が組織目標の達成のために重視する品質管理活動の一部である。同時に個々の従業員の能力拡充や従業員の主導による自発的な計画を必要とし，権限の委譲を志向する。この点では，人間関係論やインフォーマル・グループ研究が提示した，人間としての承認や本質的な結合欲求を満たす活動としてとらえることができる。だが最近では，QCサークル活動を企業によって拘束される活動とし，時間外給与を支払うように指示した判例に示されるように，その関係性は必ずしもインフォーマルなものとは理解されていない。

　ここにインフォーマル・グループの現代における一つの問題がある。インフォーマル・グループの発見によって，組織は労働者の感情や非合理的な関係性を認識しつつ，コミュニケーションを促し協働を引き出す方法を精緻化した。日本の企業社会の特徴は，一般に，労働時間や職務範囲の非限定性に求められる。管理の方法が精緻化しその対象が拡大している今日，組織を生きる諸個人がどのようなインフォーマルな関係を構築し，そのために必要なコミュニケーションや結合にどの程度関与するのか，またそれがなぜ必要なのか，いっそう大きな問題となろう。

〔細萱伸子〕

23 アノミーと同調・逸脱

デュルケムのアノミー論

アノミー（anomie）という概念の内容を考えるにあたり，社会学でまず参照されるのはデュルケムの議論である。『社会分業論』においてデュルケムは，有機的連帯という社会のまとまり方を提示し，個々人が自らの個性を自由に発揮できるような世の中になったとしても，異なる個性をもつ人々の間で形成される分業の関係が適切に規制されるのであれば，社会の調和的な統合は可能である，と主張した。しかし同時にデュルケムは，19世紀末のヨーロッパ社会は，主に経済活動の領域において，分業の関係が適切な規制を欠くアノミー状態に陥っているため，無秩序な競争がさまざまな場面で生じ，その結果，社会解体の危機が迫っている，との時代診断を下している。この場合，アノミーとは，適切な規制がなされていない状態を意味している（Durkheim 1893［訳 2017]）。

また，デュルケムは『自殺論』において，社会に原因が求められる自殺として，自己本位的自殺，集団本位的自殺，アノミー的自殺の3種類を指摘している。自己本位的自殺とは，個人が自らの周りの人々との関係を見失ってしまい，自分の人生に意義を感じられなくなってしまった結果，起きてしまう自殺，それに対し集団本位的自殺とは，個人が自らの周りの人々からなる集団に飲み込まれてしまい，自分の存在に意義を認められなくなった結果，起きてしまう自殺である（Durkheim 1897［訳 2018]）。

しかし統計データを調べる中でデュルケムは，19世紀後半のヨーロッパには，以上の2つの種類の自殺としては整理できない自殺が，多数存在する事実に注目している。それが工業や商業などの経済活動に従事している経営者の自殺である。経営者の自殺と聞くと，不況に伴う経営破綻が思い浮かぶかもしれないが，デュルケムが注意を促すのは，当時のヨーロッパにおいては実のところ，好景気のときにも自殺が増えている事実である。経済活動に対して活発に関与し，周りの人々との関わりを積極的に築き，自らの事業を拡大させようと努力を続ける経営者たちがなぜ自殺してしまうのか。この事例を説明するためにデュルケムが提案するのが，アノミー的自殺という第3の種類である。

アノミー的自殺が生じてしまう背景には，経済活動が適切に規制されず，ア
ノミー状態に陥っている現状がある。しかしなぜ適切な規制を欠いた経済活動
が自殺を促進してしまうのか。デュルケムによれば，動物とは異なり，社会の
中で暮らす人間は，生理的な必要を超えた欲望を抱いてしまう。それゆえ「欲
望はつねに，そして無際限に，みずからの按配しうる手段をこえてしまう。こ
うなると，なにものもその欲望を和らげてはくれまい。やみがたい渇きは，つ
ねにあらたにおそってくる責め苦」となってしまう（Durkheim 1897 ［訳 2018:
406-07]）。どれほど努力を続けても，抱く欲望がさらにふくれあがってしまい，
現状に満足できないのであれば，人生が苦痛としか思えなくなる。その結果が，
アノミー的自殺なのである。

マートンのアノミー論

このアノミーという概念を手がかりに，逸脱行動の分析を展開したのがマー
トンである（Merton 1957 ［訳 1961]）。逸脱行動の具体例としてマートンが挙
げているのは，マフィアによる犯罪やアルコール中毒である。マートンの分析
の特徴は，逸脱行動の原因を，個人の心理や衝動ではなく，逸脱行動を促進す
る社会の実状，具体的には，その社会において望ましいとされている人生と現
実の社会との落差から考察した点に求められる。

マートンが分析の対象としているのは，20世紀中頃のアメリカ社会である。
当時のアメリカでは，アメリカは自由で平等な国なのだから，社会的に定めら
れたルールに従い，努力を続ければ，たとえどんなに生まれが貧しくても必ず
や金銭的な成功を実現できる，との社会観が広く共有されていた。したがって，
この社会において望ましいとされていた人生とは，金銭的な成功というアメリ
カン・ドリームの実現である。

ただし同時にマートンは，金銭的な成功という目標がどの社会においても奨
励されているわけではなく，また金銭的な成功のみを考えるなら，社会的には
許容されていない暴力や詐欺，権力の濫用などの手段も選択肢になりうると指
摘する。そのためマートンは，特定の社会において奨励されている目標を文化
的目標，その目標を実現するために許容されている手段を制度的手段と呼んで
いる。マートンによれば逸脱行動とは，このアメリカン・ドリームの実現とい
う生き方に関連した文化的目標や制度的手段に背く行動である。

ではなぜ逸脱行動が生じるのか。当時のアメリカ社会についてマートンは，金銭的な成功という文化的目標が強調される一方で，その目標を実現するための手段を制限していた制度的規範が弱体化している，との指摘を行っている。マートンのいうアノミーとは，この制度的規範が揺らぎ，目標を効率的に達成するためならば，社会的に許容されていない手段にでも訴える状況を意味している。同時にマートンは，当時のアメリカ社会においては，アメリカン・ドリームでうたわれていた自由平等の理念とは裏腹に，成功の機会が生まれにより大きく左右されているのが実状であるとも指摘している。社会がこのような現状にあるのなら，成功の機会に恵まれていない人々が，逸脱行動を選択するのは自然な反応であるとマートンは主張している。

5種類の反応パターン

　具体的に人々はどのような反応を示すのだろうか。その反応をマートンは，文化的目標と制度的手段それぞれへの態度を軸とし，5つの種類に区分している。まず1つめが同調（conformity）である。同調とは，文化的目標と制度的手段の両方を肯定する態度，つまり，金銭的な成功を，社会的に認められた手段を用いて追求し，逸脱行動に走らない場合である。2つめが革新（innovation）である。革新とは，金銭的な成功の追求という文化的目標は肯定するが，制度的手段については否定する態度である。具体的には，非合法的な手段により金儲けをするマフィアの活動が当てはまる。

　3つめが儀礼主義（ritualism）である。儀礼主義とは，文化的目標は否定するが，制度的手段については肯定する態度である。具体的には，出世や昇給をめぐる競争に加わらないが，型にはまった既存の働き方を変えようとしない労働者や事務員が当てはまる。4つめが逃避主義（retreatism）である。逃避主義とは，文化的目標と制度的手段の両方を，いったんは受け容れたうえで，表面的に否定し，葛藤を続ける態度である。金銭的な成功を内心では求めつつも，正当な手段によりそれを実現するのが自分には不可能だとも自覚しており，しかし非合法的な活動に走るのには道徳的にためらいがあるため，逃避するしか道が残されていないのである。具体的にはアルコール中毒などが当てはまる。

　最後の5つめが反抗（rebellion）である。反抗とは，上記の4種類の反応とは性質が大きく異なる。いままでの4種類の反応はどれも，文化的目標と制

度的手段への態度は異なるが，アメリカン・ドリームを実現する基盤とされた現実の社会それ自体には疑問を向けてこなかった。非合法的な手段で金儲けをするにせよ，アルコールへ逃避するにせよ，成功の機会が実際には一部の相対的に恵まれた人々に限定されている現状を所与としたうえで，個人としてその現実に折り合いをつける態度である。それに対し反抗とは，アメリカン・ドリームと現実の社会との落差を自覚したうえで，成功の機会を真の意味で万人に開き，能力と努力とが正当に報われる社会の実現をめざす態度である。

アノミー論の現代的意義

このアノミーという概念を手がかりとした考察において，デュルケムとマートンは対照的な見方を示している。『自殺論』においてデュルケムがアノミーという言葉で問題としたのは，適切な規制を欠くならば，社会の中で人間の欲望は際限なくふくれあがり，苦痛となってしまう現実である。この指摘の背後には，自分の能力と努力とに見合った報酬はどれだけなのか，自分自身の判断ではその的確な対応関係を見いだすのは難しいため，正当と認められる対応関係を，社会として検討する必要がある，というデュルケムの洞察が存在する。

それに対しマートンがアノミーという言葉で問題としたのは，文化的目標を追求する際，その社会において正当と認められている手段を制限する制度的規範の弱体化である。この指摘の背後には，成功の機会が一部の恵まれた人々に限定されているのであれば，既存の競争のルールに疑いが向けられるのは当然であり，能力と努力とに見合った報酬を万人に認める社会の実現が必要である，というマートンの洞察が存在する。

追求すべきは，正当な報酬をめぐる社会的合意か，それとも機会の平等か。一見対照的な両者の洞察だが，根本において問われているのは同じ課題，すなわち，どのようなルールであれば，個々人の自由と社会のまとまりとを適切に調和させることができるのか，という問題である。個々人に自由を認めるならば，多くの場合そこには競争が生じ，勝者と敗者が生まれる。しかし勝者と敗者とがその後も同じ社会を形成し，継続して競争に参加するには，少なくとも競争のルールとその結果を，敗者のほうが正当と認めている必要がある。この条件が満たされないとき，その社会にはアノミーが生じているのである。

〔流王貴義〕

24 信　頼

ジンメルの信頼論

社会が大きくなればなるほど，人と人との間をつなぐ信頼は，社会学的に重要な意味をもつようになる。たとえば，ジンメルは大著『社会学』において「明らかに社会のなかのもっとも重要な結合的な力のひとつ」（Simmel 1908［訳1994〔下〕: 359]）と述べており，信頼がもつ社会学的な重要性をいち早く指摘していた。もちろん，信頼概念の重要性を指摘した社会学者はジンメル一人に限られるわけではなく，彼以外にも多くの社会学者が信頼について深い考察を加えてきたし，そうした過程を経て信頼の概念は学問的に彫琢されてきた。本項では，信頼の重要性に注目したジンメルの信頼論をまず取り上げ，その後，ルーマンやギデンズといった現代を代表する社会学者によって，信頼論がどのように深められてきたのかを明らかにする。

ジンメルによれば，信頼は，相手が未来に選択する行動を完全に知っている状態と，逆にそれをまったく知らない状態との間において成立する。もし相手が選択する行動を知っており，それを完璧に予測できるなら，あえて信頼などという必要はないはずである。逆に，相手のことがまったくわからない状態では，その相手を信じることはとても合理的だといえない。しかし問題は，"どの程度知っていれば，相手を信頼できるようになるのか"ということである。

実は，信頼に必要とされる知識の量は，文化が客観化されている度合いに依存して決まる。制度が強固に作用し，行為の動機や規制が十分に客観化されていれば，人々は相手について個人的なことをあまりよく知らなくても，相手を信頼して協働することができるようになる。ジンメルが挙げている例に従えば，ビジネスマンが誰かとあるビジネスを立ち上げようとするとき，振る舞いが十分に制度によって規制されていれば，相手を信頼して（相手に裏切られることを恐れることなく）協力し合うことができる。しかし，もし制度が十分に発達しておらず，その客観化の程度が弱ければ，ビジネスマンが取引相手を信頼するためには，その相手が信頼に値する人間であるかどうかについて個人的によく知っている必要が出てくる。

このようなジンメルの信頼論は，信頼の社会的な性格を明らかにしていると
いえるだろう。人が相手を信じるかどうかは，その人の個人的な性格であった
り，あるいは相手について知っている程度であったり，そうしたものだけで決
まるのではない。信頼しうるかどうかは，知識の不足を補うことのできる文化
の客観化の程度にも依存するのである。

ルーマンの信頼論

ジンメルの信頼論は，信頼の社会的な性格を明らかにしているだけでなく，
人と人をつないで社会関係を形成させる信頼が本来的にもっている危うさも明
らかにしている。ジンメルによれば，信頼は，相手について不十分にしか知ら
ないときに成り立つ概念だからである。そしてルーマンは，信頼がもっている
本来的な危うさが社会システムの作動の中でどのように解消されているかを明
らかにした点で，信頼について際立った議論を展開した。

ルーマンは，特定の誰かに対する信頼を意味する人格的な信頼と，システム
の働き全体に対する信頼を意味するシステム信頼を区別した（Luhmann 1973
［訳 1990]）。たとえば，私たちが友人にお金を預けることができるのは，その
友人を個人的に信頼しているからである。その一方で，私たちが銀行にお金を
預けることができるのは，金融システムの働きを信頼しているからである。当
然，前者が人格的な信頼に相当し，後者がシステム信頼に相当する。

しかし，私たちが金融システムを信頼して銀行に預けるとき，システム信頼
の根拠はいったいどこから生まれたのだろうか。多くの人にとって，金融シス
テム全体は，あまりに巨大で複雑である。人格的な信頼のときと異なり，私た
ちは金融システムに携わっている人のことをほとんど知らないし，その仕組み
も十分に理解できていない。それでも，私たちは"システム"を信頼するとい
う危険を冒す。私たちが金融システムを信頼するのは，他の人たちも金融シス
テムを信頼しているからである。そして，実際に金融システムを信頼し，お金
を預けた結果，何も不都合なことが生じないばかりか，さまざまな便宜を享受
できたからである。信頼に値するから信頼するのではない。（私を含む）多くの
人がシステムを信頼した結果として，システムは実際に信頼に値するものにな
ったのである。ルーマンは，このような信頼の性格を「信頼は，……自分自身
を前提とし確証していくという性格を有している」(Luhmann 1984 ［訳 2000〔上]:

176]）と述べ，信頼の自己準拠的な成り立ちを明らかにしたのである。

ギデンズの信頼論

ジンメルもルーマンも，対面的な状況における個人的な信頼と，社会全体において一般的に成り立つ社会的な信頼を区別したが，ギデンズによってもこの区分は継承されている。そしてギデンズは，個人が社会の中で自己アイデンティティを安定的に形成・維持するための条件として信頼の概念をとくに重視した（Giddens 1984［訳 2015］）。さらにギデンズは，自身が唱えた構造化理論を発展させ，再帰的な性格をもつ近代社会に関する理論を展開させたとき，信頼の概念に重要な役割を見いだしたのである（Giddens 1990［訳 1993］）。

ギデンズは，ルーマンのシステム信頼に相当するものとして，専門家システムへの信頼を考えた。病気になったとき，私たちは病院に行って，医者に診断してもらう。あるいは法律上のトラブルが生じたとき，私たちは弁護士に相談し，事態の対処を依頼する。しかし実際のところ，私たちは人生の重大事について医者や弁護士を信頼し，頼りにしながら，彼らを個人的にどの程度知っているのかというと，ほとんど知らない場合のほうが多い。私たちが医者や弁護士を信頼するのは彼らがその道の専門家だからである。いってしまえば，人は彼ら自身を信頼しているのではなく，専門家システムを信頼しているのである。

しかし，専門家であるというだけで，私たちは無防備に彼らを信じてしまってよいのだろうか。たとえば，病院に行ったとき，医者の患者への対応が機械的で，親身さを欠いていたらどうだろうか。あるいは，弁護士に相談したとき，その弁護士が相談内容を聞くよりも先に報酬の話を熱心にしだしたらどうだろうか。そのようなとき，私たちの彼らに対する信頼は急速に薄まるであろう。専門家システムへの信頼がきちんと作動するためには，"何が場面に応じた適切な振る舞いであるか"が人々によって再帰的に判断され，そして選択される必要がある。そして，その過程を通じて，システムは自らの正当性を証明し，またその必要があれば自らを適切に変化させていくのである。

ギデンズは，システムを通して信頼を個別の文脈から切り離し，一般的な適用可能性を確保する必要性を指摘する。ちなみに，信頼を個別の文脈から切り離すことを，ギデンズは脱埋め込みと呼んだ。しかしそれと同時に，システムに対する信頼が十分に機能するためには，その信頼が個別の場面で適用される

場面では，適切に文脈に関係づけられ直す必要があることも指摘している。ちなみに，いったん個別の文脈から切り離された信頼を再び個別の文脈に関連づけし直すことを，再埋め込みという。

山岸俊男の信頼論

ここまで代表的な3人の社会学者の議論に注目して，信頼の概念的な特徴を明らかにしてきた。最後に，日本の研究者による代表的な信頼論について確認することにしよう。社会心理学者の山岸俊男（1998）が展開した信頼論は，国際的にも高く評価されており，社会心理学の分野だけにとどまらず，社会学全体にも大きな影響を与えている。そして山岸の信頼論も，ジンメルやルーマンやギデンズがそうであったように，信頼を大きく2つのタイプに区別する。

山岸は，信頼には相手の意図に対する期待と相手の行動に対する期待の2つの側面があることを指摘し，信頼の後者の側面をとくに「安心」と呼び，いわゆる信頼と区別した。安心は，相手に自分を裏切らない合理的な理由があるときに成立し，社会的不確実性を意識せずにすむような状況において成立する。たとえば，伝統的な地域共同体のように人間関係が密で相互扶助が発達している社会では，仲間に対する裏切りは相互扶助のメリットを失うことを意味する。常識的な損得勘定ができる人間であれば，あえてそのようなことはしないだろう。このような判断に基づいた信頼は，山岸によれば安心となる。

それに対し安心から区別される信頼は，社会的な不確実性が存在するにもかかわらず，それでも"自分を裏切るようなことはしないはずだ"と相手を信じる場合に成立する。たしかにこのような信頼は相手に裏切られるリスクを伴っており，一見すると相手の裏切りに対して無防備であるように見える。しかし山岸によれば，相手を信じる傾向の強い高信頼者は，限られた情報から相手の行動を正しく予測する能力も高い傾向がある。つまり高信頼者は，無防備に相手を信頼しているのではなく，相手の裏切りをすばやく察知し，危険を回避する能力が高いがゆえに，危険をおそれず人を信頼することができるのである。安心に依存した社会と比較して，信頼に基づいた社会は，社会関係を固定的にはとらえず，つねに新しい可能性に開かれている。しかし，そのような社会が機能するためには，人々は高い社会的知性を備えている必要がある。

〔数土直紀〕

25 社会関係資本

資本としての社会関係

「社会関係資本（social capital）」という概念は字義どおり，「社会関係」と「資本」という言葉から成り立っている。なお，「社会資本」という用語は日本語としては通常，道路・港湾・上下水道など産業や生活の基盤となる公共の設備・インフラなどをさすため，"social capital" の訳語としては「社会関係資本」もしくは「ソーシャル・キャピタル」が用いられる。

資本という概念は多義的であるが，社会関係資本に類似するものとして「人的資本（human capital）」概念がある。人は，知識や技能などの自らの人的資本形成に投資し生産性を高めることで，より大きな便益を得ることができる。すなわちここで重要なのは，人間を投資対象と認識すること，また人的資本蓄積によって将来リターンが得られることへの着目である。

社会関係資本は基本的にこの人的資本概念の延長線上にある考え方であるといえるだろう。社会関係を資本とみなす考え方は，個人や国・地域社会・企業・組織などが，どのような関係性を集団内もしくは集団外にもっているのかが，生産性の向上や将来得られる便益の増加に関して決定的に重要であり，資金や施設などの物的資本および教育などの人的資本を蓄積することと同様に，社会関係の構築には価値があるとの認識に基づいている。

社会関係資本概念，すなわち社会関係を開発の対象とみなして積極的に介入していこうとする考え方が1990年代以降急速に広まりつつある背景には，GDP などの経済指標至上主義の終焉とそれに伴う政策目標の多様化がある。現代社会においては，経済発展や技術の進歩だけでなく，教育，健康や福祉，環境，治安，さらには幸福といった目標がより重視されるようになってきている。これらは物的・人的な豊かさだけでなく，人々の協調行動を促す関係性や規範などを整備することなしには達成しえないのである。

さまざまな概念規定

それでは，資本とみなすことができる社会関係とは具体的にどのようなものなのであろうか。代表的な論者の議論を見ていこう。

まず，個人間の関係，ミクロレベルに焦点を当てた社会関係資本の論者として リンが挙げられる（Lin 2001［訳 2008］）。彼の議論において社会関係資本とは，つながりのある他者のもつ富や権力や名声といった「資源（resource）」と彼らから得られる支援であるとされる。そして社会関係資本の豊かさ，すなわち豊富な資源をもつ他者とつながりをもち協力関係を通じてそれを活用できることによって，人は効果的に地位達成を成し遂げるとされる。具体的にはリンは，「地位想起法」という手法を用いてネットワークに含まれる職業威信スコアの最高値・多様性などを測定し，これをもって社会関係資本の指標とする。

　経済学・ビジネス的な視点から社会関係資本に注目する研究には，このネットワークに含まれる多様性と，そこから得られる新鮮な情報やアイディアを重視する考え方が共通して見られる。たとえばグラノヴェッターは「弱い紐帯」，すなわち異なる交友圏に属する人々との知人的な関係性を多くもつことが，転職における成功や満足度につながることを見いだしている（Granovetter 1973［訳 2006］）。同様にバートは，集団同士の「構造的隙間」をつなぐ仲介者の役割を果たすことが，ビジネスにおける成功に重要であることを論じた（Burt 2001［訳 2006］）。なお，ベーカーによる「創発的ネットワーク」を重視する経営学的な議論も，この流れに連なるものである（Baker 2000［訳 2001］）。

　次に，地域コミュニティや中間集団といったメゾレベルに焦点を当てた研究者として，コールマンがいる。彼の議論において，社会関係資本が豊かな社会とは，具体的には社会的ネットワークの「閉鎖性」，つまり人々が近隣や学校，職業，宗教などの複数の文脈でつながり，ネットワーク構造の密度が高くなっている状態をさしている（Coleman 1988［訳 2006］）。集団が内部にこのような関係性をもつとき，人々は情報や規範を共有し，相互に恩義を感じ信頼を高め，成員の行動に効果的なサンクションを与え，協力して集団の目標を追求することが可能となる。このような社会関係資本の豊かさがもたらすものとは，人々が集団全体の利益に対して協調的に振る舞うことであり，またそれによって得られる成果，たとえば学校教育における親たちの効果的な関与と低いドロップアウト率，治安のよさ，安全で効率的な取引関係などである。

　第 3 に，国や広域社会や大規模組織といったマクロレベルについて分析した代表的な論者として，パットナムがいる。政治学者であるパットナムは，主

に州のような広域地方政府レベルに焦点を当て，その地域の社会関係資本の豊かさと多様な被説明変数，たとえば行政パフォーマンス，教育や福祉，経済的繁栄，健康と幸福感のレベルといったものとに関連性があることを見いだした。彼は社会関係資本を「協調的な行動を促進することによって社会の効率性を改善することができる，信頼，規範，ネットワークといった社会組織の特徴」(Putnam, Leonardi, and Raffaella 1993［訳 2001: 206-07］) と定義しており，具体的にはコミュニティにおける活動状況，投票率，ボランティア活動，インフォーマルな社交性，社会的信頼などを総合して社会関係資本の指標としている。つまり彼の議論における社会関係資本が豊かな社会とは，人々が対面的な交流や社会参加を日常的に幅広く行っており，身近な地域や州・国レベルの公的問題にも積極的に関与し，集団の垣根を越えた信頼や互酬性が生まれている，市民参加型の社会である (Putnam 2000［訳 2006］)。

社会関係資本の要素と分類

社会関係資本をどのようなものととらえるかについてはさまざまな立場があるが，多くの議論を見渡すと，そこには構造的な側面と認知的な側面の2つを認めることができる。構造的な側面とは，人と人とのつながり，集団のネットワーク特性である。認知的な側面とは，規範，ルール，共有知識，信頼といったものである。この社会関係資本の構造的な側面と認知的な側面は，互いに関連し合っている。

次に，社会関係資本の分類として重要なのが，「結合型 (bonding)」と「橋渡し型 (bridging)」の区別である (Putnam 2000［訳 2006］)。前者は個人間や特定の集団内において濃密な関係を結び互酬性を安定させるものである。具体的には，民族や宗教に基づいた互助的集団などが挙げられる。結合型社会関係資本が豊かな集団では，物的，人的，情緒的サポートを得やすくなる。これに対して橋渡し型社会関係資本は，開放的で多様な属性の人々が含まれる関係性である。例として環境団体や趣味の会などが挙げられる。橋渡し型社会関係資本は情報を伝播したり，新たなアイディアを生み出したり，集団同士が連携したりすることを容易にし，一般的な信頼と互酬性をはぐくむとされる。

分析上の問題点

社会関係資本概念とそれを使った分析について，多くの問題点が指摘されて

いる。中でも，社会関係資本とみなされる関係性の内実が統一されておらず，全体として概念規定が曖昧で抽象的であること，また経済学的な資本概念との隔たりが大きいことについては根強い批判がある（Arrow 2000）。

この曖昧さの理由の一つに，社会関係資本に期待される成果の多様性がある。研究者たちは，社会関係資本が健康や経済発展や教育といった幅広い分野で効果をもたらすものであることを理解しつつも，実際はそれぞれの分野がもつ政策目標のみを被説明変数として集中的に分析を行い，その改善にもっとも効果的な特質を社会関係資本とみなす傾向にある。そのため，分野ごと，被説明変数ごとに社会関係資本とされるものに違いが生じてしまっている。

また，分析レベルもしくは社会関係資本がカバーする領域の違いにも注意が必要である（Sato 2013）。たとえば，個人レベルの健康状態改善のためには，日常的なサポートを提供する親密な関係の豊かさが重要になってくるだろう。一方で地域や国レベルの平均的な健康度合いを高めるには，治安改善や格差縮小，医療や福祉などをつかさどる行政の効率性向上なども必要であり，それに寄与する市民参加型・橋渡し型の社会関係が重要になってくるだろう。

さらに，これらの問題点に自覚的でいないと，負の外部性もしくは社会関係資本のダークサイドと呼ばれる悪影響を見過ごす危険性もある。たとえば，マフィア組織，特権階級，自文化中心主義による排他的な結束や，それらが力をもつことによる個人への過度な圧迫も，分析のレベル・領域と達成すべき目標を限定的にとらえれば，社会関係資本とみなすことができてしまうのである。

社会関係を診断し構築する

社会関係資本概念には問題点や課題が多く残されているが，適切に理論化を行えば，社会集団の特徴や意義を可視化する診断・査定ツールとして活用することができるだろう（稲葉 2014）。また，社会関係資本構築の具体的方法や，多様な目的変数に対して効果をもたらすメカニズムを検討することは，社会学者が果たすべき大きな課題である。そして，社会関係のあり方次第でアウトプットが変化しうることに着目し，これを投資や開発の対象とみなす発想をもつことは，社会とは自然にできあがるものであるという考え方から一歩踏み出し，私たちが今後自らの住む社会がどうあるべきかを考える際に重要性をもってくることだろう。

〔小藪明生〕

26 近代家族とジェンダー

「家族」の脱構築

　私たちが今日認識している「家族」の姿は，時代を超えて普遍的に存在してきたわけではない。私たちがイメージする「家族」の姿は，近代以降に成立した姿にすぎない。「近代家族」とは，近代社会が作り上げた家族にまつわる規範（「家族のあるべき姿」）のことである。

　家族やその規範が近代社会の産物であるという指摘の背景には，歴史社会学や社会史の発展がある。たとえば今日の社会では，自分の赤ん坊がかわいくないと話す母親には「母親失格」との烙印が捺されかねないが，フランスの社会史家アリエスによると，中世ヨーロッパにおいては「子どもに対して特別な感情を持つべきである」といったような規範は存在しなかった（Ariès 1960 ［訳 1980]）。乳幼児の死亡率も高く，生きながらえた子どもも，すぐに両親のもとから引き離され徒弟修業へと向かった時代においては，親が個々の子どもの死を悲しむこともなかったし，家族が子どもを保護し，教育する場として存在していたわけでもなかった。

　アリエス以降登場した「新しい家族史」は，近代家族の概念そのものを脱構築するものであった。その一人であるショーターは，家族に対する人々の感情の変化（「感情革命」）こそが近代家族を誕生させたと述べる（Shorter 1975 ［訳 1987]）。ショーターによると家族にまつわる感情の変化は，①男女関係，②母子関係，③家族と周囲の共同体との間の境界線，の３つの分野にわたり起きたという。すなわち①男女が結婚相手を選ぶ際に，愛情（ロマンティック・ラブ）が重視され，結婚後もそれが夫婦を結びつける絆となる，②母親にとって子どもがもっとも重要なものとなり，母性愛が子どもの幸福に何よりも必要だと思われるようになる，③家庭と社会の間に境界が引かれる一方で，家族を結びつける絆がより強調され，プライバシーが誕生する，といった感情革命が資本主義の進展とともにわき起こり，近代核家族が誕生したのである。

　したがって，家族がプライベートな空間へと囲い込まれ，「愛情」のもとに結びつけられるようになったのは近代以降のことである。バダンテールも同様

に，家族の愛情，中でも母子の愛情的結びつきを示す「母性愛」の社会的構築性を暴いた（Badinter 1980［訳 1991］）。バダンテールが脱構築したのは，「母性は本能であり，女性は子どもをもつと必ずその子への愛着を感じるものである」という「神話」であった。母性愛神話誕生の背景には，近代国民国家の成立とともに，国家に不可欠な人的資本として子どもの存在が重要視され始めたことがあるという。そこにはまた，ルソーによる『社会契約論』や『エミール』，20 世紀に入ってからのフロイトの精神分析論といったアカデミアの加担もあった。ルソーの書物は，ブルジョア階級間に実母による育児を流行させたことが知られており，フロイトの通俗的流行は，子どもの正常な発達には母性が不可欠という言説を，「科学」の名のもとに正当化したのである。

日本の「近代家族」論

社会史的研究に由来を置く「近代家族」論が日本ではじめて紹介されたのは，1985 年に書かれた落合恵美子の論文によってであった。「近代家族」論の導入により，日本の家族は特殊なものではなく近代社会に共通して見られる家族の一つにすぎないことが明らかにされた。「家」制度もまた，近代家族の一つである（上野 2020）。今日では戦前期の「家族」と戦後の「家族」は断絶したものではなく，連続した存在としてとらえられている。

アリエスらを参考に，落合は「近代家族」の特徴を，①家内領域と公共領域の分離，②家族成員相互の強い情緒関係，③子ども中心主義，④男は公共領域，女は家内領域という性別分業，⑤家族の集団性の強化，⑥社交の衰退，⑦非親族の排除，⑧核家族，の 8 項目としている（落合 1989）。もっとも，のちに 8 番目の「核家族」は必ずしも「近代家族」の必要条件ではないと修正されている（落合 1994）。

落合が人々の心性に着目して「近代家族」を論じたのに対し，近代国家による家族の支配に焦点を当てたのが西川祐子である。西川は落合の 8 項目に，⑨この家族を統括するのは夫である，⑩この家族は近代国家の基本単位をなす，を加え「近代家族」の特徴とした（西川 1991）が，最終的には⑩「この家族は近代国家の単位とされる」のみで近代家族の定義は可能であると指摘した（西川 1996）。

なお，グローバル化，新自由主義化が進行する現代社会における家族の姿は，

これら「近代家族」の理念型からは変容し始めていることも事実である。

ロマンティック・ラブ・イデオロギー

ショーターが，近代家族が成立する条件の一つとして挙げたのがロマンティック・ラブであった。ロマンティック・ラブ・イデオロギーとは，愛と性と生殖の三者に強固な結びつきを与え，その結びつきが結婚によって正当化されるという考え方のことである（千田 2011）。ロマンティック・ラブは，中世の騎士と貴婦人の間の恋愛的感情にそのモデルがあるといわれるが，両者の身分の差からもわかるように，原初形態においてそれは結婚とは無関係なものであったし，社会秩序を脅かしかねないものであった（谷本 2008; 千田 2011）。ギデンズが「情熱的恋愛」と呼ぶこれらの恋愛とまったく別物に発展していったロマンティック・ラブは，ヨーロッパでは18世紀後半に誕生したといわれている（Giddens 1992［訳 1995］）。

ロマンティック・ラブ・イデオロギーはまた，男女を非対称な権力構造のもとに配置するものでもあった。近代社会におけるロマンティック・ラブ・イデオロギーの普及は，あらゆる階層の人々に恋愛結婚の機会をもたらすと同時に，女性たちの身体と性の自由を家庭に拘束する規範ともなった。それは男女の性別役割分業を「愛」の名のもとに肯定し，「愛」によって形成される家族を次世代の国民を生み出す装置として正当化する。ロマンティック・ラブを近代家父長制の成立に貢献するものと位置づける上野千鶴子は，恋愛とは女性を「父の支配」から「夫の支配」へと自発的に移行させるためのものにすぎないと述べる（上野 1994）。その普及はまた，異性愛至上主義を強化するものでもあった。

なお，日本においてロマンティック・ラブ・イデオロギーが定着したのは，高度経済成長期以降のことだといわれている（山田 1994）。恋愛結婚が見合い結婚を上回ったのも1960年代末である。ただし，ポスト近代社会においては，唯一無二の「特別な相手」への志向（ロマンティック・ラブ）から，自己が誰かとの間に「特別な関係性」を形成することへの志向へと変容しているともいわれている。ギデンズが「一つに溶け合う愛情（コンフルエント・ラブ）」と呼ぶその特別な関係性は，永続的なものではなく，そこでは再び恋愛と性と結婚の結びつきは希薄になる（Giddens 1992［訳 1995］）。

近代社会とジェンダーの構築

　私たちが当たり前のように認識している二元論的性別観もまた，近代社会が生み出したものである（千田 2009）。中世の身体観における男女の違いは，ペニスを内にもっているか外にもっているかの違いにすぎず，解剖学者が男女の生殖器を同じ名称で呼んでいる時代さえあったという。ラカーは現在のような性別二元論的な身体観を「ツーセックス・モデル」と呼び，男と女は完全に異なった身体をもつという身体観が生み出されたのは 18 世紀のことであったと指摘する（Laqueur 1990［訳 1998］）。

　近代社会が公領域と私領域を区分する中で，公領域に男性を，私領域に女性を配置する性別役割分業が誕生した。公領域の労働には労働の対価（給与）が支払われるが，私領域の労働（家事・育児）は無給労働であった。イリイチの「シャドウ・ワーク」とはまさに後者のことであるが（Illich 1981［訳 1990］），こうした社会を背景に，二元論的性別観が一般化されたといえる。

　1990 年代以降のポスト構造主義の影響を受けた今日のジェンダー論は，近代社会が「男」/「女」の境界線や，両者の関係性をどのように規定しているかという，ジェンダーの社会的構築性を問うものへと大きく転換した。スコットによると「ジェンダー」とは「身体的差異に意味を与える知」のことである（Scott 1988［訳 2004］）。たとえば私たちの身体には耳や足の形状などさまざまな差異があり，中には複数のカテゴリーで分類されているものもある。しかし今日の社会でそれらの身体的差異が重要視されることはきわめて稀である。無数の身体的差異の中からあるものを取り出して「男」と「女」のカテゴリーを生み出し，両者の対照性と不均衡な権力関係を定義する知的な力学こそが「ジェンダー」である。バトラーはさらに「セックスもまたジェンダーである」と述べ，それまで「生物学的・解剖学的性差」をさして用いられてきた「セックス」という用語そのものが，人間社会があとから生み出した認識にすぎないとも指摘する（Butler 1990［訳 1999］）。たとえば女子大学生への就職差別はしばしば，「出産・育児による離職者を防ぐため」と説明されるが，すべての女性が出産を経験するわけではない今日，そこに生物学的根拠を見出すのは難しい。すなわち，採用時に生物学的性差（セックス）を持ち出す論理自体が社会的行為（ジェンダー）なのである。　　　　　　　　　　　　　〔中西祐子〕

27 感情労働と疎外

感情労働とは何か

　20世紀アメリカを代表する社会学者の一人であるホックシールドは，その主著である『管理される心』の冒頭で，19世紀の工場労働者と20世紀のサービス労働者の違いとは何かと問いかける（Hochschild 1983［訳 2000］）。工場労働者はその身体的な労働と疲労と引き替えに賃金を得る。ではサービス産業のそれは何だろうか。

　ホックシールドの答えは，精神的な労働と疲労であった。もちろん工場労働者であっても精神的な疲労やそれを表に出せないことはある。しかし，サービス産業のそれは，ミルズが現代社会の特徴を「人格の商品化」と名づけたが，サービス産業の職種に応じてさまざまな感情を抱いているように，顧客に対して振る舞わなければならない。つまり，単に職業ごとに感情を抑制するだけではなく，職種に応じた一貫したマネジメントが求められるのである。ここに注目して，ホックシールドはサービス産業における主要な働き方と疎外の源泉を感情労働（emotional labour）と概念化した。それは，職務上で要請される労働場面において適切とされる感情を保持したり維持したりすることで対価を得ているさまをさす。また，その中で人は自己感情からの疎外を経験しているとする。

　それでは感情労働の方法と自己感情の疎外とはどのようなものであろうか。ホックシールドはそれを，フライト・アテンダントへの質的調査から描き出す。まず彼女は感情労働において採用される方法を，主として他者に適切な感情を外的に表出する表層の行為と，主として自己にとって適切な感情を内的に保持する深層の行為とに区分する。そのうえで感情労働を行うパターンを3つの類型に分ける。第1の類型が「燃え尽き」であり，職務上適切な感情を表出・維持しようとするあまりに，自らの精神的摩耗をもたらす。第2の類型が「欺瞞」であり，職務上適切な感情をうわべだけ演じるために，自分がその職務に向いていない，不誠実だとストレスに悩む。第3の類型が「健全な疎外」であり，これは職務上適切な感情をそこそこ・ほどほどに演じられるからこそ，逆に演じている感情が本当の自己感情なのかという問いに憑かれ，それがセラピー文化を支えもする。

このように，感情労働という概念は，まずはサービス産業化が進む社会において，身体的な労働ばかりではなく精神的な労働もが労働疎外の対象となることを示すものである。さらには感情労働のカラクリから，自己感情からの絶えざる疎外という問題圏をも示そうとするものでもある。

感情労働の疎外要因とは

　感情労働が主として現代社会論の文脈から，サービス産業化に伴う労働疎外のありようを示す概念として誕生したからといって，他の要因との関連を考慮に入れてこなかったわけではない。労働疎外という概念そのものが登場してきたときと同様に，社会構造上のさまざまな地位，文脈も，現代社会の特徴を織り込みながら考慮に入れられてきた。

　その主たるものとしてジェンダーがある。ホックシールドが航空機を例に挙げているように，私たちの周りの多くの組織は，比較的人と関わることが多い職務には女性，そうでない職務には男性という労務の配置がなされている。

　それは，女性であれば他者の気持ちに敏感で気遣いができるという社会的な神話に支えられたものにすぎない。しかし女性たちが進んで仕事をこなせばこなすほど，その神話が強化されるという悪循環がある。さらには，実際の感情労働の場面でも，女性が劣位に置かれることがある。まず，さまざまな広告媒体にセクシュアルなイメージをもった女性による感情労働がサービスとして描かれたり，女性による接客の感じのよさが企業や商店のセールス・ポイントとされる。だからこそ，顧客は女性による良質なサービス，感情労働を期待する。

　ここに，具体的な相互行為場面におけるミスマッチが生じやすい素因がある。感情労働を行う女性労働者たちと，顧客との間での感情労働に関するイメージのミスマッチから，しばしば感情労働の質に関する不満が生じる。それに対して労働者たちは相互行為場面では自己を守るすべもなく，顧客からの不満にさらされる。あるいは顧客からの「男の人に代わってくれ」という言葉に典型的に見られるように，男性労働者に取って代わられることで自己の地位の低さを知らされる。そしてこの相互行為のプロセスは，感情労働＝女性のもの，という神話をいささかも崩すことはない。

感情労働論の展開——ジェンダー，ケア，組織

　さらに今日までの感情労働論は，実にさまざまな職種に関する経験的な調査

研究に裏打ちされながら，感情労働の新たな側面や論点を打ち出し続けている。その主要なものとして，感情労働とケアがある。感情労働が自他の感情をマネジメントするものである以上，それが人の健康や生死という究極的な場面を担う看護研究の立場から感情労働に注目が集まったのは当然のことであろう。

　ケアを感情労働という観点から見直すことによって，それを肉体労働＋感情労働とし，これらをマネジメントするものという見方が浮上した。つまりケアとは患者への医療的措置ばかりではなく，精神的なサポートを行うものである。そして，そればかりではなく両者の時間・タイミング・程度をマネジメントする責任も降りかかってくるもの，とみなされるようになった。

　しかし実際の医療機関や場面においては，感情労働としてのケアが軽視されるばかりではなく，医療的措置が優先される中でしばしば両者の間のマネジメントが軽視されることが生じる。またそれは，医療場面ばかりではない。実際の医療・看護教育においてはケアや感情労働が軽視され，ほとんどトレーニングがなされていない。そのため，それが個々の現場におけるOJT（職務上の実践の中でのスキルアップ）の実践や各医療職の助け合いといった偶然にゆだねられている実情も批判されつつある（Smith 1992［訳2000］）。

　他方で，組織論や経営理論の観点から，感情労働は顧客をも巻き込んだ一連の新しい労働過程としてとらえなおされ始めている。そこでは，感情労働は必ずしも単に労働疎外をきたすばかりではなく，労働者と顧客双方を巻き込んだうえでの労働への参加をもたらすものととらえるべきだと主張されている。その基本的な論点は，顧客と労働者双方が労働統制の主体となりうることである。だからこそ双方にとって心地よい感情労働を行っていくことが進んで達成され，顧客と労働者の意識，組織の物理的配置，明示的・暗黙裏のルールがそれを助けているとされる。

　具体的には，たとえば私たちが感情労働を労働者として行うとき，あるいは顧客として行うときには，必ず○○の職種だから××の感情労働を行うべきであるという意識をもっており，それに違反した場合は，明示的・暗示的に異を唱えることによって修正を試みる。また，スムーズな感情労働が遂行されるために物理的・時間的なクッションが設けられたりしている。このように，私たちは単に労働場面だけではなく，顧客として感情労働へと参加し，それをアシ

ストしてもいるのである。

感情労働と参加型社会への動員

このように，現在の感情労働論は単に現代労働論のみならず，感情労働へと駆り立てられる要因の分析を伴った現代の社会意識をもその射程に収めつつある。その代表的なものが，「人間力」や「KY」といった言葉に見られる対人関係におけるコミュニケーション能力の強調を批判的にとらえる議論であろう（本田 2005）。

現代社会では，労働を通した自己実現が強調される。その中では，人と関わる仕事の達成としてしばしば感情労働を行うため，あるいはストレス・マネジメントの能力として，心理学的な知を通して「人間力」をつけることが求められている。それは，人が関わる労働のほとんどが何らかの形で感情労働の要素をもっている中で，そこでのコミュニケーションを円滑にしていくための適応手段であり心理的報酬が得られると述べられることが多い。

しかし，それを身につけることがよいことばかりなのか社会学的に疑ってみる必要もある。第1に，感情労働論がもともともっていた疎外論というとらえ方から見直してみよう。労働がおしなべて感情労働化する中で，そこでの顧客とのコミュニケーションが報酬になるからといって，それはあくまでも労働であり，疎外からの緩和要因としては不十分である点を見逃してはならない。

第2に，これまでの感情労働論が展開してきた，感情労働を遂行するスキルの神話化という点から見直してみよう。感情労働は，実際には教育や訓練が必要であるにもかかわらず，誰にでも（とくに女性は）できるものと思われがちであり，それゆえ評価されにくい。だからこそ逆に，それが不得手である者は，しばしば自己の能力・努力の不足だとして，自己の資質の問題へと還元されてしまいがちである（崎山 2005）。

現代社会では心をめぐる能力がますます要請され，よりよい感情労働へ煽られる。だが，心であるがゆえにそれが達成されない場合は自己責任とされ，よい感情労働を行えない人々への非難や，労働場面からの撤退を生み出してしまう。このように感情労働という概念は，「よい心」を労働等の場面で示すことを強く求める社会意識と，その要請が達成できない場合の問題の個人化という現代社会のメカニズムに切り込むポテンシャルをもっているのである。　　〔崎山治男〕

28 社会的承認

承認の一般的特徴

　私たちは他者との関係において，正しいと思われる期待どおりに承認されないときに，何かが傷つけられたという印象を受ける。そこでは怒りや悲しみ，苦痛を伴うこともあり，道徳的侵害と感じられるがゆえに社会的コンフリクトに発展することもある。この点に着目したのが，フランクフルト学派に強い影響を受けた社会哲学者のホネットである。彼は社会的承認を鍵概念として，独自の社会理論の構築を行っている。

　では，承認とはいかなる出来事を意味するのか。ホネットは，承認という出来事の特徴を次のように述べている。まず，①承認とは個人や集団のポジティブな特性を肯定することである。そして，②承認という行為が信頼に足るためには，単なる言明やシンボル的表現に尽きない，適切な行動のあり方が伴わなければならない。また，③承認という行為は，他の相互作用の副産物ではなく，独立した意図の表現である。④承認は，後述するように，3つに分化している。承認は，感情的気づかい（愛と友情），法的尊重，社会的価値評価といった構えとして，あらゆる相互行為の基礎となる（Honneth 2010 ［訳 2017]）。

　承認が，ある個人の特性や能力の確認行為に尽きず，それが相手に対する態度や構えとして現れることは重要である。また，ホネットの承認論を理解するためには，もう一つ別の要素，すなわち社会闘争を視野に入れる必要がある。

承認をめぐる闘争

　ホネットが自らの承認論を世に問うたのは，『承認をめぐる闘争』（Honneth 1992 ［訳 2014]）においてであった。承認をめぐる闘争という着想は，ドイツの哲学者ヘーゲルの初期の著作に由来する。この時期にヘーゲルは，個人は自らのアイデンティティの相互主観的な承認をつねに要求する，と考えた。そして，社会の中で個人の自由を保障する制度が実践的・政治的に実現するのは，この承認をめぐって絶えず社会的コンフリクトが道徳的に動機づけられるからである。ヘーゲルは個人の承認要求が，すでに制度化した行動や規範の反省を促し，コンフリクトをきっかけに批判的な検討，変更が行われるとした。社会

闘争の原因を自己保存に見るマキアヴェリとホッブズとは異なり，それを道徳的な侵害で説明しようとしたことが，ヘーゲルに独自な点である。ホネットがヘーゲルの着想に注目するのは，それが社会の展開のメカニズムを説明する際に，重要なヒントを与えるからである。そしてホネットは自らの承認論を，社会の動向に批判的な理論の系譜に位置づける。かつてホルクハイマーとアドルノは，理性と野蛮が共犯関係にある啓蒙＝文明化過程を徹底的に批判し，同じ現象をハーバマスは生活世界の合理化とシステム統合の対概念を用いて検討した。ホネットの試みは，承認をめぐる闘争という着想を用いて，この批判的社会理論の営みを再定義するものといえる。

社会的承認関係の構造

　しかし，ヘーゲルの議論そのものは形而上学的で，承認概念のポテンシャルを十分に展開できないままであった。そのためには承認を相互主観性という視点からとらえる必要があった。この視点をホネットは，ミードの社会心理学によって経験主義的に補おうとする。ミードは，自己と他者の間の相互行為において子どもがいかに自己意識を発達させるのかを解明しようとした（Honneth 1992［訳 2014］）。ミードは子どもの遊びの「ごっこ」から「ゲーム」への移行の間に行われる学習過程に注目する。そしてミードは，一般化された他者という社会的規範が子どもの自己意識に備わることを指摘する。この規範を学習することで主体は，他者への適切な期待と，他者に対して果たすべき義務を習得するのである。ここでミード自身が承認概念を用いていることは重要である。ミードによると，ある社会に共に参加する中で，主体は他のメンバーを承認し，その程度に応じて自分も社会のメンバーから認められていることに気づき，アイデンティティを獲得する（Mead 1934［訳 1973］）。アイデンティティは，ホネットによると，後述するように，承認関係の中で培われる実践的な自己関係の束といえる。そして，これらの自己関係をいかにうまく築くことができるのかが，自己実現の条件をなしている。

　ホネットは相互承認の形式として，愛，法（権利）関係，連帯という三分法をヘーゲルから受け継ぎ，ミードの議論もふまえて，社会的承認関係の構造を次のように説明する（Honneth 1992［訳 2014］）。

　第1に，愛と友情という承認形式においては，個人は互いに唯一無二の存

在として，感情的な気づかいを寄せ合うことが期待される。具体的には家族や恋人，友人の間の関係であり，感情に応じて相手の健全さへの配慮がなされるので，非対称的な関係も含まれる。この関係では，世界に対する自己の確実性という意味で，自己信頼という自己関係が形成される。

第2に，法（権利）関係という承認形式では，個人は互いに平等で道徳的な帰責能力をもつ人格として尊重される。この関係性は現代においてもっとも一般的な人間関係をさしている。そして個人は普遍的な平等と自由を享受する人格として敬われないといけない。この関係はすべての人間に普遍化される，対等で対称的な関係である。ここでは自己尊重という自己関係が形成される。

第3の承認関係は，共有された価値と目標における個人の能力と生活様式の質を評価するものである。ここでは連帯が問題であり，人々は価値共同体においてその帰属を確認し合い，共有された価値への貢献の程度や，協働での能力を評価し合う。その評価に応じて適切な報酬，名声，仲間意識を正しく示すことが求められる。また，共通の基準での評価という意味で平等化は進むが，相手の正しい評価はそもそも人々を平等で対称的な関係のもとで扱うことを意味しない。この関係において個人は，自己評価という自己関係を達成する。

社会的承認論のアクチュアリティ

これらの承認の欠如は，それぞれ虐待や暴行，権利剥奪と排除，尊厳の剥奪と侮辱として感じられる。それらは，道徳規範や法律，あるいは制度化された習慣行動に照らして，不当なのである。ホネットは経験的にも歴史上，承認をめぐる闘争が労働運動，公民権運動，女性解放運動など，社会変革の一翼を担ってきたことを確認する。1980年代以降のジェンダーやセクシュアリティも含めた，文化的少数派の差異をめぐる闘争，すなわちアイデンティティ・ポリティクスもまた，この延長にある。現代のLGBTQの運動もここに含まれよう。

しかしこうした傾向をフレイザーは疑問視し，階級や社会的正義といった概念が主として用いられた経済的な財の再配分をめぐる闘争が，承認をめぐる闘争の後景となっている状況に異を唱えた（Fraser and Honneth 2003［訳2012]）。フレイザーは，社会的不正は2つに分類でき，承認の欠如を正すだけでは不十分だと考える。つまり，一方で搾取，経済的マージナル化，貧困などの社会経済的不正があり，それは社会の政治経済構造に根づく社会的分化の帰結である。

他方で，特定の文化的集合体への侮辱や暴力を含む虐待があり，その原因は政治経済構造から独立した社会的差異化である。これら2つの不正は，たとえ性別や出自をめぐって同じ個人，集団に起きていたとしても，それぞれ別の方法で二重に，すなわち前者は再配分，後者は承認の回復によって克服されねばならないとフレイザーは主張する。それゆえ，フレイザーは自らの方法をパースペクティヴ二元論と名づけ，ホネットの議論を規範的一元論として批判した。

　日本社会でも経済や教育における格差の拡大が問題視され，税制による格差の緩和，生活保護や児童手当の支給など社会政策による再配分を進めることが強く求められている。非正規雇用やケア労働の不安定さや過酷さも無視できない。これらの事態には不利な境遇の女性も多く含まれている。では，これらの問題の解決に承認論は貢献できないのだろうか。フレイザーに対してホネットが主張するのは，再配分が必要とされる事態ですら，その根底ではいずれかの社会的承認の欠如が理由となっており，そのことにフレイザーが気づいていないことである（Fraser and Honneth 2003 [訳 2012]）。原因であるのは，排除的な労働市場での選抜方法，当事者たちの生活機会や生活の質の乏しさ，不当な労働条件や報酬である。これらは社会的承認という観点からさらに分析すれば，被雇用者の属性（性別，外見，家族構成）の差別的評価，自由で平等に生きるという基本権の著しい侵害，そして企業利益を優先するゆえの被雇用者の能力や成果の過小評価が浮き彫りになる。これらのケースで，前述の第2と第3の承認形式が侵害されていることは明白であろう。

　ホネットの社会理論は，資本主義的近代化における社会の病理を批判するための規範的理由を提示するという意図を含んでいる。このことは，いわゆるフランクフルト学派が生まれた社会研究所の所長でもあったホネットにとって，批判理論の継承として放棄できない要素である。この点と関連して，彼の理論は，分化した承認関係の体系を描いているために，社会学の広い領域にも適用可能である。外国人憎悪，権威主義的性格，性別役割分業といったテーマから，ボランティアやSNS，サブカルチャーにおける相互行為にまで，体系性とその規範的含意をふまえたうえでこの社会的承認論を用いるならば，その対象となる社会集団の現状と変容のダイナミズムは，より深く分析的に描き出せるだろう。

〔宮本真也〕

29 寛　容

寛容の求められるところ

　グローバル化が進み移民の往来が多くなると，さまざまに異なる文化や生活様式が各国の中に持ち込まれる。国境を越えた人の移動と，それに伴う多文化的な状況は，国際的な問題であるとともに，非常に身近な国内的・地域的な問題でもある。たとえば，近所がいきなり外国人が集住しやすい地域になり，毎晩大騒ぎに悩まされるようになったらどうだろう。それが，その人たちの母国での普通の生活様式だったとしたら……。あるいはゴミ出しの仕方を守ってもらえなかったり，学校への子どもの通わせ方が特異だったとして，それらも多文化尊重の理念に照らして温かく見守るのが適切なのだろうか。

　ヨーロッパでとくに緊張をはらむのは異なる宗教間での葛藤，とくにムスリム人口の増大がもたらす諸問題である。キリスト教とイスラム教の間の対立は昔からあり，またキリスト教内部でもカトリックとプロテスタントとの間で壮絶な宗教戦争が繰り返されてきたため，かの地には解決に向けたそれなりの智慧といったものがあるはずだ。その一つが寛容の思想である。ロックにしてもヴォルテールにしても，市民的自由の確立の一環として寛容を説いたのは，宗教間対立という苦い現実があったからにほかならない。

　イスラム教が少数派の国でも，空港に祈禱室を設けたり，大学の食堂にハラル認証食品を用意したりなどといったことがなされる。それは日本でも見られる試みだ。しかし昨今ヨーロッパにおいては，とくにイスラム教関連で，これまでの多文化主義はいき過ぎていたのではないか，ホスト国の支配的な文化のほうがやはり大事なのではないか，ムスリムへの寛容には厳しい限界を設けるべきではないか，などといった反・寛容の言辞が多々飛び交うようにもなってきている。寛容が求められるのはどのあたりで，それはどの程度であるべきなのか。激しい論争が尽きることはない。

寛容と正義

　寛容という言葉のヨーロッパ語的起源には，耐える，我慢するという意味がある。そして寛容という思想には，本来的にはそうする必要がないところで，

あえて耐えたり我慢したりするという，いわば上位者的な視線が色濃く反映されているとの指摘がよくなされる。寛容のはらむ権力性は古くはカントやゲーテも問題にしたところだが，フランクフルト学派の社会学者マルクーゼらは1960年代の左派的な運動の高まりの中で寛容性に関する批判を行った。マルクーゼは，寛容の思想には抽象的な見せかけばかりのものが多く，実際には体制化された政策に対して寛容になれと人民のほうが強制されているありさまだと説く（Marcuse 1965［訳1968］）。また政治哲学者ウォルフは，多元的な民主主義が寛容さを発揮するのは力のある多様な社会集団に対してであって，主要な集団からこぼれ落ちる諸個人，たとえば無宗教の人間などに対してははなはだしく不寛容だという点に非難のまなざしを向けた（Wolff 1965［訳1968］）。

　同様に現代の政治思想家ブラウンも，通常は異性愛者が同性愛者に寛容，キリスト教徒がユダヤ人やムスリムに寛容といった具合に，寛容という概念はそれ自体非常に権力的だと批判する（Brown 2001; 2006［訳2010］; 2015）。ブラウンによれば，本当は寛容などよりも自由や平等といった理念が現実に貫徹していることこそが大切だ。ところが昨今，そうした正義が揺らいでしまったがゆえに，寛容の思想が召喚されることになった。しかもそこで寛容の対象として教えられるのは，特定の属性をはらんだ人々，すなわち特異な人種，エスニシティ，宗教，性的指向などをまとった人間集合にほかならない。そうなると，人は属性的，集合的に存在するということ，ならびにそれらの間に優劣があるということが，きわめて自然な事態として，人々の心のうちに植えつけられてしまう。これは真にリベラルな自由・平等の理念に著しく反していよう。

　そこでブラウンは，寛容などという概念を持ち出すのではなく，リベラリズムをより開放的・自律的・個人主義的なものにすべきだと主張するわけだが，この姿勢を鋭く衝いているのが思想家ジジェクである（Žižek 2008）。彼は，あらゆる属性や文化からの自由を謳うブラウンの主張こそ，実は特殊近代欧米的で，それだと他の文明を蔑むことになりはしまいか，と指摘する。アーミッシュの若者をコミュニティから引きはがせば，またムスリムの女性からヴェールをはぎ取ったら，それでいいというのだろうか。自由や平等へと至る道は特定のルーツや生活世界から離れることでしか見えてこないのだろうか。ジジェクは，ブラウンと同様の論調で寛容のはらむ権力性への批判を行っているが，そ

の一方，すべての属性や文化を排した超リベラルの立場には立たず，個別的な文化を活かしたうえで自由と平等に至る道を模索している。

普遍主義的な寛容の可能性——互酬性と一般性

こうしてブラウンやジジェクらによって寛容性批判の見解がさまざまに唱えられる中，寛容の思想を肯定的に力強く推進しているのが，フランクフルト学派の社会学者ハーバマスやホネットらに連なる社会哲学者フォアストである（Forst 2003「英訳2013」; 2008; 2014; 2015）。彼は，寛容には①反対，②受容，③拒絶の3つの要素があると指摘する。反対する要素がなければ単なる無関心に留まるし，受容しなければ対立は持続ないし激化してしまう。そしてとあるラインを越えた事態については断固拒絶しないと，道徳的・規範的な意義は失われることとなろう。

またフォアストは寛容という実践に関わる意味として①許可概念，②共存概念，③敬意概念，④尊重概念の4種類を分析的に弁別した。多数派が少数派を渋々認めるのが許可，似たような力のある集団同士が仕方なしに認め合うのが共存，平等性の理念に則って互いを認めるのが敬意，相手方の信念や実践を倫理的に価値あるものとして認め合うのが尊重である。ただし寛容というからには，尊重概念の場合でも，何らかの反対要素が含まれているのは間違いない。

さて，ここでフォアストが否定的に見るのは許可概念としての寛容である。彼は敬意概念や尊重概念の重要性を強調した。寛容はあくまでも対等な立場から交わされなければならないというわけである。そしてその一環として，フォアストの思想においては，寛容の主体は国家ではなく個人であるべきとされる。国家が主体だと，そこにはどうしても権力性が紛れ込んでしまうからだ。ちなみにフォアストによれば，ブラウンらによる寛容性批判はもっぱら許可概念に対するものであり，敬意概念や尊重概念に権力的との批判は当たらないという。

ところで先の寛容の3つの要素に戻って，内心では反対意識の強い人種差別主義者が行動にそれを出さなければ，その姿勢こそもっとも寛容で道徳的ということになりはしまいか，すべてを受容してしまえば，道徳的相対主義へと堕してしまうのではないか，とはいえ寛容に限界を設け，特定のラインを越えたら拒絶するという態度をとるなら，それこそ不寛容の典型ではないか，といった諸々のパラドクスが認められるが，フォアストは，互酬性と一般性の規準

によってこれらは解決されうると主張する。互酬性とは自分が要求することを他者が要求するのを拒否しないということ，また一般性とは部分的な集団間交渉などではなくすべての人間一人ひとりが考慮されるということを意味する。これに照らせば，人種差別主義者は外的行動を抑制したとしても寛容とは認められず，また寛容の限界ラインは道徳的相対主義や，その逆の不寛容に陥ることなく適切な形で引くことができる，というのがフォアストの考えだ。ちなみにこれらをもとに彼は，ドイツの公立学校における十字架の掲出を違憲とした判決を支持しており，また同性婚の承認の動きには賛意を表明している。

寛容のゆくえ

フォアストの理論は非常に明快で，実践的な問題にも各種の答えを提示している。しかしそれとともに彼自身，宗教の問題は複雑で扱いきれないと吐露したり，大部の著書の最後で，寛容なるものはなおコンフリクトのうちにあると認めている点にも注意しておこう。今日，移民をめぐる諸問題が表面化しているだけでなく，信仰や性的指向なども含め，諸々の局面で生活様式が多様化し，それに伴って集団間，個人間の衝突が数多く生起している。フォアスト流に互酬性と一般性を掲げればすべてが解決するというわけではもちろんない。

とくに難しいのは，互酬性と一般性の内実をめぐる判断である。フォアストはこれに関し，単純な合意理論ではアプローチすることができず，不同意をも含み込んだ実質的な議論が必要だと説いているが，それでもなお互酬性と一般性の2つそれ自体は誰も否定できない普遍的な道徳だということを強調している。しかし，まさにこの正義のまなざしによってコンフリクトがさらにこじれる場合も少なくない。自分（たち）の側にこそ互酬性と一般性に長けた正義があると主張し合う激越な闘争を，人類はこれまでどれだけ見てきたことだろう。

また，寛容の幅を拡げていけばいくほど，残りの幅は狭まり，そこへの不寛容のまなざしがさらに厳しくなるという事態など，解きほぐすのが難しい課題はまだ数多く残されている。そして寛容をめぐっては，上に取り上げたもののみならず，さまざまな議論が活発に繰り広げられているというのが実状だ（たとえば Williams and Waldron eds. 2008; Dobbernack and Modood eds. 2013; Stepan and Taylor eds. 2014）。その議論は，個々の学問領域の垣根を超え，またもちろん普通の市民に対しても開かれている。

〔山田真茂留〕

30 集合的記憶

集合的記憶

　人が何かを感じ，考え，思い描く，そうした心の働きのすべてが他者との関わりの中にあり，社会的に条件づけられている。記憶もまた同様である。社交の場を離れ，一人で想い出に浸っているときでさえ，人は社会関係の中で，社会集団の一員として過去を想起している。こうした考え方に立って記憶の社会学を創始したのが，アルヴァックスであった。

　たとえば，あなたは小・中学校時代の学校生活のエピソードをどれだけ想い出すことができるだろうか。同窓会などに行ってみると，たくさんのことを覚えている人と大半のことを忘れてしまっている人がいる。その記憶の豊かさには，一つの要因として，卒業後にその人が学校時代の人間関係をどれほど保ってきたのかが関わっている。かつてのクラスメートとのつながりが維持されればそれだけ多くのことが記憶され，折に触れて想起される。視点を変えれば，そのようにして多くのメンバーの内に記憶が共有されている間は学級集団が生きて存続している。記憶の持続は集団の存続に支えられ，集団は想い出とともに生き続けるのだ。

　かくして記憶は，個人と社会をつなぐ重要な結び目となる。両者の関係には2つの側面を考えることができる。

　第1に，個人は集団のメンバーとして，集団の視点に身を置きながら過去を想起するということ。「人が想い出すのは，自分を一つないし多くの集団の観点に身を置き，そして一つないし多くの集合的思考の流れに自分を置き直してみるという条件においてである」(Halbwachs 1950 [訳 1989: 19])。アルヴァックスは，「記憶の社会的枠組み」に支えられてはじめて個人は過去を呼び起こすことができるのだという。この「社会的枠組み」には多種多様なものが含まれる。集団が共有する時間についての概念や表象（日付，年号，暦など），過去の生活や出来事の痕跡を残している都市や村落の空間（伝統的な街並み，遺跡や遺構など），人々が出来事と出来事，物と物のつながりを考えるときに用いる慣習的思考様式（物語の雛形，推論の図式など），さらには，人々の認識や思考を支

える言語や記号それ自体までをも社会的枠組みの構成要素と見ることができる。

　したがって第2に，人々が保持している記憶，想起された過去は個人的事実にはとどまらず，その基盤となっている集団のメンバーによって共有され，集合的事実を構成する。私たちはここに，諸個人の記憶から切り離して考察することのできる固有の対象としての「集合的記憶」を見いだすことができる。「集合的記憶」は，過去の経験を共同化しようとする人々の実践を通じて組織化され，さまざまなメディアに媒介されて，過去についての集合表象を形成する。

　このように記憶を集合的なものとして位置づけるアルヴァックスの試みは，人間を持続的存在としてとらえたベルクソンの哲学と，人間の思考や感情の起源を徹底的に社会的なものと見なしたデュルケムの社会学とを接合しようとするものであった。ベルクソンは，過去のイメージが精神的実在として存続しており，これが物質的な実在としての外的現実に接続するところに現在の経験が生じると論じた。デュルケム派の社会学者としてのアルヴァックスは，現在の行動と思考の枠組みから自由な「過去」そのものの実在というこの考え方を批判し，人々が何事かを想起するときには，つねに「社会的枠組み」が介在し，人々が所属する集団にとっての合理性，すなわち社会的理性が働いているのだと主張した。「集合的記憶」概念は「社会的存在としての人間」というデュルケム学派の基本的視角を深化させるとともに，個人的事実と集合的事実の接合についての考察を可能にする理論的装置の役割を果たしている。

統合と分断の装置としての集合的記憶

　集合的記憶は，集団の数だけ存在する。私たちはいたるところにそれを見いだし，文脈に応じて社会学的な研究課題を立てることができる。たとえば「家族の記憶」。かつて，家庭用のカメラが普及した時代には，多くの家でアルバムが作られ，それは家族のメンバーたちの記憶を支える重要なメディアになっていた。では，スマホの時代にあって，人々はいかに「家族の想い出」を共同化し，それによって現代の家族はどのような結びつきを見せているだろうか。あるいは「国民の記憶」。国民を動員して行われた戦争は，戦後においてどのように記憶され，また想起されてきただろうか。そして，その過去とのつながりは現時点での政治・社会の状況，国民の思想や行動にどのような影響を与えているだろうか。さまざまな水準で共同化された記憶は，それぞれの集団のメ

ンバーを互いに強く結びつけ，人々の思考と感情に共通の土台を与えている。

しかし，集合的記憶は，社会統合の基盤であると同時に，社会内の葛藤の表現，さらには分断の装置でもある。戦争や大規模災害や事故，あるいは政治的な事件は，多くの国民が記憶にとどめる出来事となりうるが，それをいかなる経験として想起するのかは，その社会内の対立関係を反映して政治的争点となる。

社会集団を一つにまとめ上げようとする記憶の共同性が，同時にいかなる葛藤を生み，対立の構造を生み出しているのか。社会学的に重要な考察課題の一つがここにある。私たちはしばしば，記憶の分断を超え，共有しきれない他者の体験に対する想像力を養うことを通じて，共存の道を模索していかなければならない。

アルヴァックスが，『記憶の社会的枠組み』で問うたことの一つは，多元的な分化が進んだ近代フランスにおいて，社会統合の基盤となる記憶をどこに見いだしうるのかにあった。分業化が進み，個人の人格的自律性が高まっていく近代社会がいかなる原理の上に統合されるのか。これは，アルヴァックスがデュルケムから継承した問題である。しかし，デュルケムが集合意識の個人存在に及ぼす道徳的な力の重要性を強調し，個人の人格を「聖なるもの」とするような新たな（近代的な）宗教の生成を待望したのに対し，アルヴァックスは，宗教を特異な記憶の体系として位置づけ，宗教集団（たとえばキリスト教会）は外部の社会領域からの影響を排除して，相対的に閉じた意味世界を形作ろうとするのだと論じた。したがって，アルヴァックスが，社会的紐帯の基盤として期待するのは，宗教よりもむしろ家族である。たしかに個々の家族は「みずからの歴史」をもち，それぞれの伝統を継承して，固有の集合的記憶を形作る。しかし，現代においては，個々の婚姻がそのつど新たな家族集団の出発点をなし，家族はつねに「外に向かって自分たちを開いていく」（Halbwachs 1925 [訳 2018: 379]）。人々は社交の世界とのつながりの中で，家族生活の習慣や信念を形成し，それらの多くは広く共有され，その新しい原理や伝統が社会生活の相互浸透の基盤となりつつある。アルヴァックスは，強固に確立された宗教的記憶ではなく，社交を通じて緩やかに共有されてゆく家族の記憶にこそ社会全体を結びつける絆を見いだそうとしていたのである。

複数の集合的記憶の交差としての個人的記憶

他方，多層的に分化した複数の集団が併存する近代社会においては，複数の

集合的記憶の並列と競合こそが，個人を固有の存在たらしめるのだということもできる。社会全体が未分化で人々が単一の共同体に包摂されているときには，集団の枠組みの内部で均質な記憶が形成されていく。そこでは集合的記憶が強固で，個人の記憶がそこから逸脱する可能性は限定される。しかし，社会が機能的に分化し，人々の生活が多様な下位集団との交わりの上に成立するようになれば，個人は複数の関係性の中で過去を想起するようになる。個人の記憶が社会的枠組みから自由になれないとしても，集団への帰属のパターンが一人ひとり異なれば，それによって記憶の個性化が可能になる。個人的記憶の固有性は複数の集合的記憶の交差によって形成されるのであり，その折り重なり方の差異が個人の生活史的時間の多様性となって表れる。

　たとえば，日本に暮らす人々にとって，東日本大震災時の津波や原発事故は「国民的」と呼べるような共同性をもって記憶されている。しかし同時に，「3.11」の経験は，それぞれの生活の文脈の中で，個人ごとに異なる意味をもって現れているはずである。一つの出来事でも，想起の文脈は多層的であり，それを方向づける複数の社会的枠組みの重なり方によって，多様な個人的記憶が産出されていく。私と隣人たちとは，同じ出来事に遭遇しながらも，異なる条件に置かれた記憶の主体としてそれぞれの想い出を形作る。このとき，私の記憶は一集団の記憶に埋没するのではなく，むしろ「集合的記憶への一観点」となる。その観点は，私がその集団の内に占める位置によっても，他の諸集団に対してもっている関係によっても変わるのだとアルヴァックスは指摘している（Halbwachs 1950［訳 1989］）。

　想起の文脈の複数性は，集合的記憶の拡散をもたらすものであり，共同体の統合の基盤を弱めるかもしれない。しかし，それによって個人が多様な想起の道筋に開かれ，また記憶に対する集合的拘束力が相対化されて，自己と過去とのつながりに選択の余地＝自由を与えるものとなる。記憶は個人と社会をつなぎ，想起は時間的存在としての自己を形成する営みである。私はいかなる集団の中で，どのような規定力のもとに過去を想い起こしているのか。これを自覚的に問い直しながら他者との関係を築いていくこと。これもまた，記憶の社会学が拓く可能性の一つである。
〔鈴木智之〕

31 規範と制度

規範の定義

規範は社会学にとってもっとも基本的な説明の概念であり，そしてそれだけに注意深く使う必要がある。社会学が扱う対象のほとんどは規範で説明できる。そのため，規範による説明は，社会学的な説明の対象としたこと自体と等価になりやすく，同義反復になりやすい。また，他の制度的要因による説明可能性を見落としやすい。それゆえ，むしろいかに抑制的に使うかが重要になる。

規範の定義要件としてまず思い浮かぶのは，選択肢の限定，より丁寧にいえば，複数ある選択肢の中で特定のものだけが採れる状態になっていることだろう。だが，容易に気づけるように，これは必要条件にすぎない。たとえば，横断歩道では必ず地上を移動しなければならないが，その主な理由は，人間が機械力の補助なしには空を飛べないからである。

さらに，赤信号の状態では地上を横断しないことも，規範によるものだとは限らない。信号機で交通管制する制度のもとでは，赤信号の場合，進みたい方向と交差する形で走行中の車両が多い。そのため，事故にあう確率が高いと判断して横断しないことも十分に考えられる。

「規範による」といいうるのは，交差する車両がないにもかかわらず赤信号では横断しない，という状態である。つまり，「規範がある」といえるためには，単に選択肢が限定されているだけでなく，その限定が物理的な制約でもなく，かつ特定の制度のもとでの個人の利益考量（たとえばヴェーバーのいう「目的合理性」）でもないことが必要になる。

その意味で，規範概念は残余カテゴリーになる。規範の存在そのものは積極的には同定しがたい。それゆえ，その同定はつねに識別の困難を伴う。選択肢を限定する物理的な制約や制度的な制約，各個人の利益や目的を観察者が適切に想定できない場合にも，「規範がある」ことにされてしまう。

より一般的にいえば，「（観察者水準で）説明できない」のか「（当事者水準で）規範がある」のかの識別はつねに難しい。とりわけ制度のもとでの個人の目的合理的な判断は，客観的な可能性ではなく，当事者による期待値の見積もりに

基づく。それゆえ，どんな判断がなされたかを外的に特定しにくい。その点でも，「規範がある」という判定は観察者の前提仮説に直接強く依存する。

制度と規範

こうした識別の困難や揺らぎは，とくに法社会学（law and society）や法経済学（law and economics）などで多く見られる。たとえばラムザイヤーは，「日本人の法意識」という理念的規範で説明されてきた事象が，当時の法制度のあり方から説明できることを示した（ラムザイヤー 1990）。あるいは，グライフは地中海商業にゲーム理論を応用して，ヴェーバーの「カーディー裁判」など，社会学では規範の合理性の違いとされてきた事態を，私的契約の執行メカニズムの違いから説明できるとしている（Greif 2006 ［訳 2009］）。

社会学史上でその識別がもっとも問題になったのは，ヴェーバーの論文「プロテスタンティズムの倫理と資本主義の精神」（Weber, M. 1920 ［大塚訳 1989］）をめぐる論争かもしれない。西欧近代の合理的な経営は，プロテスタンティズムの倫理の転化としても，近代資本主義の経済体制への適応としても，説明できる。それゆえ，どちらがより早く普及していたかが識別の決め手になる。

ラッハファールがヴェーバーを批判した一番重要な論点もここであった（Rachfahl 1909）。これは「オランダ問題」として知られている。ヴェーバーも「倫理」論文改訂版でかなり苦しい補足説明を追加しているが，現在の経済史では，どちらかといえばラッハファールのほうが正しいとされている。

たとえば，オランダの毛織物工業は宗教改革以前の 15 世紀から盛んになり，16 世紀半ばにいったん衰退する。その復活にはプロテスタントの労働者の移入が重要な役割を果たすが，プロテスタンティズムが定着した 17 世紀後半以降，19 世紀初めまで，オランダの 1 人当たり所得の推定値は長く停滞または緩やかに減少していく。信仰の強さや深さを具体的に測る手段がない以上，「オランダでは既存の社会構造を背景にカルヴァン主義が広まった」（de Vries and van der Woude 1997 ［訳 2009: 154］）と考えたほうが自然なのである。

「ルター版聖書」での訳語 "Beruf" の問題も（羽入 2002; 折原 2003 など），経験的研究としていえば，この識別問題の一環にあたる。ドイツ語訳聖書でのこの語への転換はいつ始まったかだけでなく，いつ完了したかも重要になる。宗教倫理の転化か経済体制への適応かの識別は，時間的先後によるので，語の

転換の完了時点にも影響されるからである。

　選択肢の限定に関するこうした論点は，選択肢集合の限定にも当てはまる。一般に，限定を受ける選択肢の範囲それ自体も，より上位の限定による結果だと考えることができる。実際，ルーマンはこの選択肢集合の限定を「構造」と定義している（Luhmann 1972 ［訳 1977］など）。

　いわゆる「フーコー的権力論」のように，こうした「構造」的な限定を政治的権力とみなす議論もあるが，その場合，識別問題はいっそう深刻になる。抽象度が上がるため，限定が物理的制約によるのか，制度的制約によるのか，それとも規範によるのかは，さらに識別しづらくなる。それは自己産出系論でいえば，システムの境界作用なのか構造的連結なのか，区別しがたいことにもつながる（Luhmann 1997 ［訳 2009］など）。

　これは社会科学の各分野によって，規範にあたるものがずれる要因にもなる。たとえば，道路交通法は道路を横断したい個人の選択肢を限定するが，国家の運営に関わる制度を扱う法学や政治学では，これまで述べてきた意味での規範にはならない。個々の法律は他でもありうるものにあたるからである。それに対して，社会学では個々の法律も制度的制約として位置づけられて，所与の「構造」とされることが多い。

規範による効果的な説明

　こうした理由から，社会学では規範による説明が過剰になりやすい。

　機能的に分化した社会では，（因果的には）つねに複数の制度が複合的に作動している。けれども，社会学は特定の制度領域を専門としない。それゆえ，社会の機能分化に合わせて社会科学も分化していく中では，①社会学者は特定の制度に関する具体的知識をあまりもたず，②特定の制度による選択肢の限定は，社会学の対象ではなくなる。そのため，他の分野の社会科学から見れば，社会学は過剰に早く規範で説明する傾向をもつ。法意識や経済体制の例のように，具体的な制度のあり方で説明可能なものを，理念的な規範で説明しようとするように見える。

　極端にいえば，社会学では社会事象のすべてを規範によって説明できる。それは社会学者以外から見れば，制度に関する具体的な知識の少なさを，社会学の対象範囲の広さに読み換えているように見える。だからこそ，規範による説

明をいかにうまく限定するかが，説得力のある社会学的分析になるかどうかの鍵を握る。

「構造」的権力論でいえば，権力は規範以上に無限定的に使われるので，物理的制約以外はすべて権力だとする立論も可能である。けれども，そうなるとほとんどすべての状態が何らかの意味で権力的になり，分析的な意義を失う。あるいは，特定の党派による政治だけは権力的でない，という価値判断を真理として押しつけることになる。そのどちらも避けようとすれば，権力的な制約とそうでない制約とを一貫して区別できる基準をそのつど明示するしかない。

規範についても同じことがいえる。それゆえ，より具体的にいえば，規範による説明の導入をむしろどれだけ遅らせることができるかが，規範による説明の説得性を作り出す。たとえば，雇用におけるジェンダー不平等は，ジェンダー役割規範から直接説明しないほうが説得的になる。つまり，「ジェンダー不平等が維持されるのは，不平等なジェンダー役割規範によって働き方が規制されているからだ」という経路よりも，「働き方についてはジェンダー平等的な規範意識が表向きはあるが，一方で，家族に関わる負担については不平等な役割規範が解除されていない。それゆえ，結果的に特定の人々に重い負担が一方的に生じやすい。そのため，それらの人々が短期間で退職しやすくなり，雇用者側は『統計的な差別』へ促される。あるいは，そうした人々の一部が心理的あるいは社会的な軋轢を回避するために，働き方でのジェンダー平等的な規範を意図的に主張しなくなる」といった経路を考えたほうがよい。

上の説明はもちろん仮想的なものである。具体的にどちらがより妥当かは，社会調査などで，働き方と家族に関わる負担それぞれにおける役割意識を調べて決めればよい。それとは別に，説明のあり方としては後者のように，規範による限定と複数の制度下での個人の合理的考量とを，同時に取り込める枠組みを用意したほうがよい。それによって，説明できる事例の範囲も広がるし，「過剰社会化された人格」を想定する必要もなくなる。さらに，不平等な処遇を「当事者の希望だ」として正当化することも無効化できるし，現状のどこを変更すべきかの焦点も絞れる。

そうした形で説明のやり方を反省的に取り扱うことで，規範と制度に関わる社会学的分析はより効果的なものになる。 〔佐藤俊樹〕

32 構造と機能

生命体とのアナロジー

「構造」とは，あるひとまとまりの現象の中で変わりにくく，比較的安定的な関係性のパターンを意味し，「機能」とはある事象がそれを含む全体に対して果たす有益な作用のことをさす。たとえば，人間の心臓は左右の心室・心房からなる構造をもち，身体に血液を循環させるポンプとしての機能を果たしているが，それにならって，家族は夫婦・親子間の役割構造をもち，子どもを社会化し，構成員の情緒的安定に役立つなどの機能を果たしているととらえることができる。

このような生命体とのアナロジーにより，構造と機能の両面から社会現象を記述し，分析する方法は，生物学からの影響を受けて発生したものである。それは，すでに19世紀のデュルケムの社会学において見られ，さらにはそれ以前に社会学を提唱していたコントやスペンサーにまでさかのぼることができる。だが，生命体とのアナロジーには限界もある。まず，生命体の構造（たとえば心臓の構造）は原則として変化しないのに対し，社会の構造は数十年・数百年の単位で変化している。また，生命を維持できるか否かという観点から見れば，生命体の各器官や過程が果たす機能は比較的明確であるのに対し，社会においてはその「機能」は特定が難しい。そのため社会学において，何が「構造」であり，何が「機能」なのかについてはさまざまな見解と論争があり，これらの概念（とくに「機能」概念）を使用すること自体への批判も少なくない。

しかし，にもかかわらず両概念が依然として広く日常的に用いられているのも事実である。それはこれらの概念が社会分析のツールとして便利だからであろう。概念を実体視せず，その限界を認識しながら「作業仮説」として用いるのであれば（それは以下で紹介する「構造＝機能分析」のパーソンズが考えていたことでもあった），この2つの概念は社会現象の記述・分析のための有益なツールとして用いることが可能になるであろう。

「構造＝機能分析」と AGIL 図式

20世紀前半，「機能主義」と呼ばれるアプローチが人類学と社会学で広まる

が，それとともに構造と機能とを組み合わせて社会を分析する方法（「構造＝機能主義」と呼ばれる）をとる研究者も現れた。人類学者ラドクリフ＝ブラウンはその代表例だが（Radcliffe-Brown 1952［訳 1975］），社会学ではパーソンズがとくに名高い。彼は 1940 年代から 50 年代にかけ，社会システムの一般理論の方法として「構造＝機能分析」を提唱し，アメリカのみならず世界各地の社会学に大きな影響を与えた。彼は，社会学においては，経済学の一般理論のように相互依存関係にある諸事象に含まれる諸変数をすべて取り出し，連立方程式として数学的に定式化することは不可能だが，それに代わる方法として「構造＝機能分析」が最良であると主張した。それは，社会システムを構成する行為者間の相対的に安定した関係性のパターンである「構造」が，社会システムの日常的な維持・存続に対してどのような「機能」を果たしているのかという観点から社会現象を記述・分析していく方法だった（Parsons 1954）。

社会システムの構造（つまり社会構造）は，そこで制度化されているさまざまな集団と集団内でのさまざまな役割（親と子，教員と学生，医者と患者，上司と部下など），およびそれらの役割行為を互いに義務とする規範から成り立っている。社会システムが必要とする諸機能は，それらの役割行為が実際に遂行されることによって果たされている。そのための前提となるのが，役割規範が行為者のパーソナリティに内面化される過程である「社会化」と，役割期待から逸脱した者に否定的制裁を加えて役割遂行を調整する過程である「社会統制」という 2 つのメカニズムであった（Parsons 1951［訳 1974］）。

社会システムの機能としてパーソンズは，その存続に必要な 4 つの「機能要件」を挙げる。「適応（adaptation）」「目標達成（goal-attainment）」「統合（integration）」「潜在的パターンの維持（latent-pattern-maintenance）」の 4 つがそれであり，まとめて「AGIL 図式」とされる（Parsons, Bales, and Shils 1953）。

「適応」とは，社会システムが存続するためには，まず周囲の環境に「適応」していかなければならないという機能的要件をさしている。社会システムは環境の変化に対応し，場合によっては環境をコントロールすることが必要とされる。「目標達成」とは，社会システムにおいて立てられた目標を達成するという要件をさしている。社会システムは単に環境に適応するだけでなく，目標に向けてシステム内外の資源を動員していく機能を必要としている。「統合」と

は，社会システムを構成する行為者たちの結合や連帯を維持するという要件である。これは単なる相互の利害の一致にとどまらない，行為者間の愛着や信頼関係を確保するということを意味している。最後の「潜在的パターンの維持」とは，社会システムが維持されるためには，そこでの役割行為の規範パターンやそれを根拠づける共通価値が時間や世代を超えて維持されていなければならないという要件をさしている。言い換えるならば，社会システムには継承されるべき「伝統」が必要であるということになる。

サブシステム間の機能連関分析

　パーソンズはこのAGIL4機能図式を用いて社会システムの機能連関分析へと向かう。社会システムは，4つの機能に応じて4つのサブシステムへと「分化」するとされる。そこで「適応（A）」を主として担うのが「経済（economy）」である。「経済」は社会システムに必要な富を生産し，市場を通じてその富を社会に配分する機能を担っているからである。「目標達成（G）」を主として担うのが「政治組織体（polity）」である。政治組織体は，戦争での勝利，構成員の福祉水準の向上などといったさまざまな「目標」に向けて，社会システム内の物的・人的な資源を動員する機能を果たす。また，「統合（I）」を主に担うサブシステムは「社会共同体（societal community）」である。地域社会や国民社会などで，構成員が直接・間接のコミュニケーションを通じて「共同体」的な愛着や信頼関係を構築しているのが，このサブシステムである。「潜在的パターン維持（L）」を主に担うのは「信託システム（fiduciary system）」である。これは知識や文化財，価値観や信念体系などの保管と継承を「信託」されたシステムであり，家族，学校，教会，博物館などがその例である。

　これら異なった（ときに矛盾し合う）機能を担った4つのサブシステムは，自らの存続のため他のサブシステムとの間で交換を行い，それぞれに必要な諸要素を外部から調達する。これをパーソンズは「境界相互交換」と呼び，その過程を明らかにすることで，機能ごとに編成されたサブシステム間の相互連関分析を試みた（Parsons and Smelser 1956 [訳 1958]; Parsons 1973）。たとえば「政治組織体」は政党や候補者の選挙活動を通じて「社会共同体」と相互作用を行いながら，有権者の利益に応え，権力に必要な信頼を調達し，有権者にさまざまな公共財を提供しているとされる（Parsons 1969 [訳 1973, 1974]）。

機能分析からの後退

しかし，社会システム存続のために必要な機能という観点から社会システムの構造と過程を記述・分析するパーソンズの理論は，現状維持的であり紛争や変動を説明できないという批判をまぬがれなかった。とくに1960年代以後そのような批判が高まり，それとともにパーソンズの理論は影響力を低下させていくことになる。だがその批判に対し，機能主義の内部からこの問題点を修正・克服していく試みもなされた。そのうちの2つをここでは紹介しよう。

1つめは富永健一，吉田民人，小室直樹ら日本の機能主義社会学者らによる試みである（吉田 1974; 小室 1966; 富永 1975）。彼らは，機能要件の不充足が構造を変動させるという観点から，「構造＝機能理論」を社会変動の理論として精緻化しようとした。それに対し志田基与師，橋爪大三郎らは，複数の機能要件から社会変動を説明することはできない点など，構造＝機能理論の形式論理的な不可能性を数理的に論証してみせた（橋爪・志田・恒松 1984）。しかし，結局このような過度な数理化志向により，日本の機能主義理論はその後，影響力を失った。

2つめとしてドイツの社会学者ルーマンは，「機能要件」によって構造や過程を分析する従来の機能主義的分析に見られる決定論的発想を批判した。機能の概念は，その機能によって問題にされている事象と等価な機能をもつ他の事象の可能性を開示する「比較の意味図式」ととらえられる。このようにして社会システムの構造は，システムの機能要件を満たすものとして唯一必然的な存在ではなく，他の可能性もありえたような偶発的な存在であることが明らかにされるのである。このような新たな機能分析の方法を，1970年以前のルーマンは「機能＝構造主義」と呼んだ（Luhmann 1970［訳 1984]）。その後ルーマンは，このような偶発性の発想を発展させ，過剰な可能性の中で「複雑性の縮減」を行う「意味」のシステム理論を構築していくことになる。

このように2つの内在的修正の試みはどちらも，機能の概念を放棄する結果に終わっている。ある事象を，それが引き起こした結果の作用から見るという機能分析本来の視点は，その後展開されなかった。社会現象を構造と機能の両面から見るという分析方法の彫琢もまた，パーソンズ以後ほとんど省みられないままである。

〔佐藤成基〕

33 階級・階層と社会移動

階級概念と階層研究

「格差」と呼ばれている諸現象について社会学的に考えようとするとき，階級あるいは階層というキーワードが用いられる。階級といった場合でも，階層といった場合でも，さし示すところは社会的資源の分配の不平等状態である。

階級というのは，近代社会の産業経済の仕組みに人々がどのように位置づけられているかということに重きを置いた見方である。そのため階級は職業的地位と切り離しがたく関連する。これを社会学の言葉として理論化したのは，マルクスとヴェーバーである。マルクスは生産手段の所有／非所有という観点をとりわけ重視し，産業社会のシステムに資本家階級（ブルジョアジー）と労働者階級（プロレタリアート）の対立の構図を見いだした（Marx 1848［訳 2010]）。これに対して，ヴェーバーは実体として存在している地位集団について，財の所有，技能の有無，ライフチャンスなどの多様な観点から説明した（Weber 1922b［世良訳 1970]）。そもそも彼らが見たヨーロッパ社会では，「自分は労働者階級だが，あいつらは中産階級だ」というように，特定の社会集団をさして日常的に階級という言葉が用いられる。階級概念が社会の実態や人々の実感にその確かな対応物をもっているのだ。

これに対して階層（social stratification）のほうは，明瞭な境界のない地位の連続体，あるいはいくつかの地位や属性が重なり合って成立している複合的な不平等のあり方をさす。この言葉は元来，調査計量を手法的前提として，研究者が用いる専門用語であった。それゆえに，実在する社会集団との対応が厳密に問われることは少ない。とりわけ日本語の階層という言葉の場合の用いられ方については，欧米の社会科学において社会経済的地位（SES: socio-economic status）と呼ばれている概念がもっとも近いものだと見ることができるだろう。この分析的な性質のため，社会的出自，学歴，職業的地位，財や経済力などのような社会的地位の関連構造を総体としてさすときには，「階級」を用いず「階層」が用いられる。「階層研究」「階層構造」というような用い方がこれにあたる。

階級と階層の概念上の異同は，イデオロギー対立が鮮明であった 20 世紀後半には重要な論点とされたが，現在ではその区別は一義的なものではなくなりつつある。たとえば今日の国際的な階層研究でもっともよく用いられる EGP 職業分類は，階層ではなく階級の指標とされる（Erikson and Goldthorpe 1992）。概していえば，理論的背景がしっかりした有用概念としての階級と，専門用語として機能性に優れる階層のおおまかな使い分けがなされているというのが現状である。

日本の階級・階層研究

　続いて，日本社会における階層構造の変遷をたどろう。まず知るべきことは，日本の格差・不平等はたしかに深刻なのだが，他社会と比べると，その姿を読み取りにくい性質をもっているということである。これは，アメリカにおける白人，黒人，ヒスパニック，アジア系の区分や，ヨーロッパにおけるカトリックとプロテスタントの教会教区のように，宗教やエスニシティによって力づけられた地位集団の明瞭な境界線を見いだしにくいことによる。このことから，日本では階級や階層は，多くの人にとって自明の集団間の軋轢を考えるものとしてではなく，社会学的論点として構築された格差・不平等問題を理解するためのものとして浸透している。それゆえにその論点は，社会変動の進行とともに目まぐるしく移り変わってきた。この点は，欧米社会において階層構造が，容易に変えることの難しい所与の課題と見られているのとはおおいに異なっている。

　第二次世界大戦の終戦直後，日本人は「階級」という言葉を日常的に使っていたといわれる。会社を経営したり土地をもっていたりする資本家，自分の裁量で社会生活を営むゆとりをもつ中産階級，労働の対価として賃金を得て日々を暮らす労働者の区分がいまよりはっきりしていたのだ。そしてとりわけ，荒廃した社会の最底辺で不安定な暮らしを余儀なくされていた下層階級や労働者階級の人々こそが，戦後復興の鍵を握るとされた。この点でマルクス主義階級論を受け入れやすい実態があった時代であったと振り返ることができる。

　その後，高度経済成長が進み，人々の暮らしがしだいに豊かになっていくにつれて，政策や消費あるいは階層文化の論点は，以前より少し上の中間層に置かれるようになり始めた。ただしこの時代，中間層には農村からの流入者，旧

来の都市居住者，多様な産業への従事者，さまざまな学歴と生年世代の人々が入り混じっていた（地位の非一貫性）。1970 〜 80 年代には，地位の上下に関して調査データに基づいて研究者が発信した階層という言葉が広く一般に受け入れられた。そして社会の中間あたりで豊かな生活をする人々が消費や文化の中核と目されるようになり，輪郭の定まらないその巨大な地位集団について「総中流」という言葉が新聞紙面を飾った。これが日本型の階層社会である。

　しかし 21 世紀の日本は，さらに転じて格差論がいわれている。社会の中ほどに集中し，平準化したかと思われた人々が，再び上層と下層に分かれ始めているという議論である。ただし格差社会の進展は，戦後階級社会への単純な逆戻りではない。なぜならば，人々が大資本に否応なくつなぎとめられ，労働力を搾取される地位の固定化が問題とされるのではなく，産業社会における人々の足場が不安定になる雇用の流動化（失業，非正規化，転職数の増加など）が問題とされているからである。

　整理するならば，日本の格差・不平等は，戦後の階級社会から，中間層を軸とした階層社会へと進み，現状では流動化した格差社会になっているということになる。

　日本において，上述の急速な時代の流れを実証してきた階層調査としては，SSM（社会階層と社会移動全国）調査が広く知られている。1955 年の第 1 回調査以降，同時代の主要な計量社会学者たちが主導する研究プロジェクトとして，おおよそ 10 年のインターバルをもって 7 度にわたって継続実施されている。調査内容は，社会的出身背景，教育達成，職歴，現在の職業状況および態度項目などである。調査方法は，層化多段無作為抽出法による個別訪問面接法で，各回とも 6000 〜 8000 サンプルの大規模全国調査である。この調査は，1965年以降は時系列調査として設計されており，そのデータ蓄積は日本の社会学の至宝とさえいわれ，その分析は日本の計量社会学を牽引してきた（佐藤 2012）。

世代間移動と教育機会の不平等

　階層研究の主要な論点は，出自によって人生に不平等が生じない社会をめざすことにある。この観点で焦点とされてきたのは世代間移動の枠組み（移動表分析）である。これは，親子間の社会的地位の関連性を見る研究で，安田三郎(1971) らの加法モデルに始まり，現在では国際的に集積されたデータセット

を対象として，ログリニア分析，対数乗法モデルへとその解析技法が進化している。そこでは社会変動が平等化をもたらしたのか，逆に不平等を定着させる結果となっているのかが見極められている。そのトレンドは，既存構造の継続あるいはごく緩やかな平等化であるといわれているが，現状は民主主義社会の理想である平等状態には程遠い。

　この不平等の連鎖を成立させている経路を世代内移動という。これは学歴を得て初職に就き，職歴を経過して現職に至る道筋および結果としての所得や資産の形成をさしている。そこでもう一つの分析上の焦点となっているのが，世代間に介在する学校教育のあり方を見る教育機会の不平等研究である。そこでは，ブードンの数理的研究以来（Boudon 1973［訳 1983］），社会的出自が到達的地位に及ぼす因果的影響力（世代間継承）が，学校教育システム（学歴達成）の介在によって緩和されうるのかどうかが検討されている（吉川 2006）。

階層意識研究

　最後に，人々が主観の中で，自らの社会的地位をどう認知しているかを問う階層意識研究にも触れよう。マルクスは産業社会における個人の位置づけの自覚を，階級が構造化するための不可欠の論点と見た。日本社会においては，高度経済成長によって客観的な階層構造が目まぐるしく変動した時代に，主観の中での地位のあり方を見るデータ分析に注目が集まった。このとき国民の9割が，自分は「中」に帰属していると見ているという階層帰属意識の回答分布から，「総中流」という時代認識が生まれた。

　その後，この分野の調査計量研究は，客観階層と主観階層の関係が漸次的に強まっていく「階層帰属意識の静かな変容」を確認し，主観の中での時代変動についての実態把握を進めている（吉川 2014）。そして SSM 継続調査に端を発したこの研究潮流は，現在は SSP 調査に継承されている。前者が階層構造と移動（Stratification and Social Mobility）を扱うのに対し，後者は階層と社会意識（Stratification and Social Psychology）を研究主題とする。

　階層構造の精緻な解明にせよ，不平等状態の把握にせよ，主観のあり方の把握にせよ，社会的地位の上下の位階秩序を鍵として時代の変遷を追う階級・階層研究は社会学の主要課題である。そしてその潜在するトレンドを知るには，階層調査研究と計量分析の継続がもっとも重要なアプローチとされる。〔吉川徹〕

34 大衆社会

近代社会から現代社会へ

大衆社会は，市民社会に対する対概念である。社会学の世界では，1930年代から60年代にかけて，著名な社会学者が大衆社会の研究に取り組むことにより，ジンメル，デュルケム，ヴェーバーらが活躍した社会学の確立期に続き，多数の実りある理論が提唱された。

そもそも近代社会とは，政治的世界における市民革命，経済の領域における産業革命によって誕生した資本主義・民主主義によって支えられる社会であり，貴族階級に代わって台頭した新興市民階級が歴史の表舞台に立った時代であった。その意味で，近代社会はしばしば「近代市民社会」と称される。実態としては資本主義的生産のもとで，豊かな市民階級（ブルジョアジー）と無産の労働者階級（プロレタリアート）が対峙する階級社会ではあったが，一般的に「市民社会」は，その理想形において教養と財産を有する「自由」な個人とそうした個人の間の「平等」な連帯によって形成される社会とされている。

しかし20世紀に入ると，そうした市民社会は大きな構造転換を経験する。科学技術の進展により，大量生産・大量消費のシステムが実現するが，こうしたシステムを維持するため，大量の労働者階級に加え，新中間層——事務・管理業務を担うホワイト・カラー——と呼ばれる新しい社会層が登場したのである。また，社会全体の生産力を向上させ，それらを効率的に管理するために障害となる中間諸集団が排除され，その結果，一方では所属集団を失い，原子化した個人が社会に溢れ，他方ではそうした彼ら／彼女らを画一的で巨大な官僚制的組織が吸収していった（個人の原子化と組織の官僚制化）。さらに，コミュニケーション技術の高度な発展により，新聞・雑誌，そして映画・ラジオなどのマス・コミュニケーションが発達したが，その負の側面としてメディアを通して大衆の社会心理を操作する大衆操作や大衆支配の可能性が高まった。こうした過程を経て，19世紀まで社会をリードした能動的で自立した「市民」は姿を消し，画一的・没個性的・受動的な労働者と新中間層からなる「大衆」の時代，すなわち大衆社会が到来した。

		非エリートの操作可能性	
		低い	高い
エリートへの接近可能性	低い	共同体的社会	全体主義社会
	高い	多元的社会	大衆社会

図1　大衆社会の諸条件

(出所) Kornhauser (1959 [訳 1961: 42])。

　ただし，大衆社会が現実に出現する形態は国や地域によって大きく異なっている点に注意が必要である。1930 年代のヨーロッパでは，大衆社会は独裁国家の誕生という形をとるのに対し，戦後の 1950 年代に姿を現したアメリカの大衆社会は豊かな社会あるいは消費社会の形成という形をとった。さらに明治以降，他の西欧諸国とは異なる異例のスピードで近代化を推し進めた日本では，西欧の大衆社会論の直接適用が難しく，いわゆる大衆社会論争が展開された。

大衆社会の理論

　政治学者のコーンハウザーは，①大衆のエリートへの近づきやすさ（接近可能性），②エリートの大衆に対する支配のしやすさ（操作可能性）を基準として共同体的社会，全体主義社会，多元的社会，大衆社会という 4 つの分類を行った（Kornhauser 1959 [訳 1961]）。このうち，大衆社会とはエリートが非エリートの影響を被りやすく（高い接近可能性），非エリートがエリートに支配されやすい社会（高い操作可能性）をいう（図 1）。このように接近可能性や操作可能性が高まるのは，国家と個人あるいは家族が直接向かい合うことになり，個人や家族を守る中間諸集団が弱体化したことに由来している。

　また大衆社会を分析する「大衆社会」論も，①の大衆からの影響（接近可能性）を否定的に評価する貴族主義的批判，②の大衆の支配されやすさ（操作可能性）に警鐘を鳴らす民主主義的批判に分類される。

　大衆社会に対する貴族主義的批判として，ル・ボン，オルテガ，マンハイムが挙げられる。ル・ボンは彼の時代を「群衆の時代」と呼び，群衆の社会心理に注目し，その特徴として無責任性，感情や行為の被感染性，被暗示性などを挙げた（Le Bon 1895 [訳 1993]）。またオルテガは，大衆の「凡庸さ」を批判し，過去の高貴な精神が築き上げてきた文明世界をいわゆる「平均人」——他人と同じであることを求め，それに安住する人間（大衆）——が破壊してしまった

こと（大衆の反逆）を批判した。そしてその歴史的要因を，科学技術の進歩と民主主義に求めた（Ortéga 1930 [訳 1979]）。大衆社会という語をはじめて使用したマンハイムは，民主主義を擁護する立場に立ちつつも，民主主義が社会の底辺にまで貫徹する「基本的民主化」により，社会の公的な場を大衆の非合理的な心理が浸食する危険性を指摘した（Mannheim [1935]1940 [訳 1962]）。

　他方，大衆社会の民主主義的批判としてレーデラー，フロム，アーレントが挙げられる。レーデラーは，労働者や中間階級が所属を失うことにより（階級なき社会），情動的で受動的な存在と化し，その結果，独裁的な指導者にたやすく支配されるとした（Lederer 1940 [訳 1961]）。同じくアーレントも，階級なき社会が逆に居場所を喪失した大衆を大量に生み出し，彼らがプロパガンダに影響され，全体主義国家が誕生するとした（Arendt 1962 [訳 1974]）。レーデラーとアーレントが階級と国家に注目したのに対し，フロムは同じ現象を社会心理学的にとらえた。すなわち，第一次世界大戦の敗戦後，孤立感と無力感に支配されたドイツ人が自由を放棄して積極的に独裁者を支持する心的なメカニズム（自由からの逃走）を明らかにした（Fromm 1941 [訳 1951]）。

　以上のようなヨーロッパの社会理論家たちが，大衆社会を全体主義との関連で論じたのに対し，全体主義の脅威から相対的に自由であったアメリカでは，豊かな社会に生きる新中間層の生活様式に注目が集まった。リースマンは，アメリカの都市的な上層中産階級（新中間層）に見られる性格構造を他者指向型と名づけ，前近代社会における伝統指向型，近代初期の内部指向型と区別した。それによると，伝統指向型と内部指向型の人間がそれぞれ伝統的な慣習，内面の信念に従うのに対し，他者指向型の人間は内面にレーダーを働かせ，他者の趣味，趣向に合わせて行動するとした（Riesman 1960 [訳 1964]）。またミルズは，新たに登場したホワイト・カラー（新中間層）は，自分自身を商品とするパーソナリティ市場における受動的存在である一方（Mills 1951 [訳 1957]），アメリカでは古典的な民主主義がもはや機能せず，経済・政治・軍事の領域を代表する権力エリートがアメリカ社会を支配しているとした（Mills 1956 [訳 1958]）。

日本における大衆社会論争とその背景

　明治維新以降，日本は急速な勢いで近代化を推し進めたが，その速度があま

りに速かったため，社会のさまざまな領域に「封建遺制」と呼ばれる前近代的な社会関係や社会構造が残存した。町内会などの地域組織や労働組合，企業組織など，伝統的でゲマインシャフト的な組織がそのまま残存したり，ゲゼルシャフト的な組織にゲマインシャフト的要素が強く残存するという特徴を見せた。戦後日本の社会学は，こうした前近代的な封建遺制を日本の軍国主義を生み出した原因とみなし，その解明と克服に取り組んだ。しかし 1950 年代に入ると，朝鮮戦争の特需をきっかけに高度経済成長の時代に入り，一方の近代化（前近代から近代へ）と他方の大衆化（近代から現代へ）という二重の過程が同時進行した。その結果，これまで主流であったマルクス主義や近代化論（前近代から近代へ）だけでは対応できない社会状況が発生した。こうしたことから日本では，松下圭一とマルクス主義者の間で 1956 年から 60 年にかけて大衆社会論争が展開された（松下 1969）。

大衆社会論再考

1950 年代に活況を呈した大衆社会論であるが，60 年代後半にさしかかると，日本も含めた先進国の間では，学生運動，市民権運動，平和運動，フェミニズム運動など，各種の異議申し立て運動が活発化した。こうした中で，大衆の画一性や受動性を強調する大衆社会論はそのリアリティを失い，急速に勢いを失っていった。その後は，産業構造の変化（情報化）に焦点を定める産業社会論や情報社会論に注目が集まった（庄司 1977）。

しかし，1990 年代に入るとグローバル化の進展により，従来から指摘されてきた家族の危機や福祉国家の解体に加え，労働組合，地域コミュニティの崩壊が進み，かつて大衆社会論で指摘されてきたような中間諸集団や社会的連帯の喪失による人々の孤立化の問題が再び顕在化した。ベックの「個人化」やバウマンの社会の「液状化」といった概念への注目はその表れと考えられる（Beck 1986 [訳 1998]; Bauman 2000 [訳 2001]）。現代社会における個人化や社会の液状化と，大衆社会論で指摘された個人の疎外や中間集団の崩壊は必ずしも同じではないが，現代社会における個人とその行方，ナショナリズムや原理主義の高まりを考えるうえで，大衆社会論の遺産は大きな手がかりを与えてくれる。

〔出口剛司〕

35 伝統指向・内部指向・他者指向

社会的性格

伝統指向・内部指向・他者指向は，アメリカの社会学者リースマンが提起した社会的性格の類型である。

社会的性格とは，ある社会においてある程度適応して生きていくうえで人々が共通に身につける性格の型である。この概念を用いた理論においては，社会はそのあり方に応じて，それぞれ異なった社会的性格を発達させると考える。

社会的性格の概念は，フロムやアドルノなどフランクフルト学派と呼ばれる人々によって彫琢された。彼らの問題意識は，第一次世界大戦後のドイツの人々がなぜヒトラーを支持し，ナチスに政権を握らせてしまったのかという点にあった。

この問いに対してフロムらは，マルクスの理論とフロイトの精神分析とを組み合わせる形で答えようとした。すなわち，社会構造の変動が人々の心的な構造の変動を媒介としながら進む，と考えるのである。資本主義化の進展は，ドイツの人々を一次的な紐帯から切り離し，独特の孤独と不安に陥れた。ナチスは，それに同一化することで，孤独や不安から逃れられる強力な権威として受け入れられることになる。このような同一化への指向を強くもつ社会的性格を彼らは権威主義的パーソナリティと呼んだ。

消費社会化

このような理論の適用対象はナチズムには限られない。大きな社会変動があるところには，社会的性格の変動も引き起こされるはずである。リースマンが対象にした第二次世界大戦後のアメリカもそのような大変動期にある社会であった。すなわち消費社会化が前例のない規模で進んでいく段階にあった。このような変動に対応する社会的性格を説明するために提案されたのが伝統指向・内部指向・他者指向という類型論である。

3つの社会的性格は，人口の増減パターンと対応しているとリースマンは論じている。すなわち，第1の時期は多産多死によって特徴づけられる高度成長潜在期である。この時期においては生まれる子どもの数が多いと同時に，平

均寿命も短いため人口は低水準で安定している。ここで何らかの原因で死亡率が下がり，平均寿命がのびるといわゆる人口爆発が起こる。近代化とともに進行した医療や公衆衛生の発達はまさにそのような現象を引き起こした。これが第2の時期である過渡的成長期である。しかし急速な人口増大はいつまでも続かず，一定の水準に達したところで1人の女性が産む子どもの数が減少していく。そのため人口は再び（しかし今度は高い水準で）安定するようになる。これが第3の時期，初期的人口減退期である。この3つの時期に対応する社会的性格がそれぞれ伝統指向，内部指向，他者指向だ。

　高度成長潜在期の社会において重要なことは，成長や拡大ではなく，現状を維持していくことである。そのために人々は伝統に依拠しながら生活様式を一定に維持することに心を砕いた。伝統指向とはそのような生き方を内面化したものだといってよい。すなわち，共同体的な社会において人々が準拠する伝統を自らも準拠点とし，それへの同調によって行為を選択するのである。

　過渡的成長期においては，人口の規模の拡大とともに生産および消費の規模も急速に拡大する。そこでは生産力の確保のために大規模な組織へと人々を統合していくことが急務であった。ここで必要なのは，第1に工場のような組織に適応しうる自己規律的な振る舞い方であり（生産主義的な自己規律），第2に地理的・社会的にどこに移動しても安定して参照できる指針をもっていることである（流動性に抗する普遍性）。内部指向とはそのような特徴を満たす社会的性格である。それは幼い頃に養育者たちによって人格の基礎に据えつけられ，生涯にわたってその人の行為の指針となる。リースマンはこれをジャイロスコープに喩えた。

　以上の2つが，伝統的社会から近代社会への移行のドラマを反映するものであったとしたら，第3の社会的性格である他者指向は近代社会それ自体の内部での変容を反映している。この段階において，産業構造は製造業から対他関係を中心としたものへと徐々に移行していく。すなわち，工場労働のようにモノを対象にした生産活動に従事している人々が徐々に減少し，ホワイト・カラーのように人を対象にした労働に従事する人が増えていくのである。このような社会に適合的なのは，自分自身の内部の指針に準拠する「剛直な」人格ではなく，周りの他人をよく見て，その動向に敏感に対応しながら，自らの行為

を選択するような人格である。それゆえ内部指向がジャイロスコープであったのに対して，他者指向はレーダーに喩えられる。

レーダーとジャイロスコープの違いは，自己の一貫性や統合性に関わる重要な違いを含意している。すなわち，内部指向の人々は自分自身の中に揺るがない指針をもっていたがゆえに，どこに行っても同じ基準に従った振る舞い方を貫き通すわけだが，他者指向の人々はレーダーにうつる同時代人の振る舞い方が変われば，自分自身の出方も変えてしまう。内部指向の人々がもっていた（もつべきだとされていた）一貫性や統合性はそこにはない。その結果「他人指向型の人間は内部指向的な時代にあった，一貫してひとつの顔をつらぬき通すというやり方をやめて，いろいろな種類の顔を使い分けるようになってきている」（Riesman 1960 ［訳 1964: 126]）。

したがって内部指向の人々，他者指向の人々はそれぞれ異なった問題にぶつかることになるだろう。一方で内部指向の人々は，その固い自己のあり方ゆえに他人と衝突したり，融通が利かないと非難されたりするだろう。他方で他者指向の人々は，「自分がいったい誰であるのか，そして自分がいったいどこへ行くのか，について懐疑的になったり」するであろう（Riesman 1960 ［訳 1964: 126]）。

リースマンとエリクソン

ところで，リースマンの同時代人であり，友人でもあったエリクソンが，リースマンらの『孤独な群衆』と同時期にいくつかの著作で「アイデンティティ」という概念をおおいに広めたことはよく知られている。これは発達段階上の青年期の課題として自我アイデンティティの統合を位置づけるものだ。リースマンが内部指向の社会的性格から他者指向の社会的性格への移行を議論していたのと同じ時期に，エリクソンは統合の重要性と発達論上の必然性を主張していたことになる。エリクソンの観点からすると「いろいろな種類の顔を使い分け」「自分がいったい誰であるのか」不明瞭になってしまう状態というのはまさに「アイデンティティ拡散」であり，一種の病理あるいは標準的な発達段階からの逸脱とされることになるだろう（Erikson 1968 ［訳 1973]）。

リースマンは，自己が多元的であることをごく正常なこととみなした。それに対してエリクソンは，多元的自己を病理・逸脱とみなし，統合された自我ア

イデンティティこそ正常なあり方だとする。一見相反する議論が，ともに同時期に世界的なベストセラーになっていたわけで，奇妙な事態にも思える。だが，これは次のように考えれば整合的に理解できる。この時代のアメリカ社会において，統合されたアイデンティティのあり方は，現実には標準的なものではなくなりつつあった。これを時代の趨勢とみなす人々にとって，リースマンの議論は現実を的確に説明するものと見えた。他方，この趨勢を危機的な事態と受けとめる人々にとってエリクソンの議論は規範的・理念的に「正しい」ものであったのだろう。2つの議論は，異なった角度からそれぞれ支持を受けたのである。

他者指向の徹底化

以上がリースマンの提起した社会的性格の3類型である。その後，アメリカは1970年代の不況期を経て大きく変容していった。リースマンが観察した1950年代の社会がケインズ主義的な福祉体制であったとすると，1970年代後半以降のアメリカ社会はいわゆる新自由主義的な体制へと再編されていく。リースマンが展開した社会的性格論あるいは彼が観察した社会的性格はどのように変わっていくのだろうか。

社会的性格論を踏襲する議論にはいくつかのものがあるが（クリストファー・ラッシュやセネットのナルシシズム論），リースマンの議論の後継者とみなしうるのはセネットの「人格の腐食」論であろう（Sennett 1998 [訳 1999]）。リースマンの時代には，官僚制的な大組織に組み込まれたあり方が（少なくとも男性にとっては）標準的であったが，1970年代以降，この「鉄の檻」から人々は解放／追放される。流動化の度合いを高める社会の中で，組織の支持をもたずに裸の個人として生きなければならない人々は，その都度の状況に適応していくことを余儀なくされる，とセネットはいう。「組織の成員として」という枠組みが溶解し，レーダー的な生き方はさらに徹底されていく。また自己の使い分けもより高度になっていき，それに伴って「自分がいったい誰であるのか」という自問もいっそう深まっていく。このような人々のあり方は，リースマンが見いだした他者指向が，社会の流動化によって徹底された姿といえるであろう。

〔浅野智彦〕

36 消費社会

社会学における消費と社会

消費社会とは，端的にいえば，消費活動が活発に行われ，それが個人や社会に大きな意味や影響をもつようになった社会である。

消費は経済的行為の一つであるから，経済学においても多くのことが論じられてきたが，経済学では，消費は個々人の欲求を満たすために行われるという点が強調され，それは基本的に望ましいものと考えられたため，消費が個々人や社会に対してどのような影響をもたらすかという問題には，必ずしも多くの関心が向けられてこなかった。

これに対し，社会学およびその近接領域では，消費社会化やそれと並行して起こった経済成長による社会の富裕化が，人々のアイデンティティ，価値観，人間関係，文化のありよう等に変化をもたらし，さまざまな問題を生み出しているのではないかといったことが議論されてきた。たとえば欲望の肥大化がもたらす逸脱行為，勤労意欲の減退，主体性の喪失，環境問題等である。

消費社会の始まり

社会学等では，多くの場合，産業革命以後に成立した社会の中に消費社会を見いだそうとしてきた。すなわち，産業化によって大量生産が可能になることで，人々の生活水準が上昇し，生活に必ずしも必要のないたくさんのモノやサービスを多くの人が消費できるようになった社会の中に，である。

世界的に見て消費社会がいつどこで成立したのかという問題については，諸説あるが，大衆的な広がりという点を重視すると，家電や自動車といった耐久消費財の普及が見られた 1920 年代あるいは 50 年代のアメリカが有力である。

他方，日本社会の場合には，1950 年代半ばに始まる高度経済成長期を大衆的な消費社会の始まりとすることが多い。日本では 60 年代を中心に，洗濯機，掃除機，冷蔵庫が多くの家庭に普及し，これらは三種の神器と呼ばれた。また 70 年代以降に普及した，カラーテレビ，クーラー，自動車は，その英語の頭文字をとって 3C と呼ばれた。人々はこれらの消費財を手に入れることで，喜びとともに豊かさを実感したのである。

顕示的消費

現在の消費社会研究でも取り上げられる議論のうち，もっとも古いものの一つは，アメリカの経済学者ヴェブレンによる顕示的消費についての議論である。

ヴェブレンは1899年に刊行した主著『有閑階級の理論』で，文明の発展に伴う消費の変化を問題にし，顕示的消費という重要な概念を生み出している。これは，その名が示すように，自らの地位の優位性を他者に顕示するために行う消費で，要するに見せびらかしの消費である。ヴェブレンはその例として，富裕な人々による，上品で質の高い飲食物，住宅，装飾品，衣服などの消費，あるいは，高価な贈り物や贅を尽くした宴会などを挙げている。このような贅沢な消費を行う人々は，それによって，自らの富裕さや審美眼の高さを示し，名声を獲得しようとするのである。そしてこのような消費は，産業化の進行につれて，富裕層に限らず，広汎な階層に広がっていくことになる。

ヴェブレンにとって，このような顕示的な消費は批判の対象であった。というのも，彼には，それが意味あるものには思えなかったからである。このことは，彼が同書の中で制作者本能という独自の概念を使用し，評価していることからもわかる。この制作者本能（instinct of workmanship）という概念は，「有用性や効率性を高く評価し，不毛性，浪費，すなわち無能さを低く評価する，という感覚」（Veblen 1899［訳 1998: 26］）で，すべての人間に内在するものと考えられている。つまりヴェブレンにとっては，名声を獲得するための顕示的な消費ではなく，実用的で有用な消費こそが価値をもっていたのである。

ヴェブレンの議論は，消費社会がまだ十分には大衆的な広がりをもっていない19世紀末のものであるが，現代の消費社会を理解するうえでも有益な鋭い洞察力を備えている。そのため，消費行為の中に無意味さや空虚さを見いだすという彼の見方は，のちの消費社会研究に引き継がれていくことになる。

記号の消費

20世紀に入り，大衆的な規模での消費社会化が進行していくと，消費それ自体の重要性が高まっていく。消費は，欠乏を満たすために行われる生産の結果というよりも，資本主義的な経済活動がその維持のために必要とするものという側面を強めていったからである。つまり，欲望を生み出して消費を拡大することが重要になっていったのである。以下に見る，フランスの思想家・社会

学者ボードリヤールによる，消費行為を記号の消費ととらえ，それを資本主義システムと結びつけるという議論は，このような問題を視野に入れている。

ボードリヤールは記号を消費することこそが消費であるとする。たとえば洗濯機については次のように述べている。「洗濯機は道具として用いられるとともに，幸福や威信等の要素としての役割を演じている」(Baudrillard 1970 [訳 1979: 93])。これが意味するのは，洗濯機を購入するという行為が，便利な道具としての洗濯機を購入することであるのと同時に，洗濯機と結びついている，家庭や清浄さという幸福のイメージを購入することでもあり，また洗濯機を購入できるだけの資力があるという威信を示すことでもあるということである。つまり洗濯機の消費は，幸福や威信を示す記号の消費でもあるのだ。

さらに重要なことに，このような記号の消費は，本当の意味での満足や幸福をもたらすことがない。ボードリヤールの考えでは，記号の消費は，資本主義というシステムが自らを延命させるために（モノが売れなくなって恐慌にならないように），人々に強制しているものであり，人々にとっては義務的な行為となる。つまり，人々は，消費を通じて幸福になるのではなく，幸福になれると思えるような消費を強制されているのである。そしてこの強制された消費は，不全感や疲労あるいは空虚さといったものをもたらすことになる。

このようなボードリヤールの議論は，一見自由であるように見える消費社会がマスメディアを媒介にして社会的な同調圧力をもたらしているさまを言い当てているようであり，消費社会の見方に大きな影響を与えることとなった。

マクドナルド化

消費がもたらす空虚さについては，アメリカの社会学者リッツアによる別様の批判もある。リッツアは，近代化を合理化の過程とするヴェーバーの考えにヒントを得て，『マクドナルド化する社会』において，現代の消費の場で起こっている合理化が，脱人間的な状況を生み出すことを批判している (Ritzer 1996 [訳 1999])。

リッツアは，ファストフード店で取り入れられている合理的な経営方法が，教育，ヘルスケア，娯楽，政治など社会のさまざまな領域に広がっているとし，それをマクドナルド化と呼んでいる。一例を挙げれば，マニュアル化された従業員の振る舞いや，同じチェーン店であればどの店舗に行ってもいつでも同じ

商品を購入できるといったことである。このような合理化は，商品の価格が安くなるなど，消費者にとっての利点も多いが，リッツアは，それにもましてより重大な，非合理的な問題を引き起こしているとする。たとえば大量の脂肪や塩分を含んだファストフードは健康問題をもたらすし，マニュアル化された非創造的な業務は従業員に不満や疎外をもたらし，そのような従業員と客との間に存在する相互行為は脱人間化されたものになる。リッツアは，社会の多くの領域で合理化が進むことで，人々がシステムに管理されるようになってしまうことを危惧しているのである。

新しい消費者？

　消費社会は，以上で見た，人々の内面や文化に関わるような主観性の高い問題のほかに，南北問題や自然環境問題という，より客観性の高い問題とも結びついている。そして近年はこれらに関する研究が活発化している。

　南北問題については，途上国の人々が低賃金など劣悪な労働環境でモノを生産する一方，それを先進国の人々が低廉な価格で享受するという，不公正な関係の固定化という問題がある。これに対し，生産者に正当な対価を支払う商取引，すなわちフェア・トレードという考え方が広がり始め，コーヒー豆，チョコレートなどをはじめとしたフェア・トレード商品の売り上げが伸びている。

　環境問題については，気候変動や資源の枯渇といった問題に対処するために，エコバッグの使用，ハイブリッド・カーのようなエネルギー効率のよい製品の使用，リサイクルの活発化など，いわゆるエコな消費が広がっている。

　これら，フェア・トレード商品の購入，環境に配慮した商品の購入という2種類の消費は互いに異なるものだが，他者や社会のあり方に配慮しようとする倫理性あるいは公共性を含むという点では共通性がある。そしてまた，このような性質は，他者や社会に積極的に関わろうとする消費者の主体性や自律性を含んでいる。これまでの消費社会についての社会学的研究では，消費者の受動性が強調され，それに対する危惧がしばしば発せられたのだが，このような新しい性質を伴った消費者の広がりは，研究に新しい視点を取り入れることの必要性を示している。今後の消費社会研究では，これまでの古典的な見方をふまえつつ，新しい現象に着目しながら，望ましい消費社会のあり方を構想することも重要になっていくであろう。

〔藤岡真之〕

37 公共性と市民社会

ハーバマスと「市民的公共性」

近代社会は，「国家」が公権力の機関として分化し，一方で「市民社会」が国家のオフィシャルな領域と区別されることで形成された。それゆえに，国家行政とは異なる市民社会の存立基盤として，「公共性」（Öffentlichkeit）という概念が要請される。これがハーバマスの基本的視点である。国家的・行政的（オフィシャル）という言葉と，公共的（パブリック）という言葉は区別されている。

しかし，本来，国家とは区別される市民社会独特の領域として生まれたパブリックな領域が，いまや解体過程に入りつつあるというのが，ハーバマスがいう「公共性の構造転換」である。1962 年に『公共性の構造転換』（Habermas 1962, 1990 [訳 1994]）を著したハーバマスの目的は，公共性のモデルとされる古代アテネのポリス的公共性に替わる近代的な公共性として，「市民的公共性」の形成と意義を明らかにし，その現代的な構造転換と危機に対して警鐘を鳴らすことであった。

ハーバマスの公共性論では，公共性は「文芸的公共性」（新聞・クラブ・サロンなど）を初期の基盤としながら，しだいに，市民社会の要求を国家に媒介する，政治的機能を担った政治的公共性へと発展し，「市民的公共性」が形成されたとしている。それゆえ市民的公共性は，市民社会を基礎として，批判的な「公開性」と「公論」を通して達成されるべきものとなる。

近代西欧諸国を中心に形成されてきた市民的公共性であるが，19 世紀以降，国家行政の介入によって国家と社会の区別が崩れつつある。公共性の担い手たるべき市民・公衆は，福祉国家体制の中で単なる行政のクライアント的地位に転落し，批判的に国家と向き合うことがなく，また消費社会の中でもっぱら消費するだけの大衆と化している。そのために市民的公共性は腐食しつつあるというのがハーバマスの危機意識である。

『公共性の構造転換』以後，ハーバマスはこの問題を「システムによる生活世界の植民地化」というテーマに引き継ぎ，国家行政と経済という，システム

的に統合された2つの領域と，日常生活の場＝「生活世界」（Lebenswelt）との区別から論じ直すという方向に展開している。ハーバマスによれば，本来は，生活世界を基礎に形成される市民の政治的合意が公共性の担い手であるはずなのであるが，政治と経済のシステム＝「権力と貨幣」が生活世界を蝕んで「植民地化」し，公共性形成の力を奪ってしまっているという。

公共性と市民の合意

『公共性の構造転換』では，公共性の中身は「批判的公開性」と市民による「監査」，公衆の「合意」などと表現されていたが，1981年の『コミュニケーション的行為の理論』（Habermas 1981［訳 1985-87]）においては，それまで抽象的に公衆の合意としてとらえられていたものを「コミュニケーション」という概念で再構成している。「生活世界」は，経済システムの「貨幣」や国家の「権力」というメディアによるのではなく，言語メディアを用いたコミュニケーションによって形成されるべき圏域として再規定される。

政治と経済のシステムが分化することは避けられないが，貨幣と権力に影響されない，主体同士のコミュニケーションに媒介された領域として「生活世界」を設定し，そこでの自由で平等なコミュニケーションが生む「合意」で公共性を担保しようとする。

ハーバマスは，コミュニケーションが生み出す合理性に信頼を寄せる理論モデルを構築するのだが，そのようにせざるをえなかったのは，もはや「大きな物語」が信憑性を喪失してしまった1970年代以降の世界において，"大きな"理想や目標から出発できないという行き詰まりを，コミュニケーションのもつ可能性に依拠することで解決しようとしたからだと考えることができる。

近代社会においては，市民的公共性の概念は"市民・公衆・デモクラシー"などの概念に守られてきた。その自明性の危機を訴えたハーバマスであったが，そこにおいては「公共性とは何か」という問いよりも，合意を生み出すコミュニケーション空間＝「公共圏」はいかにして可能となるのかという問いが優先されることになる。ハーバマスは「公共性」という言葉を「公共圏」という意味でも使用しており，ハーバマスの影響を受けた公共性論の多くが，「いかにして公共圏が形成されるか」という問題に議論の重点を置いている。ただしその場合には，合意形成のプロセスに議論が集中する一方で，公共性の中身自体

は多種多様であり，公共性の概念的明確性そのものは曖昧化するきらいがある。

　近年になって，『公共性の構造転換』が公共性論の源泉として再び注目を浴びるようになったのは，ハーバマスが1990年の新版に新たな「序文」をつけて，現代社会の諸情勢と関連づけた効果が大きい。20世紀末以降の世界は，民族紛争の勃発や合意形成の困難，移民問題や宗教上の対立など，これまで通用してきた社会的な公私の境界線の引き直しが要請されている。また社会問題の解決を付託され，「公」を代表してきた国家・行政への信頼失墜などの状況がある。新版序文として追加された部分は，これらの問題群を，自由な意思に基づく非国家的・非経済的な市民の結合関係——さまざまな「アソシエーション関係」（NPO，NGO，新しい社会運動など）——に求めている。

アーレントの「公と私」

　学説史的に見るならばハーバマスの公共性論は，アーレントの『人間の条件』（Arendt 1958［訳 1994］）を批判的に摂取することで成立したという位置づけができる。アーレントはギリシャのポリスを理想とする公的領域と私的領域の区別に注目して，公共性論に先鞭をつけた。ハーバマスは，アーレントの議論を批判的に摂取することで自分の公共性論を形成したが，近年では，個々人の異質性と多様性を尊重するアーレントの考え方が再評価され，ハーバマスとは異なった角度から公共性を論ずる理論的な拠り所ともなっている。

　アーレントは，ポリスにおける公的（public）な活動と，私的（private）な生活圏とを明確に区別している。私的な領域は，生命維持と自然的必要によって支配された経済的生活としてあるが，それとは対照的に公的領域は広場（アゴラ）において演じられる，自由で平等な市民による自己呈示の場をさしている。それゆえアーレントの公共性論では，公的な活動としての政治的自己呈示と，それを可能にする場＝「現れの空間」の回復が課題となる。

　ここで，公共性概念の核心を「共約不可能性」に見るアーレントの視点に注目しておくべきであろう。ハーバマスがめざした「合意」とは対極にある考え方だともいえるからである。ハーバマスのいうように公衆の「合意」という共約可能性に公共性があるのではなく，異質な存在としての各人の「生の複数性」が許容されることにこそ，アーレントは公的領域の意義を認めようとするのである。アーレントの公共性論が見直されている背景には，多文化主義や民

族対立といったテーマにおいて，アーレント的な異質性の許容と共存が公共性のあり方として強く意識されているからにほかならない。

公共圏と親密圏

　ハーバマスの公共性論や，アーレントによる「公と私」の区別などを受けて，最近，親密圏についての議論が興隆しつつある。公共圏と親密圏は，対照的概念のようにも見えるが，実はそれほど単純ではない。ギデンズが「親密性の変容」に注目したことや，「ケアの論理」の普及によって，家族，ジェンダー等の領域が現実的な問題領域としてクローズアップされつつある。

　アーレントにおいては「公」と「私」は反対概念であるが，ハーバマスにおいては両者の区別はやや曖昧であり，発生論的には私から公へ，連続的関係にあるようにも見える。公共性と親密性は互いに反対あるいは対として理論的に形成された概念ではないので，2つを対概念として検討することに問題がないわけではない。だが，その対比によって，現実を見る別の地平が開かれることもまた確かである。

　「公」の反対概念は「私」であって「親密」（intimate）ではないのだが，私的領域に求められるものが心的な親密さに大きく変化しつつあることが，〈公共－親密〉という対概念を一般化させている。さまざまなレベルでの社会的な機能システムの分化は，近代社会がめざしてきた法的・経済的・政治的な制度と保障のシステムを整えつつある。その中で，社会のいろいろな局面において社会的境界線が引き直されつつあり，市民的公共性がそのままでは成立しがたくなっている。その結果，諸個人は自らの生活世界のミクロな現実から出発し，親密圏を再構成することで，公共性という「大きな物語」の喪失を乗り切ろうとしている。そのことが「親密性の変容」を求めている。近代家族の変容に伴う「家族」のあり方とその概念についての問い直しや，親密な恋愛関係における男女の関係性の見直しなど，親密であることの難しさと可能性とが，新たな問いとして浮上しつつあるといえよう。

　個人化，プライバタイゼーションなど，さまざまな言い方をされるが，普遍性や一般性を掲げることが困難になりつつある時代状況において，公共性という言葉は具体的場面に応じて状況主義的に使用され，それゆえにいっそう論争的な用語となっている。

〔三上剛史〕

38 社会運動

社会運動論の問題意識

社会運動論は，社会運動の発生・持続・発展・帰結，また人々の社会運動への参加といった問題を解き明かす分野として発達してきた。研究対象となる運動は，労働，フェミニズム，環境，人権運動など多岐にわたる。それでは，社会運動を説明する主な理論は，これまでどのような展開を遂げてきたのであろうか。

社会運動を説明するための古典的かつ代表的な理論として，スメルサーによって提唱された集合行動論（Smelser 1962［訳 1973］）が挙げられるだろう。スメルサーにとっての集合行動は，いくつかの要因がその先行要因によって活性化した結果引き起こされる現象だと考えられる。その過程は「価値付加プロセス」と呼ばれ，具体的には次の6つの段階によって構成される。集合行動は，不安定な政情や社会状況といった①構造的誘発性に対し，不安・不満という②ストレインをもつ人々による。ストレインを払拭するために，人々はより具体的な価値志向を互いに共有しながら，③一般化された信念の増大を行う。一般化された信念は事件や出来事という④きっかけ要因を契機に，⑤参加者の動員を引き起こす。こうした「価値付加プロセス」を経て，集合行動が発生する。しかしその一方で，このようなプロセスはつねに円滑に進むわけではない。なぜなら，集合行動に対する妨害などの⑥社会統制の動きもあるためだ。

スメルサーの集合行動論は，塩原勉による「運動総過程論」などの形で引き継がれている（塩原 1976）。しかし，不平と集合行動が一対一の関係になっている点，集合行動であるにもかかわらず運動発生の原因が個人的特性に回収されている点，また運動参加者と不参加者の比較のもとに心理状態を検討していない点などに批判が集まった。そこで，社会運動発生における心理状態以外の点に着目した「集合行為論」や「資源動員論」が提唱される。

資源動員論と新しい社会運動論

オルソンによる「集合行為論」によれば，人々は合理的に行動するため，社会運動を積極的に担うことはせず，一般に集合財の享受のみを図るはずである

(Olson 1965［訳 1996］)。こうした議論は「フリーライダー問題」として広く知られているが、この主張を引き継いで、マッカーシーとゾールドは「資源動員論」を提唱した (McCarthy and Zald 1977［訳 1989］)。彼らは、資源の有無こそが運動の持続、発展を決定し、また資源があるからこそ人が運動に参加するのだと主張する。資源動員論は社会運動を「社会病理」とみなした集合行動論に対し、社会運動の理性的側面を強調するものであり、それまでの社会運動論者が立っていた階級論的価値観から離れ、客観的・中立的な仕方での社会運動の検討を可能にした。その一方で、運動の資源調達（外部支援）を要件とするために資源を多く保有するエリートの存在を強調するあまり、集合行動論が重視した「不平・不満」を結果的に軽視してしまい、また「資源」の定義が曖昧である点が批判されている。

　この時点まで、集合行動・社会運動の発生メカニズムを論じる「社会運動研究」は、より大きなレベルでの政治変動・社会変動を論じる革命研究との間に距離があったものと考えられる。この2つの議論をつなぎ、ミクロなレベルの動員と、マクロなレベルの社会変化の接合を行ったのが「政治過程論」であった。政治過程論は、資源ではなく運動以前からのネットワークこそが社会運動の持続・参加において重要だと主張し、資源動員論を批判する (McAdam 1982)。また、心理的なアプローチをまったく無視したわけではなく、自らの運動の成功可能性・重要性に対する認識（認知的解放）を変数化し、社会的安定性や社会運動の要求にどの程度政府が応答可能かといった指標である「政治的機会」とともに分析に組み込んだ。政治過程論のアプローチは認知的・構造的要因を統合し、さらに大きな社会変動との連関を論じた点で評価すべきモデルである。

　以上で紹介した議論は、いずれも社会運動の発生因を「説明」するための研究として発展してきた。こうした議論とは異なる理論的潮流として、トゥレーヌ、オッフェ、メルッチといった研究者らが提唱した「新しい社会運動論」がある (Touraine 1978［訳 2011］; Offe 1985; Melucci 1985)。高度資本主義社会が到来するにつれ、生活の合理化や文化の破壊が問題視される中、新しい社会運動論者たちは社会運動として分析の俎上に載せる対象を労働運動から、環境運動・女性運動・先住民運動・マイノリティをめぐる運動へと拡大した。つまり、

生存に直接関連せず，プロレタリアートが従事するものだけではない自己変革のための運動も「社会運動」とみなした。また，彼らは対象とする運動の領域を変えたと同時に，アプローチも大きく変化させた。彼らの理論は目的志向型の行動を主に研究してきた資源動員論や政治過程論とは大きく異なるアプローチであり，「人々はなぜ運動に参加するのか」という問題意識のもと，社会運動参加者に共通する属性や問題関心といった「集合的アイデンティティ」に着目したのである。

社会運動論の新たな展開

1990 年代に入り，資源動員論の発展形として「動員構造論」「フレーム分析」「政治的機会構造論」といった，資源動員論や政治過程論の影響を色濃く受けた分析枠組みが多く生み出されることとなった。その一方で，新しい社会運動論の問題意識も「経験運動論」へと引き継がれることになる。

動員構造論に属する研究は，運動組織のアイデンティティと運動の組織構成が互いに影響を及ぼし合って成立する「動員構造」によって運動の発生・持続を説明する（McAdam, McCarthy, and Zald 1996）。また，フレーム分析に属する研究は，運動の発生因を人々の認知的要素に求めるという点で，集合行動論の問題意識を引き継ぐ研究といえる（Snow and Benford 1988）。しかし，不満や不平が直接行動につながるわけではない。こうした研究は，不満をもった人々が社会運動に参加するためには，人々が社会状況や社会構造，そこから生まれる問題をいかに認知し，理解したかという「解釈のフレーム」が必要だと論じた。

また，ほかにも 1990 年代を代表する主な議論として，政治過程論から独立し，分析枠組みとして用いられるようになった「政治的機会構造論」がある。それは，人々が政治にアクセスすることのできる回路がどれくらいあり，政治体制がどの程度の開放性をもっているかが，社会運動の生起や変質を決定するという議論である。タローは，政治的機会構造を決定するチャンネルとして，①政策決定の公開性，②政治的配置，とりわけ選挙における不安定性，③有力な同盟者の存在，④権力エリートの分裂を挙げている（Tarrow 1998 [訳 2006]）。この理論は広く有用性を認められているものの，「政治的機会構造」とされる要素が曖昧で，分析がトートロジーに陥りかねないという批判も生じた。

グローバル化時代において，社会運動も大きく変化している。とりわけ，個人化・流動化といった要素は，共通の目的や不満をもつ人々が組織的に行動するという「集合行動」そのものの定義を揺るがすものであろう。経験運動論は，それまで社会運動に必須の要素とされてきた，人々が出自や属性を共有することを前提とする「集合的アイデンティティ」がもはや成立しえない社会状況を前提に，現代の社会運動をいかにしてとらえるべきかという問題意識から生じた。マクドナルドは，集合的アイデンティティが存在せず，構成員全員が共通の目的を有する「組織」の名のもとで社会運動をすることが困難な現状をふまえ，むしろ社会運動を通じてどのように他者との間の異質性を乗り越えるかが重要であるとした（McDonald 2006）。いわば社会運動という「経験」に着目することこそが，今日における社会運動の発生因と目的を論じるうえで重要であると主張したわけである。

　近年，社会変革を担う主体はさまざまに分化している。たとえば，労働運動や市民団体，NPO（Non-Profit Organization）やNGO（Non-Governmental Organization）といったものもあれば，セルフヘルプ・グループやボランティア活動，また企業のCSR（Corporate Social Responsibility）活動なども「社会運動」としてとらえられる側面を有するだろう。これらの社会運動を同一の地平で論じるためには，どのような視角が有効だろうか。仮に経験運動論の主張するとおり，もはや社会運動において集合的アイデンティティが存在しえないというのであれば，社会運動に参加する「個人」の側をさらに多角的に検討する必要があるとも考えられる。また，変容し，多様化する社会運動を研究する一つのやり方として，従来分析の単位となってきた「組織」や「個人」に加え，複数の組織やセクターが協調し，場合によっては競合することによって社会運動が新たな展開をする「場」を検討する理論もある。マックアダム，スコット，ゾールドといった研究者らは，資源動員論や政治過程論，組織論といった，それぞれが研究してきた分野の知見を引き継ぎながら，単一の組織だけでなくそのステークホルダーや関係性を分析の対象に含んだ「組織フィールド」研究を提唱した（McAdam, Scott, and Zald 2005）。このような研究もまた，組織がすでに集合的アイデンティティによって規定されず，一つの社会運動が多様な主体によって構成されている状況を反映したものといえるだろう。　〔富永京子〕

39 受益圏と受苦圏

なぜ「受益圏・受苦圏」なのか

公害・環境問題を社会学的に分析する際に必要なものは,「被害論」「加害・原因論」「解決論」の3つである（舩橋2001）。「被害論」は被害の実態を詳細に分析し,「加害・原因論」は原因究明と加害者の特定,その中身の検討をする議論だ。「解決論」は,ずばり,解決に必要な諸条件を考究する。そして「加害・原因論」の中の主要な概念が,この「受益圏・受苦圏」である。受益圏とは「ある事業プロジェクトや社会制度によって,一定の受益を享受できる社会的な圏域」であり,受苦圏とは「主体がその内部にいることによって,一定の被害・苦痛・危険を被らざるを得ない社会的な圏域のこと」（舩橋編 2011: 14）である。平たくいってしまえば,「被害者たちの集まりである『受苦圏』と直接的・間接的加害者の集まりである『受益圏』」（舩橋 2012: 41）となろう。新幹線騒音問題を例にとってさらに単純化していえば,新幹線の乗客は受益圏に,沿線住民は受苦圏に属することになる。

では,いま,この瞬間に新幹線に乗っていない自分はどちらに属するのか。受益,損失,コスト・ベネフィットなどという言葉がすでにあるのに,あえて受益圏・受苦圏という概念を唱える意味は何なのか。なぜ,受益「者」ではなく「圏」なのか――こうした疑問に答えることで,この概念の効用と現代的意義を理解していくことにしよう。

受益圏・受苦圏という概念

もともとこの概念は,「社会問題研究会」に集まる若手社会学研究者たちの調査研究の中で生み出されてきたものだ。1977年から85年にかけて,名古屋新幹線の騒音・振動問題を実証的に研究する中で,舩橋晴俊が発案したものであった（舩橋・長谷川・畠中・勝田 1985; 舩橋・長谷川・畠中・梶田 1988; 梶田 1988: 28）。その名も『新幹線公害』と題された舩橋らの著作は,受益圏・受苦圏という概念の誕生を告げただけでなく,その後の環境問題研究,公共性問題研究,「政府の失敗」の社会学的解明といった一連の重要な研究の嚆矢としての意義ももっていた。

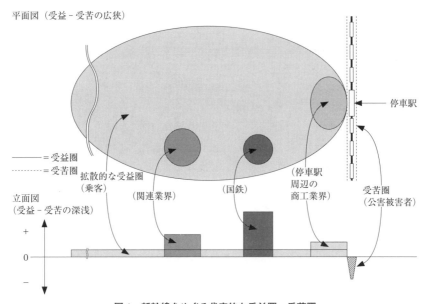

平面図（受益 - 受苦の広狭）

————＝受益圏
· · · · · ·＝受苦圏

拡散的な受益圏
（乗客）

立面図
（受益 - 受苦の深浅）

（関連業界）

（国鉄）

（停車駅
周辺の
商工業界）

停車駅

受苦圏
（公害被害者）

図1　新幹線をめぐる代表的な受益圏 - 受苦圏

(出所)　舩橋（2012: 41, 図2）。

　舩橋や梶田孝道らは，受益圏・受苦圏をまず下記の2要件によって定義する（梶田 1988: 8-12）。第1は，その社会のメンバーの欲求を充たしうるか否かだ。受益圏は新幹線の「速さ」などの利便性という欲求を充足しうる人々の集合体であり，受苦圏は上の欲求を充足しえない人々の集合体ということになる。第2の要件は，空間分布である。つまり，ある空間的広がりをもった「地域的な集合体」として定義するというもので，受益圏は新幹線を利用する全国民，受苦圏は新幹線によって騒音等の被害を受ける沿線地域となる。

　この定義だけでは，2つの圏域の重なりや分離という位置関係がうまく記述できない。そこで次の2つの要件を加味することになる。1つは，ある欲求充足・不充足とが同じ主体によって共有されるか，分有されるかという「主体の重なり」であり，もう1つは受益圏と受苦圏とが地域的に重なり合うか分離するかという「地域の重なり」である。

　この定義の特徴的な点は，被害「者」を含みつつも，被害はどのように分布しているのか，分布の仕方によっていかにその後の社会紛争過程が異なってく

るのかといった，「圏域の境界線をさかいにしてかなりはっきりとした格差が存在」（梶田 1988: 11）していることの解明に照準を合わせていることだ。だから層でも集団でもなく，受益圏・受苦圏なのだ（図1）。

「公共性」を問い直す──受益圏・受苦圏概念の効能と意義

「公害の発生源が異なれば，その分布も異なってくるのは当然だ，そんな自明のことを言い募ってどうなるのか」という疑問が聞こえてきそうだ。しかし，この概念は，自明だと思われていた「新幹線の公共性」を根底から問い直すほどの効能をもっている。

もう一度，図を見てみよう。受益圏・受苦圏論のもっとも重要なポイントは，被害者と加害者の分布が重なっていない，つまり分離していることに着目する点である。受益圏と受苦圏が重なっている場合は，被害が自分に返ってくるので被害が見えやすい。だから解決は相対的に容易だ。しかし，受益圏と受苦圏とが分離している場合，被害はおろか問題自体が共有されにくく，したがって解決はいっそう困難となる。解決策を話し合う前に，被害を実感できない人に向かってそもそも被害が存在するのだということを立証しなければならないからだ。このように受益圏・受苦圏概念は，被害の分布形態が，受益圏の人々に被害を見えにくくしたり，当事者間の対話の形態までも規定してしまうことを描き出す。先に述べたように，抽象化された受益者・受苦者ではなく，圏域でなければならない理由がこれだ。

また，受苦圏の分布の仕方が，民主主義的な意思決定制度と齟齬をきたしていることも明らかにされる。新幹線公害の被害者が問題の解決を訴えても，被害は細い線状に，しかもいくつもの自治体にまたがって分布することになり，意思決定の基礎的単位である自治体という面的広がりとは分布形態が乖離してしまう。仮に多数の被害者が存在するとしても，どの自治体においても少数とならざるをえず，受苦圏に属する人々は構造的に不利になる。被害の分布形態によっては，民主主義が有効に機能しないという制度の限界をも教えてくれる。

さらに図を見てみよう。新幹線の便益を享受する受益圏は，薄く広く，日本全国に展開していることも，見えてくるはずだ。いま，新幹線に乗っていなくとも，いつかは切符を買って乗車する可能性をもつ私たちは，受益圏に属していることになる。新幹線沿線に住んでいないのならば，生涯，受苦圏に属する

ことはない。それに対して，受苦圏の分布を見れば，線路沿いのごく限られた地域に著しい被害が集中していることがわかる。沿線に住んでいる人にしてみれば，転居しない限り，朝から晩まで一年中，新幹線の騒音と振動の被害を受け続けねばならないということだ。もちろん，ときには新幹線を利用することもあるかもしれない。ほんの一時の受益はあるにせよ，しかし，被害は一生ついてまわる。転居が不可能であれば，生涯を通じて受苦圏からは抜け出せない。

　このような事態は，受益圏・受苦圏概念を使えば，「拡大化した受益圏　対　局地化された受苦圏」（梶田 1988）という構造として描くことができる。そしてこの構造は，私たちに「国民が薄く広く享受する受益のために，深刻な被害をごく狭い圏域にのみ負わせていてよいのか」という問いを突きつけてくる。この問いの意味するところは，受益と受苦の不平等構造の存在であり，受苦を被る者への受益の還流がないことの問題性だ。注意すべきポイントは，こうした問題の構図が，他の概念では見えてこないということだ。たとえばコストとベネフィットという用語を挙げてみよう。受益圏と受苦圏の分布が分離している（つまり，重なっていない）場合というのは，コストとベネフィットが重なっておらず，別々の主体に振り分けられている状態だから，コストとベネフィットという用語を用いることは，不正確であるのみならず，問題の構造自体を見誤らせてしまう。「私」に降りかかる便益（受益と受苦）を比較考量する際には適切でも，「私」と「誰か」の便益を同一平面で議論することは適切でない。「私」に受苦がないことは，他人にも受苦がないことを意味するわけではないからだ。受益圏・受苦圏という概念の必要性がここにある。

　このように見てくれば，もはや単純に「新幹線には公共性があるから，ある程度，受苦を我慢すべきだ」などとはいえないことが理解できる。受益圏にのみ属する人間が，ほとんど「益」を享受できず「苦」だけは一生背負い続けなければならない受苦圏の人に向かって「受苦を我慢しろ」ということには，いかなる正当性と道理性があるだろうか。つまり，「新幹線の公共性」という自明だと思われる言説をも相対化することを可能にするのが，この受益圏・受苦圏概念の特徴であり，効能なのだ（舩橋・長谷川・畠中・勝田 1985; 堀川 2012）。東日本大震災と福島原発事故後の激烈で深刻な被害を考えるとき，この明晰な概念の効能は，依然として有効である。

〔堀川三郎〕

40 正　義

正義論のルーツ

　社会編成の基礎をなす価値倫理のキーワードに，正（right）・善（good）・徳（virtue）の３つがある。これらは何が望ましい道徳的基準であるかを判定する概念である。正義（justice）はこれらのうち正に関わる。正は正しいという意味と同時に，権利という意味を含む。したがって，正義は正しいことでありかつ権利でもある。権利には義務が伴うから，義務を果たさない権利の取得には法・規範による制裁が適用される。このように正義とは，正しいこと→権利→義務→法・規範による制裁という概念連鎖からなる価値倫理である。

　ただし，何をもって正しいこととみなすかは人により，文化により，国によりさまざまでありうる。普遍化可能な「正」を定めることは至難の業である。ここに正義論の最大の難点があり，正義は社会編成の価値倫理として万能とはならない。個別化した複数の正義（たとえば，イスラム圏の正義やキリスト教圏の正義など）が主張されると，骨肉の争いや暴力の正当化につながってしまう。したがって，いかに普遍化可能な（誰もが賛同する）定義を用意するかが，正義論の工夫のしどころである。

　さて，正義論のルーツは古代ギリシャにまでさかのぼる。本格的に正義の問題と取り組んだのはアリストテレスである。彼は「平等な処遇としての正義」を提唱し，２つの正義概念を区別した。第１は分配的正義であり，第２は矯正的正義である（Aristotle 1894〔訳 1971〔上〕〕）。分配的正義とは，共同体の財の分配に関わる正義であり，アリストテレスはこれを「比例的平等」と呼んでいる。個人の能力や努力に応じて（比例して）分配されるケースは近代の業績原理にも通ずるが，身分や性別についても同様の原理を当てはめている。この点は奴隷や女性・子どもの身分を下位に位置づけた古代ギリシャの限界を反映している。また，矯正的正義とは，法のもとでの平等を確保するために，現実に存在する不平等を正す正義である。財産・納税額・性別などによる選挙権の制限を廃止することや犯罪（不正）に対して相応の処罰を下すことをいう。

　分配的正義も矯正的正義もともに平等・公平の考えが貫かれている。こうし

て，正義論は学術的には「平等な処遇」をめぐって展開されることになる。ただ，アリストテレス以降，正義論は長期にわたって有意義な展開を見ることがなかった。注目すべき新たな展開があったのは，1971年にロールズによる『正義論』が出版されて以降である（Rawls［1971］1999［訳2010］）。

正義論の展開

ロールズは，よく知られた「格差原理」を含む，自由と平等の公正な原理として正義をとらえた。これを機に自由主義の立場から政治哲学者，法哲学者らによる多くの議論が展開され，正義は社会秩序の基礎をなす価値倫理として不動の位置を占めるに至った。

ロールズは社会が公正な仕組みを保持するためには，①基本的自由の平等な保証，②公正な機会均等の保証，そして③社会的・経済的な財の公正な分配，の3条件が必要であるとする（Rawls［1971］1999［訳2010］）。これらのうち，①は正義の第一原理「平等な自由原理」として最も優先されるべきものである。②と③は正義の第二原理を構成し，社会的・経済的な不平等が満たすべき条件を表す。すなわち，②は「公正な機会均等の原理」であり，不平等は公正な機会均等のもとで，すべての人に開かれている職務や地位に伴って発生したものでなければならないことを表す。③は「格差原理」であり，不平等はもっとも不遇な立場にある人々の利益を最大化する場合に限り許されることを表す。

これらのうち格差原理は福祉を正当化する論理となった。福祉による再分配は，もてる者からそうでない者への財の移転（という不平等）を伴うが，これが正当化されるのはもっとも不遇な人々の立場を改善する場合に限られることを，格差原理は要請しているからである。

従来の福祉国家は，福祉を救済的なセーフティ・ネット（安全網）と位置づけてきたため，福祉を受ける者の自尊心について配慮を欠くという難点を有していた。これに対し，ロールズの正義論は「平等な自由原理」と「公正な機会均等の原理」によって，市民が平等な条件のもとで相互に敬意を抱きつつ社会参加することを保証するので，不遇な人々の「自尊心の維持」を脅かすことなく，有利な処遇（福祉）を正当化することが可能となる。

正義は万能ではない

ところが，このロールズの正義論は多方面から批判を受けた。とりわけ重要

な批判は，センによるものである。すなわち，センはロールズの正義概念が前提にしている自由主義から公共の福祉を導くことは理論的に不可能であることを証明した。要は，自由主義とパレート（最適）原理は両立不可能であり，リベラル・パラドクスに陥ることである（この啓蒙書に，Sen 1982 ［訳 1989］がある）。

　パレート最適とは，誰かの効用（利益）を高めようとすれば，必ず他の誰かの効用（利益）が減らざるをえない状態，すなわち誰の効用も減らすことなく，特定の誰かの効用を高めることができない状態をいう。これはパレート効率とも呼ばれる。リベラル・パラドクスとは自由の原理と効率の原理とが両立しないことにほかならない。では，なぜリベラル・パラドクスが生じるのか。

　他人に迷惑がかからないかぎり何をしても自由であるという自由主義の「危害原則」（J. S. ミル）は，特定の個人の行為が巡りめぐって他者の自由に干渉して，これを損なう場合がある。各人が競って職探しを行うことにより，職を得られない（失業）者が出てきてしまうのが，その例である。直接，危害は与えていないが，結果として，他者の自由を制限してしまうことである。

　ロールズは，各人の自由な選択が何ら干渉し合わない「原初状態」（無知のヴェール）から正義の観念を導き出しているが，それはおかしいとセンは批判した。では，自由主義のもとでパラドクスからどのようにして脱出すればよいのか。センが出した結論は，「共感とコミットメント」を重視することである。共感をもって他者に関わることが不可欠であり，他者の置かれているポジションに配慮して振る舞うことが重要だとする（Sen 1985 ［訳 1988]）。

　センの理論のポイントは，潜在能力（ケイパビリティ）——達成可能な生き方の状態や行動の幅（選択の機会集合）——を高めるような形で財を分配すべきことにある。たとえば，車椅子を買うための補助金を提供されても，それを生かして自由に場所を移動できる道路が整備されていなければ意味がない。個別の事情に合った手当てが大事なのである。

　ロールズの正義論は，人間存在の多様性を犠牲にして，正義の普遍的なルールを構築した点で高く評価されるが，個別の事情を背負った人々の福祉を考える際には必ずしも有効でない。これに対し，センの潜在能力論は人間存在の多様性を配慮した処遇を考えようとする点で，自由主義の正義論に生身の人間がもつ温かな生命を吹き込むものである。しかし，「共感とコミットメント」が

リベラル・パラドクスとどういう関係にあるのか，はっきりしない。

ポジション配慮的な処遇——ケア論？

　こうした中，正義論に対抗する形で，ケアの倫理の重要性が主張されるようになった。その契機となったのがギリガンの『もうひとつの声』である（Gilligan 1982［訳 1986］）。彼女は正義の倫理とケアの倫理を，男性と女性との対比で問題提起した。男性は正義の倫理を尊ぶが，女性はケアの倫理が基礎にあるとし，「もうひとつの声」を大切にする必要があるとした。このケアの倫理にはジェンダー・バイアスがあるとして，フェミニズムから非難されたが，以後，ケアが正義との関連で議論の高まりを見せた。

　センの潜在能力アプローチには人が置かれたポジションに配慮した処遇が前提とされており，普遍的な正義の概念からは距離がとられている（後藤 2002）。ポジションに配慮するとは，ケアをすることである。

　他者への気遣いや配慮としてのケアは，人が置かれた個別で特殊な文脈に依存するため，何が正しいことであるかの判断を鈍らせるとされてきた。また，ケアの倫理のもとでは，周囲への気配りが過剰となり，自己を見失う危険があるとされてきた。さらに，ケアの倫理は正義の倫理のように「すべての人は平等に処遇されるべきである」といった明確な基準をもたないため，道徳観としては曖昧すぎるとされてきた。しかし，ギリガンによれば，ケアの倫理には「何人も傷つけられるべきではない」という非暴力の一般原則が存在する（Gilligan 1982［訳 1986: 305]）。ケアは人々のつながりを知り，互いに関わり合い，応答し合う世界を想定している。ケアが開く世界は，正義のそれのように諸権利の擁護ではなく，応答責任（responsibility）をベースとした人間関係の物語である。

　センは自由主義の正義概念はロールズのように抽象的で普遍的な原理から導き出されるのではなく，個別で具体的な不正義を明るみに出し，その除去に求められるべきだとした。「不正義の除去」としての正義はケア論と境を接していよう。また，ケアの倫理はジェンダーに固有のものではなく，人間本性に関わる普遍的な問題である。正義かケアかと対立的にとらえるのではなく，両者の相互浸透を考えるべきときである。

〔今田高俊〕

41 リベラリズムとコミュニタリアニズム

ロールズの『正義論』

本項では，まずリベラリズムを取り上げるが，しかしリベラリズムという言葉で意味される主義・立場は，実に多様である。リベラリズムを日本語に直すと自由主義となるが，自由をどのように尊重するかによって，立場が分岐してくるからである。たとえば，個人の自由を守るために政治権力を制限することに重きを置くリバタリアニズム（自由尊重主義）も広義のリベラリズムに含まれるだろうし，市場の働きに重きを置いたネオリベラリズム（新自由主義）もそこに加えることができるかもしれない。しかし，ここで取り上げるリベラリズムは，リバタリアニズムでもネオリベラリズムでもなく，すべての個人が自由を平等に享受できることに重きを置いた平等主義的なリベラリズムである。なぜなら，現代の政治・社会理論でリベラリズムというときは，主にこの立場を意味するからである。そして，このような平等主義的なリベラリズムの代表的な論者が，政治哲学者のロールズなのである。

ロールズは，『正義論』（Rawls ［1971］1999 ［訳 2010]）において正義の原理を次のようにまとめた。第一原理としては，「各人は，平等な基本的諸自由の最も広範な全システムに対する対等な権利を保持すべきである。ただし最も広範な全システムといっても ［無制限なものではなく］すべての人の自由の同様［に広範］な体系と両立可能なものでなければならない」。第二原理としては，「社会的・経済的不平等は，次の二条件を充たすように編成されなければならない。(a)そうした不平等が，正義にかなった貯蓄原理と首尾一貫しつつ，最も不遇な人びとの最大の便益に資するように。(b)公正な機会均等の諸条件のもとで，全員に開かれている職務と地位に付帯する ［ものだけに不平等がとどまる］ように」（Rawls ［1971］1999 ［訳 2010: 403]）。

第一原理を見ればわかるように，ロールズは，自由が人々の間で平等に保障されていることを重視している。もし人々の間で認められている自由の範囲に正当な理由がないまま違いがあったならば，そのような違いは正義に基づいていないので，是正されなければならない。

ロールズは，この正義の原理を正当化するために，興味深い思考実験を行った。古典的な社会契約論では，社会の成立に先立つ原初状態を想定し，そこから政治権力を正当化する論拠を引き出そうとする。ロールズも同様の推論を行うが，ロールズは原初状態に対して無知のヴェールという条件を加えた。ちなみに無知のヴェールとは，何が正義なのかを判断するとき，自分が置かれている具体的な状況についてあたかも何も知らないかのように振る舞うことを要請することである。もし無知のヴェールがかけられていなければ，人々は自分自身の利害を勘案し，自分にとって好都合な判断をしてしまうかもしれない。しかし，このように無知のヴェールをかけられることではじめて，人々は中立的で普遍的な判断ができるようになる。そしてその結果，人々は正義の2原理を支持するはずだと，ロールズは主張する。

　正義の2原理を導くためのこの思考実験は，ロールズのリベラリズムの特徴をよく示しているといえるだろう。ロールズは，正義について個別具体的な判断ではなく，原理に基づいた普遍的な判断が必要だと考えている。またロールズは，正義の2原理を導くにあたって個人の功利的な判断を重視しており，いわば個人主義的な立場に立っている。そしてそのとき，ロールズは，抽象化され，普遍化された個人を想定したのである。

サンデルによるロールズへの批判

　ロールズの『正義論』に注目して，現代リベラリズムの特徴を確認したので，次にコミュニタリアニズム（共同体主義）について確認することにしよう。実はコミュニティの役割を重視するコミュニタリアニズムは，ロールズの個人主義的な正義論に対する批判として理解することができる。コミュニタリアニズムの代表的な論者として，サンデルや，テイラーや，そしてウォルツァーといった政治哲学者の名前を挙げることができる。ここでは，その中でもとくにサンデルの『リベラリズムと正義の限界』（Sandel［1982］1998［訳2009］）に注目して，その特徴を見ていくことにしよう。

　まず，サンデルは，ロールズが正義の2原理を導く際に想定した（原初状態において無知のヴェールをかけられている）自由で合理的な行為者を，「負荷なき自我」と呼んで，批判した。サンデルによれば，そのように抽象的に仮想された行為者は，さまざまな個人的な体験や経験を通じて形成されるところの（そ

の人に固有の）性格をもたないだろうし，道徳的な深みももたないだろうし，いってしまえば人格をもたないだろう。そしてサンデルは，原初状態においてこのような行為者が下す判断は，価値とは無関係の，単に個人としての欲求を満足させる以上のものにはなりえないと考える。

　ロールズにとって大切なのは「行為者の判断が自身の利害や自身への愛着に基づいていない」ということであったが，サンデルにとって重要なのは「行為者が家族・コミュニティ・国家の一員として自分自身を理解しており，そのうえで行為者の判断が自身への利害や愛着に基づいている」ことなのである。個人は，他人と歴史を共有するという負荷を通じて，自分自身が何者であるかを知ることができる。実際に，「いま私は，何をなすべきなのか」という判断を，他者とのこれまでの関わりを無視して行うことはできないはずである。サンデルが主張する意味での人格をもつことは，状況に反応するだけの欲望や欲求にとらわれた判断に陥るのではなく，他者と共有された目的に向けて首尾一貫した判断を行うためには，当然必要とされるものとなる。

　そして，他者と共有された歴史を通じて形成される人格に重きを置く議論は，人々の判断を抽象的で普遍的な正義に従わせようとする立場とは大きく異なっており，それぞれの歴史や文化の多様性・固有性を尊重する多元主義的な立場へ向かうことになる。先にロールズのリベラリズムの特徴として個人主義と普遍的な判断の要請の2つを挙げたが，それに対してサンデルに代表されるコミュニタリアニズムは，人格の源泉となる共同体を重要視し，さらに抽象的な正しさよりも歴史や文化に状況づけられた公共的な善のほうを尊重するという特徴をもっている。

社会学との関わり

　ここまで，ロールズとサンデルを中心にリベラリズムとコミュニタリアニズムの2つを対比的に論じてきた。しかし，リベラリズムにしてもコミュニタリアニズムにしても，それらはいわば政治哲学における主義主張であり，それらがどのように社会学と関わってくるのかは必ずしも自明ではない。ここでは，日本の代表的な社会学者である盛山和夫の『社会学とは何か』（盛山 2011）を取り上げ，リベラリズムとコミュニタリアニズムの主張が今日の社会学的な営みとどのように関わっているのかを確認することにしよう。

盛山は，1970年代以降の現代社会学の特徴として経験科学としてのアイデンティティの強化を指摘し，現代社会学が社会の規範的・道徳的問題から距離を置いてきたと論じている。いわば社会学者は，自分たちの視点を社会の外に置き，そこから社会の姿を描き出そうと努めてきたのである。したがって，社会学は，規範の問題を真正面から取り上げるリベラリズムとはまったく異なった立場にある。しかし盛山によれば，文化的歴史的限定性から距離を置こうとしている点に注目すれば，実は両者は似てもいるのである。

　一方，伝統的な社会学は，盛山によればコミュニタリアニズムの主張と近いところにある。伝統的な社会学は，秩序の中にあるさまざまな規範を当事者の視点に立って明らかにしようとしてきたからである。人々が日々の営みを通じて構築している意味世界の解明は，社会学を他の社会科学から分け隔ててきた点であり，その意味でコミュニタリアニズムの立場と伝統的な社会学との間にはある種の親近性があるといえる。

　このように考えれば，リベラリズムとコミュニタリアニズムの対立を理解し，その間に何らかの答えを見いだすことは，経験科学としての社会学の行き詰まりを打開し，規範科学としての社会学を新しく構想し直すことにおおいに寄与することになろう。ちなみに盛山は，リベラリズムとコミュニタリアニズムの対立を俯瞰したうえで，リベラリズムのように超越的な視点でもって望ましい規範秩序を問題にするのではなく，しかしコミュニタリアニズムのように人々の意味世界から望ましい規範秩序を導き出させると考えるのでもなく，社会学者もまさに当事者の一人として他の人々と共同的に新しい規範秩序を構想していくことの必要性を主張している。もちろん，盛山によって与えられた答えをいまここで最終的な解決とするのは早急にすぎるかもしれない。しかし，21世紀の社会学が進むべき途を考えるうえでの貴重な参照点にはなるだろう。

　たしかに，社会学は哲学ではなく，社会という具体的な研究対象をもつ個別科学である。しかし，さまざまな価値観や文化が交錯するグローバル化の時代において，リベラリズムとコミュニタリアニズムが問題にした論点を看過したまま社会を探究することは困難となりつつある。その意味で，社会学的な観点からリベラリズムとコミュニタリアニズムの問題を検討し，その論点を社会学本体に取り込んでいくことには意義がある。　　　　　　　〔数土直紀〕

42 ケアの倫理・ケイパビリティ・社会的厚生

ギリガン，『もうひとつの声』

本項では，40 で取り上げているギリガンとセンを詳しく論じることによっ
て，ロールズの正義論とは異なる道に焦点を当てる。ギリガンは，『もうひと
つの声』（Gilligan 1982［訳 1986]）で，ロールズの正義論の代案ともいうべき
ケアの倫理を提示している。彼女は，これまでの発達理論の研究を振り返って，
道徳には，権利に重きを置く道徳と責任に重きを置く道徳（ケアの倫理）があ
るとする。そして「権利に重きをおく道徳は，結びつきよりも分離を強調する
点において，また人間関係よりも個人を第一義的なものとみなす点において，
責任に重きをおく道徳とは異なっています」と述べている（Gilligan 1982［訳
1986: 26]）。このように，ギリガンは，道徳に 2 つの位相があることについて
は承認している。彼女が問題とするのは，これまでの発達理論研究者が，権利
に重きをおく道徳を優位としている点である。権利に重きをおく道徳が男性に
特徴的にみられる道徳であること，しかも道徳の 2 つの位相が，男性優位的
な価値観のもとで序列づけられていることを批判しているのである。

これまでの発達理論では，男性はうまくとらえられているが，女性はうまく
とらえられていないと断ずるギリガンは，コールバーグが提示したハインツの
ディレンマを用いて，男性と女性における道徳判断の違いを明らかにすること
を試みる。ハインツのディレンマとは，「被験者に 2 つの道徳判断のあいだの
ディレンマを提示して，被験者がそれを解決していく論理を追っていくことに
よって，青年期の道徳性の発達を測定しよう」とするものである
（Gilligan 1982［訳 1986: 40]）。具体的には，ハインツという男性が，自分には
「買う余裕のない薬を，妻の命を救うために盗むべきか否か考えている」
（Gilligan 1982［訳 1986: 40]）というディレンマである。

ギリガンは，このディレンマを，被験者である 11 歳の男の子ジェイクと 11
歳の女の子エイミーへのインタビューを通して明らかにしていく。ジェイクは
薬を盗むべきだと考えるのに対して，エイミーは盗むべきではないとする。ジ
ェイクは，このディレンマを財産と生命との価値観の葛藤ととらえたうえで，

生命に優越性を与える。法律は人間の作ったものであるから間違いもあるし，変更することもできる。それゆえ生命に優越性を与えて盗むべきと考えるのである。これに対して，盗むべきではないとするエイミーの答えについて，ギリガンは「彼女は，財産でも法律でもなく，むしろ盗みをすることの，ハインツと彼の妻との関係に及ぼす影響を考慮した答え方をする」という解釈を加えている（Gilligan 1982［訳 1986: 44]）。ギリガンによれば，道徳判断には，分離を通して特徴づけられる自己を前提にするものと，結びつきを通して特徴づけられる自己を前提にするものとがある。前者が男性型であり，権利の倫理であるとするならば，後者は女性型であり，ケアの倫理である。ケアの倫理とは，各自の要求がそれぞれ異なることを前提にして，その要求に共感し，支え合うことをめざすものである。そもそも人間が多様であり，他者依存的な存在であるとするならば，ケアの倫理に基づいて社会を構築することこそが重要なのではないかとしている。

センとケイパビリティ

　ギリガンは意図的にロールズを批判しているわけではないが，ケアの倫理を主張して，ロールズの正義論に対する代案を示した。これに対して，インド出身の経済学者・哲学者センは，ロールズの正義論そのものを批判している。センの批判は，ロールズのいう基礎構造および基本財の考え方に向けられている。

　ロールズによれば，正義の第一義的な主題は社会の基礎構造だとする。具体的にいえば，基礎構造には社会的地位が含まれており，人々はその社会的地位に配置される。つまり高い地位を獲得することによって優遇される人，低い地位に就くことによって冷遇される人が出現するのであるが，それが正義であるのかどうかが問われていく。ここに社会の基礎構造が正義の第一義的な主題であるという意味が示されている。

　社会の基礎構造によって，基本財が分配されるのであるが，基本財には自然本性的な基本財と社会的な基本財がある。自然本性的な基本財とは，健康，体力，知能，想像力であり，社会的な基本財とは，権利，自由，機会，自尊である。社会的な基本財をどのように分配するかは，社会の基礎構造によって決まってくる。このようにロールズは社会の基礎構造の問題として正義論を展開していった。

　センはロールズ批判の矛先を，この基本財に向け，基本財と異なる概念とし

てケイパビリティを提唱する。ケイパビリティとは自由に行為できる能力を意味している。ケイパビリティと基本財との違いとして、センは、たとえ多くの所得（基本財）を得ていたとしても、障がいのある人は、ケイパビリティが低い可能性がある。さらに、コミュニティに豊かな人間関係がある「インドの農村で暮らす人であれば、比較的ささやかな衣服でも恥をかかずに人前に出ることができ、電話やテレビがなくてもコミュニティで暮らしていくことができる」と述べている（Sen 1992 ［訳 1999: 202］）。

不平等の測定

センは、不平等の測定には、「到達度の平等」という考え方と「不足分の平等」という考え方とがあるとして、「仮に、最も恵まれた環境の下で、個人1が最大限達成できるものを x とし、個人2が最大限達成できるものを 2x としよう。その時に到達度が平等であるということは、常に個人2を達成可能な水準以下に留めてしまうことになる」と述べている（Sen 1992 ［訳 1999: 162-63］）。

ここでセンがいおうとしていることを、具体的な数値で示してみよう。社会全体が 2.4x 達成できるときに、「到達度の平等」のルールに従うと、個人1の達成できるものは x であり、個人2の達成できるものも x に制限されて、個人1と同じになるから、個人1と個人2の総和は 2x にとどまる。これに対して、「不足分の平等」のルールのもとでは、不足分を個人1も、個人2も、0.3x として平等にすると、個人1の達成できるものは 0.7x であり、個人2の達成できるものは 1.7x であるから、個人1と個人2の総和は 2.4x となり、社会全体の達成度は高くなる。

より具体的な例を考えてみよう。学校教育において、「到達度の平等」のルールのもとで、学力の低い生徒に合わせて教育するならば、学力の高い生徒の学力の向上がストップしてしまい、社会全体の学力が低水準にとどまってしまうということがこれにあたる。もちろん過度な受験競争を煽るのはよくないが、学力の高い生徒の学力を伸ばしていかないと社会全体の生産力や、広い意味での社会の有する力が低下してしまうのである。このように書くと、「不足分の平等」のほうがよいと主張しているように理解されるかもしれないが、センは、不平等を測定することの難しさを通して、各人のケイパビリティおよび社会全体の達成度を考慮して、平等と不平等を考えることが重要だとしているのである。

またロールズは「一番恵まれない人の境遇を引き上げる」というマキシミン・ルールを採用しているが，このマキシミン・ルールの適用を障がい者には認めていない（Rawls［1971］1999［訳 2010: 131-32］）。なぜならロールズは理論の射程を社会的協働に従事可能な人々に限定して，正義論の体系的な構築をめざしていたからである。障がい者の場合，基本財を変換するケイパビリティが欠落していることが問題なのであるが，ロールズはこの点を理論から排除しているのである。この点についてセンは，「（ジェンダー，年齢，環境などの）集団に固有のパラメーターの違いや個人のパラメーター（遺伝的な形質）の違いによって，たとえ所得分布は平等であっても福祉水準は極めて不平等になるかもしれない」と述べている（Sen 1992［訳 1999: 173］）。このように福祉における不平等を的確にとらえるものとして，ケイパビリティ概念の意義を強調している。

ケイパビリティのリスト

　センは貧困もしくは福祉の指標として，ケイパビリティのリストの構想を示していないが，ヌスバウムは，①生命，②身体的健康，③身体的保全，④感覚・想像力・思考，⑤感情，⑥実践理性，⑦連帯，⑧自然との共生，⑨遊び，⑩環境のコントロールという 10 のリストをあげている（Nussbaum 2000,［訳 2005: 92-95］）。リストの提示については議論が分かれているが，社会学ではこれまで社会指標の研究がなされてきているから，10 のリストが社会的厚生についての実証研究を進展させる可能性はあるといえる。

21 世紀の社会的厚生と正義へ

　21 世紀に入ってからの 20 年間あまりを振り返ってみると，グローバリゼーションが進行し，AI とロボットに代表される科学技術は，驚異的な発展を遂げている。にもかかわらず，世界各地での紛争とともに専制主義が復活し，民主主義は危機に瀕している。これを象徴する出来事が，2022 年 2 月 24 日に発生したロシアによるウクライナへの軍事侵攻であった。戦争による難民，開発途上国で貧困と飢餓にさらされる人々，性的マイノリティ，障がいや難病を抱えた人々は，「不条理な苦痛」（市井 1971）を強いられている。このような人々は 21 世紀に入ってから増大しているのではないだろうか。そうだとすればケアの倫理やケイパビリティという「知的な贈りもの」を生かしつつ，21 世紀における社会的厚生と正義を構想することがいっそう求められているように思われる。　〔友枝敏雄〕

43 エスニシティとナショナリズム

近代的条件とネーション形成

　ナショナリズムやネーションは国家が発展する中で出現した近代特有の現象である。このような認識は，社会学的なナショナリズム研究で共有されている。しかし，近代以前から存続するエスニックな特性とこれと結びついた集合的感情がナショナリズムやネーションの形成にどのような影響を及ぼしたかについては論者によって見解が異なる。ここではゲルナーとスミスのナショナリズム論を概観し，近代的条件におけるナショナリズムの特徴を論じてみたい。

　前近代的な農耕社会では，階層的な身分制度，地縁・血縁に基づく情緒的・人格的な社会関係，伝統的な価値規範と結びついた安定的な秩序が維持された。しかし，ヨーロッパでは 18 世紀から 19 世紀にかけて近代市民社会と資本主義が成長した結果，伝統的秩序の束縛から自由になった多くの民衆は労働者として産業社会に吸収されていった。近代化の過程で成長した都市的な産業社会は，人口移動が限定的で安定した農耕社会とは異なり，他地域から絶えず多くの民衆が流入するなど人口流動性が高く，安定的な社会関係が形成されにくい。流動的な産業社会を統合しうる近代的な社会秩序はいかにして可能となるのだろうか。

　ここで，ゲルナーのナショナリズム論に着目してみよう（Gellner 1983 ［訳 2000］）。ゲルナーによれば，ナショナリズムとは政治的単位と文化的単位の境界線が一致しなければならないと主張する政治的原理である。では，いかに近代ヨーロッパで政治的・文化的に民衆を組織化するナショナリズムが出現し，産業社会において新たな秩序が構築されたのだろうか。

　ゲルナーによれば，産業社会は大規模で複雑な分業と協働に依拠しており，匿名的な社会関係における持続的かつ高度なコミュニケーションを要請した。ただし，産業社会は大規模で多様な人口を吸収する求心力をもつものの，それ自体は近代的な分業体制やコミュニケーションを可能にする社会統合機能を有していない。よって，産業社会は，中央集権国家と連携しながら国境内の民衆を文化的共同体に組織化し，ネーションの形成を推進した。

また，ゲルナーの弟子スミスは，ネーションの形成過程について次のように議論する（Smith 1986［訳1999］）。第1に，17世紀までに国家が領土内の交通インフラ整備と重商主義を推進し，これに続く近代的な中央集権国家が領土全体に統一的な経済システムと労働市場を発展させた結果，高度な分業体制が成立した。第2に，近代的な経済システムの成長と密接に連動して合理的な行政システムや軍事システムが発展するなど，国家の官僚制化と中央集権化が進行した。第3に，官僚制的な中央集権国家が世俗的で民主的な教育システムを普及させた結果，領土内における民衆の文化的統一を推進した。

スミスは，この「3つの革命」がそれぞれ連動しながら，ネーションの形成を促したと論ずる。ゲルナーも，産業社会と分業体制，中央集権国家，文化的標準化といった近代的条件がネーションの形成を推進したと論じつつ，ナショナリズムが国境内の産業社会に新たな秩序を与えたと理解する。このような視点においてゲルナーとスミスのナショナリズム論は共通する。

近代主義的アプローチ

だが，ゲルナーとスミスは，ネーションとナショナリズムの性質に関して異なる見解をも示している。まずゲルナーの近代主義的アプローチを見てみよう。

ゲルナーによれば，ネーションは複雑で流動的な産業社会と近代的な中央集権国家による大衆教育の所産であり，よってナショナリズムは近代以前の条件から独立した現象であった。ネーションは，国家が正統に独占する教育を通じて，標準化された読み書き能力と専門的な知識・技能を人々に習得させ，産業社会の持続的成長を支えた。また，このように達成された産業社会の生産力と技術革新の維持・向上は，経済発展と平等化を推進し，ネーションに国家の正統性を承認させることができた。

このようにゲルナーは産業化の要請に応える形でネーションが形成されたと論ずるが，他方で近代以前から継承されるエスニックな特性や集合的記憶，またこれらと結びついた情緒的な所属意識を重視しない。たしかに，国家や支配集団が近代以前のエスニックな特性や集合的記憶を選択的に利用し，煽動的なイデオロギーを普及させることで民衆の集合的感情を高揚させることがある。しかし，このように惹起されるエスニックな特性や集合的記憶は，恣意的に作られた歴史的構築物にすぎず，ネーションの起源であるとはいえない。

だが，このようなゲルナーの近代主義的アプローチには限界がある。プライクが指摘するように，まずは近代以前から存在するエスニックな文化・歴史・記憶やこれらと結びついた集合的感情が民衆の間に共有されてこそ，産業社会の成立はネーションの形成を触発し，民衆の自発的な自己犠牲をも誘発する強烈なナショナリズムが可能になるのではないか（Pryke 2009）。

　ゲルナーの近代主義的アプローチに対して，スミスは無からネーションは形成されないと考え，近代以前から存続するエトニに着目しながら，集合的感情を伴ったナショナリズムの拡大を論ずる。

エトニとネーションの連続性

　近代化理論は，近代以前から存続するエトニが産業化の過程で解体したと論ずる。これに対して，スミスはエトニとネーションの連続性を指摘する。

　スミスによれば，エトニとは，祖先から受け継いだ土地と情緒的なつながりをもち，共通の文化・歴史・伝統のもと，世代を超えた集合的記憶によって結束した歴史的共同体である。

　ゲルナーの議論に反して，エトニは近代的な産業社会や中央集権国家においても消滅することはない。エトニの文化・歴史・記憶やアイデンティティといった主観的要素は永続的な文化的属性であり，このような集合的感情が欠落するならば集合的目的は存在しえない。ナショナリズムが持続的に民衆を統合する政治的原理になるためには，近代的な産業社会と中央集権国家によって推進された文化的標準化だけではなく，近代以前から存続するエトニの集合的感情が重要な条件となる。

　たしかにエトニは領土内における文化的な権利とその承認を訴える文化的単位であり，直線的に政治的単位であるネーションを形成するわけではない。しかし，上述の「3つの革命」が進行し，エリート層が領土内において下級階層を含む民衆全体を政治的に動員しようと企図するとき，エトニの特性を基にしたネーションの形成が推進され，ナショナリズムが大きな力をもつに至ることがある。

　このようにネーションの原型としてエトニに着目するスミスのナショナリズム論は，自身も述べるように原初主義的アプローチと位置づけることができる。

21世紀における原初主義と近代主義

近代主義的アプローチは，産業社会の成熟によって，領土内の文化的標準化や社会的・経済的平等が拡大し，さらには国境をも越えたグローバルな文化的収斂が進行する過程の中で，エスニックな特性や集合的感情に基づくナショナリズムは弱まっていくと予見する。

しかし，グローバル化が進展する21世紀において，近代以前から存続するエスニックな特性や集合的感情と強く結びついたナショナリズムが世界各地で活発化し，激しい民族紛争が起こっている。今日におけるこのような逆説的な事態をふまえると，各地域の文化的差異が自覚されやすいグローバル時代においてこそ，近代以前の条件を捨象した近代主義的アプローチよりも原初主義的アプローチに有効性が認められるのではないだろうか。

むろん，無条件に原初主義的アプローチの妥当性を認めることはできない。エスニシティの持続的安定性に固執するような原初主義的アプローチでは，ネーションとナショナリズムの歴史的な形成過程やそこに働く力学を十分に説明できない（塩川 2008）。のちの原初主義的アプローチに大きな影響を及ぼしたヘルダーのロマン主義哲学は，まさにこの点において限界があるだろう。エスニシティやネーションの特性はそれぞれの時代的条件や政治情勢によって変容するだろうし，それに伴いナショナリズムの性質や影響力も異なってくるはずである。

スミスは，近代的条件を重視しないロマン主義的な原初主義的アプローチから一線を画しており，エトニの永続性を訴える静態的な立場には批判的である。だが，スミスはこのような非歴史的な原初主義的アプローチの限界をふまえつつも，近代以前にさかのぼる文化・歴史・記憶やアイデンティティといった領土内における民衆の主観的要素に着目し，それが近代における「3つの革命」と連動しながらネーションとナショナリズムの形成を推進した力学を論ずる。システムの合理化やネットワークの拡張を背景とした，グローバル化とローカル化の勢力が複雑に交錯する時代にあって，原初主義的アプローチと近代主義的アプローチの相補性に着目するスミスの議論は21世紀のナショナリズムを説明するうえで有効性をもつだろう。

〔本田量久〕

43 エスニシティとナショナリズム　**159**

44 家父長制とフェミニズム

家父長制の定義

　家父長制とフェミニズム。いささか懐かしさを感じさせる言葉である。家父長制などと大仰にいわれても，歴史的な用語としてはともかく，現代において家父長とはいったい誰のことで，どこにいるのか，という疑問を抱く人も少なくないだろう。またフェミニズムという言葉も，人文社会系の学問ではジェンダー研究やセクシュアリティ研究という専門用語に置き換えられて久しい。政治や実業の世界では男女共同参画，男女平等，あるいはワーク・ライフ・バランスといった別の用語の中に紛れ込んでしまった。

　では「家父長制」という言葉を使って社会を記述し，批判してきた人たちが見ていた現実，または「フェミニズム」と呼ばれる学問的・実践的運動が変革しようとしてきた現実——男性優位の世界——が，まったくなくなったかといえば，むろんそうではない。瀬地山角の簡明な定義によれば，家父長制（patriarchy）とは「性と世代に基づいて，権力が不平等に，そして役割が固定的に配分されるような規範と関係の総体」（瀬地山 1996: 45）のことである。父（＝家父長）による母・娘・息子，その他家族成員に対する支配や統制という意味が強く含まれている。たしかに父親が家庭内で威張り散らしたり，暴力を振るったり，母親に育児や介護の責任をすべて押しつけるケースが根絶したとは，とてもいえない。

フェミニズムの潮流

　他方，女性解放思想としてのフェミニズムは，女性が女性であることによって被る不利益や不正義を告発してきた。歴史的には女性参政権獲得運動など，女性に男性と同等の権利を求める第1波フェミニズム，男性優位の社会構造が維持・再生産される仕組みを解明・変革しようとした第2波フェミニズム，既存フェミニズムの白人／中産階級／異性愛中心主義を批判し，人種，エスニシティ，セクシュアリティ，階級，南北問題など種々の抑圧が交錯する世界を描こうとした第3波フェミニズムなど，その時々の時代状況や政治課題に応じて，さまざまな立場が現れてきた。男性と女性という性別や，性別による違

い（差異）が人々にとって完全に意味をもたない世界が現出するまでは，新たなフェミニズムが登場する余地はつねにある。

　では社会学にとって，家父長制やフェミニズムという概念が現在でも有意義であるとすれば，いかなる意味においてか。そこに性差や性差別がある，と糾弾するだけでは，十分ではない。性別や性差に基づいて，女性がいかなる不利益や負担を被り，不当な差別を受けるのか。また，そうした不利益や差別がいかに正当化されるかという由来やメカニズムを解明するのが，社会学としてのフェミニズムやジェンダー研究に与えられた課題といえる。

性差別・女性抑圧の由来

　もちろん，性別や性差別の由来を説明する方法はさまざまでありうる。人間が有性生殖する動物である以上，女性のみが妊娠し，子どもを産むという現実は当面，変えることができないが，そこに性差別の根幹を見いだすことは可能である（もっとも他の動物や機械に人間の子どもを産ませるテクノロジーが発達したり，有性生殖なしに人間が生まれたり，人工知能が人間を凌駕する世界が現出すれば，その前提は崩れうる）。また男性が女性と性交すること自体が暴力であり，女性支配の原因だという立場もある（Dworkin [1979]1989 [訳 1991]）。ただしその世界観を貫徹するなら，理想の社会は異性間性交や生殖のない世界にしか存在しないであろう。

　他方，女性が家事，育児，介護など，ヒトの再生産労働を担うべきであるという規範が家族内外に存在し，とりわけ資本制社会のもとで再生産労働が不払いであることが，女性抑圧の「物質的基礎」であるという議論がある。マルクス主義フェミニズムがそれであり，かつては一世を風靡した（上野 [1990] 2009）。たしかに男性（夫）が家計の主たる担い手で，女性（妻）が専業主婦として家事や育児に専念する，いわゆる「近代家族」が標準とされた時代，たとえば欧米では 19 世紀から 20 世紀半ばまで，日本を含む他の社会では 20 世紀の一時期には，こうした議論に一定の説得力があったかもしれない。しかし思い返せば，近代以前の家族，あるいは近代家族の範疇から外れる家族では，女性も男性も働きながら子育てしていた。また近年の男女共同参画における「男性も女性も，仕事も育児・介護も」という家族モデルが社会全体で現実化してくると（少なくとも欧米ではそれが標準になっている），資本制や家父長制のうちに女性抑圧の物質的基礎があるという理論は苦しくなってくる。

また第2波フェミニズムやマルクス主義フェミニズムが，主として欧米で一般化した専業主婦の困難を主題化したのに対し，第3波フェミニズムは，人種，階級，エスニシティ，宗教，セクシュアリティ，帝国／植民地，先進国／発展途上国などの社会的分割線に応じて女性の経験は異なると問題提起した。その結果，レズビアン・フェミニズム，ブラック・フェミニズム，ポストモダン・フェミニズム，ポストコロニアル・フェミニズムなどさまざまなフェミニズムが乱立したのに加え，セックス・ワーク，ポルノグラフィ，同性婚，S/M，戦時性暴力など具体的な問題をめぐって，フェミニストの立場は分かれ，女性を抑圧する普遍的な共通項を見いだすことは難しくなっている。

ジェンダー秩序の言説的構成

　ただし，社会生活のさまざまな局面で男女に「違い」があるとされ，その「違い」に基づいて男女で異なる処遇がなされ，女性が不利な立場に置かれる事態がなくなったわけではない。女性に対する不当な差別。女性がポテンシャルを発揮するのを妨げる社会構造。女性は男性に比べて政治家や経営者になりにくいという事実（ガラスの天井）。女性のほうが家庭やカップル内外での性暴力，電車などでの性犯罪，セクハラなどの性被害を被るリスクが高いこと。これらの性別非対称がなくなったわけではない。さらに「家事・育児・介護は女の責任」「男性のほうが政治や企業のリーダーに向いている」「女は女らしく振る舞いなさい」「男だったら泣くな」など，男女の違いや役割の差異を強調する観念に基づいた，社会の制度や秩序がいまだに多くあることは間違いない。

　それゆえ，性別や性差に関する常識や知識がいかに構成され，そこから男女の異なる処遇がいかに正当化されるかという問題意識が登場することになる。ジェンダー（＝性差）やセクシュアリティ（＝性的欲望・規範）は「自然」ではなく，「言説的に構築された」ものであるという社会構築主義の立場がそれである（Foucault 1976 ［訳 1986］; Scott 1988 ［訳 2022］）。たしかに「女性はいかなる存在か」に関する知のありよう——それは人々の習慣や常識の中に埋め込まれたものから，医学，生物学，心理学など科学的な言説に至るまで，さまざまなレベルが存在する——は，女性に関する処遇を定める制度や秩序に影響を与える。より重要なことに，そうした制度や秩序は長い時間をかけて変化するし，社会によっても異なる。そのような歴史的変化や社会による 変種 がな

ぜ生じるのかを説明する際に，その社会が有している知識や常識の形成・維持のされ方に着目するのは妥当，かつ穏当な方法であるだろう。

また性別に関する秩序（ジェンダー秩序）は人々の日常的な行為実践によって支えられている。人間の基本的属性とみなされている性別すら，服装，髪形，化粧，言葉遣い，立ち居振る舞いといったさまざまなレベルのパフォーマンスによって維持されている（West and Zimmerman 1991）。ならば，性別秩序を変革する可能性もまた，日常的実践の中に見いだせるということになるだろう（Butler 1990〔訳 1999〕）。

ジェンダーとセクシュアリティの正義論をめざして

もっとも女性と男性の間に生理的，身体的，精神的など，さまざまなレベルで「違い」が存在することは否定しがたい。いっとき「性差よりも個人差」という言説がフェミニズムを中心に流布したことがあったが，そのいわんとするところは理解できるが，だからといって，「生物学的な性差は完全に存在しない」とか，「性差は社会的に構築されたものであって，いかようにも変えられる」とまで述べてしまうと，無理筋の議論に陥る。なぜなら「男女では差異がある。だから異なる処遇をすべきだ」という理屈も，「男女には差異がない。だから同じ処遇をすべきだ」という理屈も，差異（同一性）が異なる（同じ）処遇を根拠づける道具として用いられている点に関しては変わりないからである。真の問題は，男女に，さらにはそれぞれのセクシュアリティにはさまざまなレベルで「差異」があることを前提としたうえで，社会や制度がそれらをどのように扱うときに，それが「不当な処遇」となり，「差別」といえるのかを精査する理論を創造することである。

このとき既存のフェミニズムやジェンダー論が敵視し，無視してきた社会生物学や進化心理学など，「ヒューマン・ユニヴァーサルズ」を探究する生物学や進化論の知識が，実質的な男女平等の支えになることも十分考えられる（Vandermassen 2005）。また生物学的な性差や遺伝的要素の存在を否定せずとも，正義にかなうジェンダー秩序は構想可能である。ケア労働や再生産労働の家庭内・社会内配分，さらには社会が性別や性的指向を「承認」し，包摂する可能性に賭けた正義論フェミニズムの可能性が，より積極的に探究されるべきであろう（金野 2016）。　　　　　　　　　　　　　　　　　　〔赤川学〕

44　家父長制とフェミニズム　**163**

45 資本主義と世界システム

研究視角としての基礎特徴

ウォーラーステインが提起した世界システム視角（World-System Perspective）は，戦後展開してきた近代化論（Rostow 1960［訳 1961］）を典型とする一国主義的な発展と社会変動の基礎イメージを乗り越え，世界的な規模での社会構造と動態の分析をめざし，国民国家を自明視した社会科学の認識枠組みの転換の先駆けとなるものであった。

世界システム視角の基本的な特徴は，①資本主義を国民経済を基礎単位としたものとする視点を批判し，それを部分での経済活動の特性からではなく，世界経済の総体（totality）の構造特性からとらえる点，②世界を中核（core），半周辺（semi-periphery），周辺（periphery）の三層構造ととらえたうえで，この不均等発展を経済領域のみならず社会・政治の領域も含めて統合的に分析する点，③時間的な周期的変動とそれを通じての全体的な再編成のメカニズムに注目する点の 3 点に集約できる。そして，これらを貫くメタ理論的な水準には，市場における均衡ではなく，市場の不均衡と不可逆的な累積的構造生成のメカニズムを強調する基礎視点があり，この発想を彼は「史的システムとしての資本主義」という概念に集約させた（Wallerstein 1983［訳 1985］）。

全体システムからの接近

社会学における資本主義の発生の説明としては，ヴェーバーが示した経済行為を規定する宗教倫理を基礎とした経済規範の形成や中間集団としての教派によるその規制といったミクロ・メゾの視点か，あるいは官僚制の確立による予測可能性という国家水準のマクロ制度的な視点が主要なものであろう。また，通常のマルクス主義的理解では，（たとえばイギリスでの）独立自営農民や職人層など小生産者の分解による生産手段と労働力の分離が資本主義への移行の画期とされる。これに対して，世界システム視角では，資本主義の起源を，中世ヨーロッパ世界全体の解体過程の中で広域的な分業が形成されながらも，これを包摂する単一の国家＝世界帝国が成立しないことにより，複数の主権国家が恒常的に競合する特異な構造が歴史上はじめて成立したことに求められる。

この国家間の軍事・産業・商業上の競争とそれに突き動かされた外部への拡張により資本蓄積が際限なく追求されるという特殊な構造こそが，資本主義世界経済を他のいかなる歴史システムとも異なる独自のダイナミズムをもつものとした，と主張され，特定の地域における新しい経済活動や生産関係の成立はむしろその結果として把握された。この世界的規模の構造という総体性の視点から資本主義を規定する発想法は，かつてのソビエト連邦など社会主義諸国家もあくまで資本主義世界経済を構成する一部分にすぎないという独自の認識を生み出し，開発主義的な時代の多様な経済体制の機能を，その掲げるイデオロギーから距離をおいて分析することを可能にした。

多次元的な不均等発展の相互連関の解明

発展と低開発を各地域や国家の発展段階や背景となる文化の差から説明するのではなく，世界的な構造の中での相互作用の中で統合的に理解しなければならないという主張は，1960 年代末よりラテンアメリカの従属学派（Frank 1969[訳 1979]；Cardoso 1969 [訳 2012]）等によってなされてきた。これに対し，世界システム視角はこの不均等発展への関心を継承しながら，それを経済領域を超えて社会学的に解明することをめざした。

たとえば，16 世紀資本主義初期におけるヨーロッパにおける中核と周辺の形成過程では，東欧から北西欧への穀物輸出の拡大を通じて，ポーランドなどが輸出穀物の生産に集中することによりモノカルチャー化するのに対し，オランダ等ではこれに支えられ農業と製造業の多様化が進むと説明される。前者では輸出志向の地主層が農民の自由を奪い強制力に基づいた穀物生産を発展させるのに対し，後者では徐々に自由な農民層・労働者が形成されたことを歴史的に分析した。このことがポーランド内で土地貴族とユダヤ系商人の台頭による国家の弱体化を引き起こし，他方，北西ヨーロッパでは国王と国内ブルジョアジーの台頭によりユダヤ系商人が追放されるなど，国家が国民的編成を強固なものにしたと説明される（Wallerstein 1974 [訳 1981]）。

このように低開発というものを遅れた固定的状態ととらえるのではなく，周辺化というプロセスとしてとらえ，それを経済財構造だけではなく，経済，階級，国家の相互作用の中で説明したことに理論的独自性がある。その結果，中核での民族の均質化と周辺での多民族化・民族の異質化とが同時進行し，前者

での国家の強固化と後者での脆弱化の相互媒介，という世界システムの社会・政治・文化領域の不均等発展をも統合的にとらえる分析枠組みが提起された。

　他方，このような国家の役割への関心によって世界システム視角は，従属アプローチの中心 – 周辺という二項対立図式を超えて半周辺と呼ばれる地域や国家に注目し，これが経済的な消費や政治的な統合での中間的な機能を果たすことでシステムを完全に二極分解させず，次に述べるようなシステムの周期的構造再編を可能にすると説明した（Wallerstein 1979〔訳 1987〕）。

システムの再編成の周期的ダイナミクス

　世界システム視角のもう一つの独自性は，空間的な構造の不均等発展に着目するのみならず，その再編成に時間的なパターンがあることを強調したことにある。近代化論を代表とする社会変動論では，主に一方向的な趨勢分析が関心の対象であったが，ウォーラーステインは，巨視的な変動に周期的パターンがあることに着目した。ブローデルをはじめとする社会史のアナール学派から引き継いだ人口・物価の歴史統計的視点を駆使して，ヨーロッパ世界経済が 13 世紀以降に経験した拡張収縮の周期的パターンを分析し，それがどのようにシステムの再編成に影響したかを論じた。

　この周期的な膨張と収縮の中で，世界システムの分業は再編成されるとともに，国家間関係も組み替えられる。ウォーラーステインは，特定の中核国家が生産，商業，金融，軍事のすべてにおいて圧倒的な優位に立つとき，覇権国家（hegemonic power）と呼び，この時期を覇権位相（hegemonic phase）と規定した。この時期は，覇権国家が作り出した新しい生産技術，商業ネットワーク，そして金融システムを軸に世界経済が安定的に拡張し（1815 ～ 73 年のイギリス中心のパクスブリタニカが典型である），かつこの経済的パワーを基盤に軍事力・政治力を駆使して秩序安定化が図られ，自らの利害に沿って自由貿易主義をはじめとする経済自由主義政策が浸透し，世界システムが安定的に拡張していく。しかし，覇権国家が作り出した革新的な生産技術はやがて模倣により優位性を失い，他の中核諸国の追撃を生み，激しい競争位相（competitive phase）に突入する。この競争位相では保護主義が台頭するとともに，半周辺国家が中核国家間の対立を利用してより有利な交渉力を獲得し技術の向上や市場の獲得を図り，中核国の一角を占めることをねらう。結果としてこの位相では世界システ

ムは不安定化し，紛争が多発する時期に入り，世界システムの国家間関係は再編成されることとなる。

このような認識は，経済史研究でのコンドラチェフ周期論や国際関係論や国際政治学での覇権安定論とも通じ，1980年代のアメリカのヘゲモニーの終焉論争の時期とも重なったことで大きな関心を集めた。しかし，彼の独自性は国家間関係のパターンや外交戦略論に終始せず，これらの循環の中での国際秩序の再編成と各国家内での社会変動を統合的に把握した点にある。グローバル分業の中での各地域階級構造の再編を諸国家の勃興と衰退に関連づけて論じた点は，社会学にとって重要な貢献といえる。

世界システム視角の展開——社会学への影響とその後

世界システム視角は従来の国民社会の枠組み内の社会学研究に飽き足らない多くのアメリカ社会学会の研究者を刺激し，学派の形成と研究の制度化が進んだ一方，長期的サイクルの抽象モデル化などによる図式的硬直化が進行した。

この結果，世界システム論は，グローバル化が否定できない現実になる1990年代以前に世界的規模での社会変動をとらえる視野の広がりの革新をもたらした。しかしながら，IT革命と分散的ネットワーク化や中核部での民族的異質化や周辺的な経済活動の拡大という新たな現実の前で，この視角の強みであるはずの農業・製造業での生産の世界的空間編成と国家を連関づけた構造変動分析の枠組みは，研究上の新たな課題に直面している。

しかし，同時にこの視角は，その内部での論争や実証との媒介を通じ，多様な分野に刺激を与え，①世界的な文脈の中での国家機能を再考察する政治社会学（Evans, Rueschemeyer, and Skocpol eds. 1985），②グローバルな超国家企業のローカル・越境的な生産活動とその労働・地域社会への影響の実証分析（Fröbel, Heinrichs, and Kreye 1981），③超国家的な支配階級の同盟や相互浸透を分析する新しい階級分析（Sklair 1991［訳 1995］），④一つの完成品ができるまでの一連のチェーン状の生産活動の構造分析とその結果としてのグローバルな不平等な資源の配分や公正な貿易をめぐっての実証分析（Gereffi and Korzeniewicz eds. 1993; McMichael 2012）といった研究上の批判的な諸潮流を生み出し，グローバル化に関する多角的研究の一翼を担っている。

〔小井土彰宏〕

第Ⅲ部

命題構成

社会のメカニズムとトレンド

46　社会統合と自殺

人々と社会（＝広い意味での「他者」）との結びつきは，人々の自殺の可能性に大きな影響を及ぼす。人々と社会との結びつきが過度に弱いとき，自殺の可能性は高くなる。逆に，人々と社会との結びつきが過度に強いときも，自殺の可能性は高くなる。

自殺の社会的要因

デュルケムの『自殺論』は，自殺の背景にある社会的要因を明らかにし，自殺の社会学理論を打ち立てた書物として名高い（Durkheim 1897［訳 2018]）。自ら命を絶つという，もっとも個人的と思われる行為にさえ，社会的な要因を見いだすことができる。このデュルケムの「発見」は，社会がいかに人々に対して大きな影響を及ぼしているのかを示している。

彼の自殺理論は，個々の自殺事例ではなく，社会集団の自殺率の差異や変化を説明するために構想されたものである。『社会学的方法の規準』にあるように，彼にとって社会学は，個々人の心理・意識・行動を説明するものではなく，社会レベルの事象を説明するものであった（Durkheim 1895［訳 2018]）。それゆえ，『自殺論』においても，社会レベルの要因によって，社会（集団）の自殺率を説明することが目的とされた。このように，『自殺論』は『社会学的方法の規準』の実践的応用という側面を有する。

では，社会集団の自殺率はいかにして説明されるのか。彼は社会集団における社会統合と社会的規制の水準の違いによって，社会集団間の自殺率の差異や変化を説明する。重要なのは，社会統合と社会的規制が強すぎても，弱すぎても，社会集団の自殺率は高くなるという点である。以下では，社会統合と自殺との関係を中心としつつ，デュルケムの自殺理論について解説する。

自己本位的自殺

社会統合とは，個人が社会に結びつく様式をさす。個人と個人，あるいは個人と社会集団との結びつき（つながり）と理解しておけばよいだろう。

デュルケムは，社会集団の統合度が過度に弱いときに生じる自殺を「自己本

位的自殺」と呼んだ。この「常軌を逸した個人化」によって生じる自殺は，個人主義が浸透した近代社会における支配的な自殺類型の一つとされている。

自己本位的自殺を論じる際，彼は宗教・家族・政治集団の統合度と自殺率との関係を検証している。宗教については，カトリック教徒とプロテスタントの自殺率を比較し，前者よりも後者の自殺率が高いことを示している。プロテスタントは信者が聖書を自由に解釈する自由（自由検討）を認めているため，信者同士で共有される信条（credo）や儀礼は少なくなり，集団の統合度は弱まる。それゆえ，自殺率も高くなるのである。

家族については，既婚者と未婚者，子どものいる家庭といない家庭，家族の平均成員数が多い地域と少ない地域をそれぞれ比較し，前者よりも後者の自殺率が高いことを示している。これは家族との結びつきの強さが自殺を抑止することを意味するものである。最後に，政治については，戦争や政変など，政治的に重大な出来事が起きた時期に自殺率は低下することを示している。戦争や政変によって，人々は祖国愛や党派精神を刺激され，一つの目標に向かって団結する。それゆえ，戦争や政変が起きた時期に自殺率は低下するのである。

以上のように，社会集団の統合度が過度に弱いとき，人々の自殺の可能性は高くなる。社会統合が過度に弱まった状況下では，人々は集団の利益や目標ではなく，自らの利益や目標を重視するようになる。しかし，デュルケムの見るところ，「集団」という個人が奉仕すべき対象に所属してこそ，人間は生きる意味や目的を見いだすことができる。したがって，社会集団との結びつきを欠くことは，生きる意味や目的を失うことと同義であり，結果として自殺へと導かれるのである。

集団本位的自殺

自己本位的自殺とは反対に，社会集団の統合度が過度に強い場合にも，人々の自殺の可能性は高くなる。このような状況下で起きる自殺は，「集団本位的自殺」と呼ばれる。この「あまりに未発達な個人化」から生じる自殺は前近代社会に特徴的であり，近代社会では重要性を失いつつあるとデュルケムは指摘している。しかし，社会統合の負の側面を理解するうえでも，この自殺類型を論じることは重要である。

彼によれば，伝統社会の自殺類型は，①老年の域に達した者，あるいは病に

冒された者の自殺，②夫の死のあとを追う妻の自殺，③首長の死に伴う臣下や家来の自殺の３つに整理できる。

これらのすべての場合を通じて，自殺が生じるのは，当人が自ら自殺をする権利をもっているからではなく，自殺をする義務が課せられているからである。たとえば，老人が自ら死を選んだと聞くと，私たちは病を苦にした自殺と想像しがちである。しかし，伝統社会においては，当人が年老いてなお生に執着していると，世間からの崇敬が彼から去ってしまい，それを恐れるがゆえに老人は自ら死を選ぶのである。また，日本における切腹も，家の体面や名誉を守るために個人の生命を犠牲にした一例であると考えられる。

このような自殺は，社会集団が強固に統合され，個人が集団の中に埋没しているという状況下で発生する。たしかに社会集団は人々に生きる意味や目的を与える。しかし，社会集団との結びつきが強すぎるとき，個人の生命は集団の利益や規範よりも軽視される傾向がある。このように，社会集団の統合度が強すぎるとき，人々はいわば集団のために死ぬことを求められ，結果として自殺の可能性が高くなるのである。

アノミー的自殺と宿命的自殺

社会的規制とは，社会が個人を規制する様式をさす。ここでは，社会（集団）が人々の欲望や行動を規制（制限）することと理解しておけばよいだろう。

社会的規制が弱すぎても，強すぎても，社会集団の自殺率は高くなる。社会的規制が過度に弱い状態はアノミーと呼ばれ，人々の欲望が社会によって規制されていない状態を意味する。このような状況下で発生する自殺を「アノミー的自殺」という。自己本位的自殺と同じく，アノミー的自殺は近代社会における支配的な自殺類型であるとされている。

デュルケムによれば，人間の欲望には生物学的限界がないため，社会規範や慣習によって規制する必要がある。しかし，社会的規制が弱まってしまうと，人々の欲望は際限なくふくれあがり，慢性的な欲求不満に陥る。このような欲求不満によって人々は自殺へと導かれるのである。たとえば，デュルケムは不況時のみならず，好況時においても自殺率が上昇することを明らかにしている。突然の好景気は経済的欲望を過度に刺激し，多くの人間を欲求不満に陥らせるため，自殺率が高くなるのである。このように，社会集団による社会的規制が

弱すぎるとき，人々の自殺の可能性は高くなる。

　さらに，社会集団の規制が強すぎるときも，自殺率は高くなる。『自殺論』では注で触れられているだけだが，このような状況下で発生する自殺を「宿命的自殺」という。ここでは，アノミー的自殺とは反対に，社会が人々の欲望や行動を過度に規制することによって生じる自殺が問題とされている。たとえば，さまざまな自由を奪われた奴隷の自殺がその一例である。

　以上のように論じたうえで，デュルケムは，自己本位的自殺とアノミー的自殺への処方箋として，人々を統合・規制する新たな社会集団の設立，具体的には同じ職業に従事する人々からなる同業組合の設立を提案した。

現代日本社会における社会統合と自殺

　デュルケムの社会統合と自殺についての議論は，現代日本社会の自殺を考えるうえでも有益な示唆を与えている。

　彼は戦争や政変によって社会の統合度が高まると指摘したが，今日の日本社会では，自然災害によって社会の統合度が高まっている可能性がある。澤田らは，自然災害の罹災者が多かった地域において，災害発生からとくに 1，2 年後に自殺率が一時的に低下することを明らかにしている（澤田・上田・松林 2013）。自然災害からの復旧・復興活動は被災地域の住民同士，あるいは被災地域を超えた人々のつながりを一時的に強め，自殺率を低下させているのである。

　では，社会的な結びつきが強ければ強いほど，自殺率は低下するのだろうか。この点について，岡（2013）の報告は示唆的である。彼女は自殺多発地域と自殺稀少地域における社会関係と自殺率との関連を調査し，自殺多発地域における住民同士の関係は，自殺稀少地域よりも緊密で，強い結びつきを有していることを明らかにした。住民同士が緊密に結びつくことにより，かえって悩みや問題の開示が妨げられ，援助希求（助けを求める意思や行動）が抑制される。それゆえ，緊密な社会関係を有する地域の自殺率が高くなるのである。

　このように，現代日本社会においても，人々と社会との結びつきは，人々の自殺の可能性に大きな影響を及ぼしている。社会的なつながりは自殺を抑制する一方で，自殺を促進する要因にもなりうる。このような複雑な事実は，私たちに，個人と社会とのあるべき関係とはいかなるものなのか，という問題を突きつけているように思われる。

〔平野孝典〕

47 集団の拡大と個性の発達

> 社会分化とは集団の拡大と個性の発達が同時並行的に進行する過程である。規模の小さい集団ではメンバーの個性は未発達である。規模が大きくなるにつれてメンバーの関心はしだいに分化し，類似の関心をもつ他の集団のメンバーと結びついて新しい集団が形成される。こうして個人が複数の集団に同時に所属するようになることによって個性が発達する。

社会分化のメカニズム

　この命題はジンメルが『社会分化論』（Simmel 1890［訳 1998］）において示したものである。ジンメルは歴史の趨勢を社会分化が進行していく過程ととらえた。社会分化とは，一方で集団の規模が拡大していくとともに，他方で集団の内部で個人間の差異が高まり個性が発達していくという二重の過程である。

　規模の小さい集団ＡとＢにそれぞれのメンバーが完全に包摂されている状態を考えてみよう。この状態では，集団ＡとＢそれぞれの内部ではメンバーは未分化であり，個性は未発達である。その代わり集団ＡとＢとは違いがはっきりしていて個性的である。ジンメルはそのような状態に特徴的な現象として「集合的責任」を挙げている。たとえば集団Ａのあるメンバーが集団Ｂのあるメンバーに危害を加えたとき，集団Ｂはその行為をその特定のメンバーに帰責するのではなく，集団Ａ全体の責任とみなして，集団Ａの他のメンバーに対しても復讐を行う。これは集団Ａのメンバーが互いに未分化であるために，集団Ａのあるメンバーによる行為は集団Ａ全体によるものととらえられるためである。また集団Ｂのあるメンバーの被害が集団Ｂ全体の被害ととらえられるためである。

　集団の規模が大きくなるとこのような状態に変化が生じる。集団のメンバーが増えると集団の内部で生存競争が激しくなる。各メンバーは他のメンバーとは違う手段を用いることによって，競争で優位に立ち，自分の生存を確実にしようとする。その結果，はじめは同質的だったメンバーの間にしだいに差異が生まれ，メンバーが個性的になっていく。それに伴って集合的責任という観念

も弱まっていく。集団のあるメンバーの行為はそのメンバーにのみ帰責され，もはや集団全体に帰責されることはなくなる。

　学会を例にとってみよう。学会においても研究資金や地位，権力や名声をめぐる会員間の競争が存在する。そして，この状況では，他人と同じ研究をするのではなく，他人とは違う（オリジナリティのある）研究をすることによってそれらを有利に獲得しようとする誘因が各会員に働くだろう。現在，日本社会学会の会員数は約 3500 人である。3500 人の会員が互いに他の会員と差異化を図り新奇性のあるテーマを追究する結果，会員の関心は無限に分化していく。いまや自分が属する部会の報告を理解することはできても，隣の部屋でやっている別の部会の報告を専門的に評価することは困難である。そしてこれは日本社会学会で生じているだけではなく，アメリカ社会学会でもドイツ社会学会でもフランス社会学会でも同じように生じており，その結果，全体として見ればどこの国の社会学会も似たり寄ったりである。メンバーが個性的になるのと反比例して集団は個性を失っていくのである。

社会圏の交差

　社会分化につれて個性が発達するのは，集団の拡大のためだけではなく，「社会圏の交差」というもう一つのメカニズムが同時に働くためである。

　もう一度，学会の例に戻ってみよう。学会の規模が大きくなるにつれて，競争が激しくなり，それに伴い会員の関心が分化していく。そうすると今度は類似した関心をもつ会員が集まって，新しい学会や研究会が作られる。また，日本社会学会で階層の研究をしている会員は，隣の部屋で行われているエスノメソドロジーの報告よりも，アメリカ社会学会で階層研究をしている社会学者の報告のほうにより関心があるということが（同じことはエスノメソドロジー研究者の側でも）起こるであろう。その結果，各国の階層研究者たちは国際社会学会のリサーチ・コミッティー 28「社会階層と移動」に集まり，エスノメソドロジー研究者のほうでも国際エスノメソドロジー・会話分析学会に参加することになる。ジンメルの「分化と個別化とは隣人との紐帯をゆるめるが，そのかわりにより遠くの人びととの新しいそれを紡ぐ」（Simmel 1890 [訳 1998: 53]）という言葉はここでよく当てはまる。そしてこのとき，それぞれの社会学者の個性（P）は所属している学会（$A,B,C,\cdots\cdots$）の関数 $P=f(a,b,c,\cdots\cdots)$ として表

現される。この組み合わせの違いがそれぞれの社会学者の個性を作り出す。

　はじめに述べた単一の集団にメンバーが全面的に所属している状態では，すべてのメンバーは同じ $P=f(a)$ で表される。集合的責任という観念が生じるのはこのためである。しかし，集団が拡大して，メンバーの関心が分化し，類似の関心をもつ他の集団のメンバーと結びついて新しい集団が形成されるようになると，それぞれのメンバーは複数の集団に同時に所属するようになり，メンバーの個性は所属する集団の違いによって $P=f(a,b,c,\cdots\cdots)$ や $P=f(a,c,d,\cdots\cdots)$ や $P=f(a,e,f,\cdots\cdots)$ など，異なる関数で表現されるようになる。これが「社会圏の交差」である。私たちは家族・学校・企業・サークル・NPO・学会・宗教団体・政党など多くの集団に所属しているし，さらにインターネット上で参加している集団を加えれば，今日私たちが所属している集団の数は膨大なものとなるだろう。多くの集団に所属し，個人の中で多くの集団が交差すればするほど，個人はますます個性的になるのである。

社会と個人の衝突

　最後の文章は正確には「はずだった」と書くべきであった。集団の拡大と個性の発達は足並みをそろえて進行するはずであった。しかし，実際にジンメルが目にしたのはこの2つの過程の衝突であった。どうしてそうなるのだろうか。

　すでに見たとおり，個人の人格は複数の諸要素からなる統一体である。個人は自分の中にあるさまざまな関心 $(a,b,c\cdots\cdots)$ を，同じ関心をもつ人々の集団 $(A,B,C\cdots\cdots)$ に参加することによって発展させ，人格としての完成をめざす。他方，社会もまた複数の諸個人からなる統一体である。したがって，社会はそれ自体統一体である諸個人から作られる一段高次の統一体であることになる。この2つの統一体の間の関係は理想的には調和的でありうる。社会は，それを構成する諸個人が自らを構成する諸要素を生き尽くし，人格として完成されるのを助け，そのように自らを構成する諸個人が完成されることによって，自身も完成されたものとなることができる。ジンメルは，このように個人の統一体としての完成と社会の統一体としての完成が調和している状態を「完全な社会」（Simmel 1908［訳1994〔上〕: 54]）と呼んでいる。

　しかし，現実には，どちらも完全な統一体であろうとする個人の要求と社会

の要求は対立する。社会は自ら完全な統一体たろうとして自らを構成する諸個人に特定の役割を割り当て，諸個人に自らの部品となってその役割に全面的に同一化することを要求する。しかし，個人もまた自分のさまざまな可能性を発展させて自ら完全な統一体になろうとして，社会によって割り当てられる一面的な役割を遂行するだけでは満足しない。このように $P=f(a,b,c,\cdots\cdots)$ たらんとする個人の要求と，個人に $P=f(a)$ であることを要求する社会の要求は真正面から対立する（ワーク・ライフ・バランスをめぐる議論を考えてみよ）。そしてこの対立は対等に戦われているのではなく，圧倒的に社会の側に有利に戦いが進められている。社会分化は，一方で個人がさまざまな可能性を発展させ人格を完成させるための条件を作り出すにもかかわらず，他方では個人を特定の機能の担い手に押し込め人格の完成を阻害している。ジンメルが自分の生きている時代のうちに見いだしたのはそのようなパラドクスであった。

グローバル化と個人化

ジンメルが100年余り前にとらえた集団の拡大と個性の発達という一対の過程はその後もとどまることなく進行し続けている。集団の拡大は国民国家の境界を越えてグローバル化し，個性の発達もベックが「個人化」と呼ぶ事態へといっそう深化している（Beck 1986［訳 1998］）。

ジンメルは，伝統的な共同体から解放された個人がさまざまな近代的な集団（近代家族・企業・労働組合など）に再編成され，それらを通して自らに与えられたさまざまな可能性を開花させ，それにより個性を発達させることが，少なくとも原理的には可能であると考えていた。ベックの個人化論は，個人が家族や職場，階級などの近代的な集団からさらに解放＝追放されつつある「第2の近代」に対応している。「第2の近代」において，個人は未婚化・離婚によって家族から追放され，雇用の流動化によって安定した職場からも追放される。そして，個人はいまやこのようなリスクに個人的に立ち向かわなければならない。近代化とともに始動した集団の拡大と個性の発達という二重の過程は，さらに拡大深化しつつ，現代社会に生きる私たちの運命を依然としてとらえ続けている。

〔浜日出夫〕

48 合理化のパラドクス

合理化は多様な究極的観点のもとに，さまざまな方向に進行しうる。ある方向に進んでいた合理化が，意図せざる結果として，逆説と呼べるほどに異なった方向への合理化に転化することがある。

資本主義と宗教倫理の逆説

「逆説」の語は，「常識（ドクサ δόξα）」に反するというギリシャ語に由来する。社会に広がる「常識」をさまざまな角度から問題にする科学である社会学においては，何らかの逆説の発見は，実り多い問題提起につながってきた。

ヴェーバーは，中国文化圏と西洋文化圏とを比較し，資本主義の発生についての壮大な逆説を見いだした。中国では，富への欲求をもつことを強く否定する宗教倫理などが力をもったことはなく，物質的な安定は人生の目標とすらされていた。一方，西洋で決定的な影響を与え続けてきたキリスト教の教義では，富への欲求が救済への妨げとされた。これは宗教改革以降も同様であり，現世での富の追求は宗教倫理的なタブーですらあった。しかも経済学的な条件からすれば，中国が西洋より不利とはけっしていえない。

それなのになぜ，富を奨励した中国文化圏においてではなく，富を倫理的にタブー視した西洋文化圏において，近代資本主義が生まれたのか（Weber, M. 1920 [大塚・生松訳 1972, 木全訳 1971, 大塚訳 1989]; Bendix 1960 [訳 1988]）。

宗教倫理と資本主義

この逆説の説明に取り組むのが，彼の著名な「プロテスタンティズムの倫理と資本主義の精神」等の宗教社会学である。しかし彼の説明は，ある意味で，さらに逆説的というべき結論となっている。つまり富をタブー視したプロテスタントのうち，とくに禁欲的なカルヴァン系の諸宗派（ピューリタン，メソディスト，クウェーカー等）こそが，逆説的にも，近代資本主義に欠かせない職業人の選別を切り開いたというのである（以下，とくに Weber, M. 1920 [大塚訳 1989] より構成）。

この説明で鍵とされるのは，カルヴァンの教義である。カルヴァンは，ルタ

ーの教義に満足せず，神学的な教義の合理化を徹底していった。神が万能なら
なぜこの世の中には不正や不幸があるのか——こうした神学上の難問は，神義
論と呼ばれるが，カルヴァンはこれに二重予定説という明確な答えを出す。全
能の神は，森羅万象の過去・現在・未来をすべて定めているが，人間は神の意
志を知ることも変えることもできない。不正や不幸があるように見えたとして
も，それも全能の神が何らかの理由で定めたことであり，人間ごときにはその
理由が理解できるはずがない。神は，救済されて天国に行く人間だけでなく，
地獄に落ちる人間も（二重に）予定している。誰が救済されるのかもわからな
いし，どんな教会の儀式も神の予定を変えることはできない。

　ヴェーバーは，この二重予定説を歴史上もっとも合理的な神義論の一つと見
る。ただし合理的であるからこそ，この説は，カルヴァン系宗派の信者を孤独
と不安に突き落とすことになった。そこから逆説的な展開①が始まったとヴェ
ーバーは論じる。信者は，自らが救済されるに違いないという確証をむしろ強
く求めるようになった。そして確証を求めて，浪費衝動・怠惰心を抑制し，神
の栄光に不断に禁欲的に奉仕し続けることで，自分は救われる人間だと思おう
とした。その意図せざる結果として，禁欲的に職業に励む信者が生み出される。

　禁欲的で敬虔な信者は，往々にして商売に成功することになる。そして皮肉
にも，敬虔な信者ほど富や消費への誘惑と戦わざるをえないという逆説的な展
開②が生まれる。やがて富の増大自体はタブーでなくなり，浪費・贅沢にタブ
ーの焦点が移り，投資は肯定される。そして余剰を投資し，経営を拡大してい
くという近代資本主義的な動機づけが強化されていく。

　世界史的には，素朴な営利欲に基づいた商業資本主義や，政治に寄生した資
本主義は稀ではない。もちろん中国文化圏にもあった。しかし自由人の労働力
を用い，継続的・拡大的な経営を行う産業的資本主義が大規模に成立したのは，
西洋近代においてだけである。中国的な倫理に見られるような富の肯定だけで
は，継続的な経営は生じない。営利欲求を意図的・合理的に制御する職業人が，
カルヴァンの合理的な神学教説の「意図せざる結果」として英米ではぐくまれ
た——この逆説的な過程こそが，西洋と中国との決定的な分岐点となった。

　ヴェーバーはこう結論しつつも，さらに逆説的な展開③が進行したと述べる。
「ピューリタンは職業人たろうと欲した。われわれは職業人たらざるをえな

い」——近代資本主義のシステムは，やがて能力のある職業人を選別する「鉄の檻」に育っていく。冷徹な市場原理に基づいた合理的な職業人の選別は，もはや宗教倫理の力を必要とせず，アジアをも含め世界中を巻き込んでいく。

合理化の逆説

この説明で用いられる視点は，ヴェーバーの社会学を通して見いだすことができ，それを「合理化の逆説」と呼ぶことがふさわしい。「合理化」は，彼の比較社会学の鍵を握るともいえる概念である（以下，とくに Weber, M. 1920［大塚・生松訳 1972］より構成。矢野 2003 を参照）。合理化は，多様な究極的観点のもとに，さまざまな方向に進行しうる。経済，技術，科学，法律，行政だけでなく，瞑想も呪術も音楽等も，さまざまな方向へと合理化されうる。そして生活のどの分野がどの方向へと合理化されるかが，各々の文化に決定的な特徴を刻印する。たとえば中国文化では，世界にただ適応する方向へと生活を合理化する儒教的な教養人が，エリートとして選別されるようになった。他方，その一般大衆の間では，呪術的な世界観の体系的な合理化も進み，生活の至るところで呪いや占いが幅をきかせた。

生活の合理化は，大きくいえば理論的・実践的という2つの方向をもちうる。理論的合理化は，概念を体系化することによって現実への理論的・知的な態度決定（世界像）を首尾一貫させようとする。実践的合理化は，特定の生活上の目的に向けた実践的・倫理的な態度決定（手段・方法）を，より現実に適合させようとする。両者は排他的ではなく，たがいの合理化で絡み合う。

それぞれの合理化の担い手は，その社会の中での知的階層（祭司・知識人・法律家・実務家・官僚など）である場合が多い。合理化は，結果として，一般大衆からエリートを選別する文化的メカニズム（社会的淘汰）に影響を与える。

ヴェーバーは，それぞれの合理化が，以下のような逆説的な帰結をもたらしうると理論化する。

①「合理化に伴う非合理の尖鋭化」——それぞれの合理化の方向を決定づける究極的観点は，それ自体は合理化しえない「非合理」の領域に属する。そうした非合理が，合理化の結果として尖鋭化して人々に立ち現れ，むしろ非合理が人々の生活に刻印を捺すようになりうる。

②「合理化の衝突（ディレンマ）」——合理化の進行は，潜在していた複数の

合理化の衝突を鮮明にさせていく。とくに経済・法・政治の領域では，倫理的・功利的な価値（幸せ等）を高めようとする実質的合理化と，より首尾一貫した規範によって計算・判決・判断する形式的合理化とがつねに衝突しうる。

　③「合理化に伴う意図せざる社会的淘汰」——特定の方向へと生活を合理化しようとする生活態度（合理主義）の担い手は，往々にして社会の中でのエリートとして選別される。そしてそのエリートにより，ますます特定の方向への生活の合理化が浸透していくことになる。しかしそれは，出発点となった合理化とは，まったく異なった合理化に転化していることもありうる。

　この理論からすれば，近代資本主義は，この３つの逆説が複合的に絡み合って起きた意図せざる結果ということになる。①カルヴァンの神学的な合理化の結果，救いへの不安という非合理が一般信者を突き動かすという逆説。②禁欲的で合理的な職業的生活態度が，富をタブー視する宗教倫理と衝突することで，経済行動への動機づけをもたらすという逆説。③近代的・産業的資本主義の担い手としてふさわしい，禁欲的で合理的な生活態度（経済的合理主義）の持ち主の選別がひとたび始まると，もはや宗教倫理とは無関係に，市場原理による選別が進行する。その結果，近代社会に蔓延した合理化が，本来の宗教的な合理化とは，まったく別ものに転化しているという逆説。

　こうした合理化の逆説が組み込まれた文化理解は，ヴェーバーの法社会学や音楽社会学などでも駆使されている視点である。

合理化の逆説という発見法

　理性（合理性）の逆説や矛盾を問う社会科学・社会思想の視点はいくつもある。ヘーゲル的な流出論の「理性の狡知」，マルクス的な物象化論，ニーチェ的な知性批判，フロイト的な近代理性批判，個人の合理的選択の集合による社会的ディレンマ……。これらの理性批判とヴェーバーのいう「合理化の逆説」の間には，たしかに問題意識が重複するものも混じる。

　もっともヴェーバーの合理化の逆説は，法則的な命題ではない。ヴェーバーの逆説は，合理化のもたらす①非合理の尖鋭化や，②ディレンマの可能性を指摘し，③社会的淘汰や社会制度の発生が，人間の意図的で合理的な創造によるという先入観に疑いをもたらす。そうした比較社会学的な問題発見法（ヒューリスティックス）としてこそ有効に活用すべきであろう。

〔矢野善郎〕

49 相対的剥奪と準拠集団

人は自己評価や態度形成の過程で，他の個人や集団のもつ価値や基準を比較のための準拠枠として用いる。それらとの比較を通じて，自分の状況に満足を覚えたり，不満を抱いたりする。

準拠集団論

準拠集団（reference group）という用語をはじめて提唱したのはハイマンである（Hyman［1942］1968）。ハイマンは地位には客観的地位と主観的地位があると考え，主観的地位を探究した。主観的地位とは，ある人が他者と比較した場合の自分の位置に関する思いである。そして，自分自身と比較する集団を準拠集団，比較する他者を準拠個人と定義した。

ハイマンは都市在住の医師や大学教師，会社員，主婦などにインタビュー調査を行い，人々が用いる準拠集団や準拠個人を調べた。人々が日常的に用いる地位の次元としては，社会的，知的，文化的，外見，総合的，経済的，威信が挙げられた。そして，これらの次元の地位における自己評価に際して，全体社会を準拠集団にする場合は滅多になく，友人など身近な準拠集団が本人の地位を判断する過程において頻繁に用いられていることがわかった。その理由として，人々はたいてい全体社会の中の小集団において生活しているからだとハイマンは論じる。

ケリーは準拠集団の2類型を提示した（Kelly［1952］1968）。1つは比較的準拠集団で，個人が自分や他人を評価する場合，これに対して比較の枠を与える。自分や他人の相対的位置を評価する場合，その前後の脈絡をなす。もう1つは規範的準拠集団で，個人に対し基準を設定し維持する。諸個人が同化する価値の源泉である。

『アメリカ兵』

ストゥファーたちはアメリカ陸軍と協力して，第二次世界大戦中の兵士の態度や意見を調査した。この調査に対するアメリカ陸軍情報教育局調査部の主たる目的は兵士の態度を調査して，上層部の管理的政策決定に役立つような事実

に基づいた知識を提供することだった。ストゥファーたちは，アメリカ兵の態度をさまざまな側面から分析した。

　たとえば，「入隊時，自分は徴兵猶予されるべきだと思いましたか」という質問への回答を学歴，年齢，婚姻状態の観点から分類した。すると，年齢のいっている既婚者ほど「自ら志願した」あるいは「徴兵猶予に該当しない」と回答した者の割合は低く，また不満を表明していた。この調査結果に対して，ストゥファーたちは相対的剥奪（相対的不満: relative deprivation）という概念を用いて説明した。「兵士になることは多くの男性にとって現実的な剥奪を意味した。しかし，その犠牲感情は彼らの比較する基準に応じて，ある男性にとって他の者よりも大きかった」(Stouffer, Suchman, DeVinney, Star, and Williams Jr. 1949: 125)。つまり，既婚者は家族を残していかなければならず，未婚者よりも剥奪感が強くなる。また，まだ召集されていない既婚の友人と比べて，自分は仕事を辞めなければならず，肉体も若者より衰えている。こうしたことから年齢のいっている既婚者ほど入隊を嫌がるのだと，ストゥファーたちは説明した。

　次の例は，憲兵隊兵士と航空隊兵士との比較分析である。入隊後 2 年以内に下士官に昇進した者の割合は，憲兵隊が 24％で，航空隊が 47％だった。学歴別に分けてみても，高卒以上の場合もそれより低い学歴の場合も，憲兵隊のほうが航空隊より低かった。憲兵隊の兵士自身も自らの集団は陸軍内の他の集団と比べて昇進の機会に恵まれていないと感じていた。こうした客観的側面を見ると，航空隊兵士のほうが昇進機会に満足していそうである。しかしながら，「能力のある兵士は陸軍内で昇進機会があると思いますか」という質問に対して，「とても高い」と回答した者は，兵・下士官とも航空隊兵士より憲兵隊兵士のほうが高かった。すなわち航空隊兵士のほうが昇進政策により批判的だったのである。この客観的状況と主観的態度との乖離を，ストゥファーたちは相対的剥奪によるものだと説明した。兵士たちは軍隊全体ではなく，航空隊あるいは憲兵隊という同じ釜の飯を食っている同僚と比較して，態度を形成したのである (Stouffer, Suchman, DeVinney, Star, and Williams Jr. 1949: 250-58)。

　しかし，ストゥファーたちは相対的剥奪概念について厳密で系統だった概念規定はせず，折々の説明で用いるだけだった。

マートンによる準拠集団論と相対的剥奪概念の結合

　マートンはラザースフェルドらとともにアメリカ兵研究の顧問を務めていた。そして，マートンとロッシは「準拠集団行動の理論」論文で，『アメリカ兵』において相対的剥奪概念で説明されている諸事例を準拠集団論の観点から整理し直した（Merton 1957 [訳 1961]）。そうすることによって，経験的調査が社会理論に対してもつ意義の一つである掘り出し（serendipity）型を示そうとした。掘り出し型とは，予期されなかった，変則的な，戦略的なデータは新しい理論を発展させたり既存の理論を拡充したりする機会となるというものである。

　マートンらは比較のための準拠枠として，当人が所属している集団の場合と所属していない集団の場合があること，また，それぞれにおいて同じ地位の者を比較の準拠枠とする場合と，異なった地位の者を準拠枠とする場合があることを，『アメリカ兵』の諸事例から導き出した。

　また，どういった人が比較的昇進しやすいかという事例を調べた調査があった。すると，公的な軍のモレス（当該集団において重要な道徳的意義をもつ規範，習律）に一致した態度を表明する召集兵のほうが，そうでない召集兵よりもその後高い割合で昇進していることが明らかになった。

　この調査結果についてマートンらは次のように説明する。召集兵で構成される集団の規範を所属集団の規範，公的な軍のモレスを非所属集団の規範と位置づけたうえで，両者はしばしば互いに食い違うことを確認する。そのうえで，公的な軍のモレスへの同調を非所属集団の規範への同調，すなわち予期的社会化（anticipatory socialization）ととらえ，予期的社会化は昇進を促進するから，個人にとって機能的だと述べる。しかし，現在の所属集団の連帯性にとっては逆機能的である。ただし，より大きな社会システムにとっては当該社会構造の正当性を支持するから，機能的となる。このように，一つの態度も個人，集団，社会システムの次元ごとに機能が異なることを指摘した。さらに，マートンらは個人にとって機能的であるのは開放的な社会構造の場合のみであって，閉鎖的な社会構造の場合には個人にとって逆機能的になるだろうと論じ，その例として境界人（marginal man）を挙げる。こうして彼らは，同じ準拠集団行動でも社会構造の性格により，個人にとって機能的になる場合と逆機能的になる場合があると論じ，準拠集団行動に関する機能主義理論の発展をめざした。

ところで，マートンらのこの説明に対して，召集兵にとって軍隊全体も召集兵からなる集団と同様に所属集団ではないかという疑問が生じるかもしれない。マートンもこうした疑問が出てくることは認めていて，「準拠集団と社会構造の理論（つづき）」論文で，所属集団と非所属集団の境界は状況に応じて動的に変化すると述べる（Merton 1957［訳 1961]）。たとえば，民間人に面した場合，軍人たちは一つの内集団の成員と自他ともに認める一方，軍隊内では一般の兵士は士官という外集団に対して内集団を形成する。マートンは，集団の 3 つの基準を挙げる。①規定の形式に従った持続的な相互作用，②集団成員としての自己規定，③他者からの同様の規定，である。ただし，集団の境界は必ずしも固定したものではないことを強調する。

　さらにマートンは準拠集団行動の構造的脈絡を，地位群（一人の人間が複数の社会的地位をもつこと）や役割群（一つの社会的地位に複数の役割が伴うこと）などを用いて論じる。準拠集団論や地位‐役割論はマートンの社会構造論にとって重要な位置を占めている（Crothers 1987［訳 1993]）。

ランシマン，イツハキによる相対的剥奪の定式化とその応用

　ランシマンは人がどういった条件のもとで相対的剥奪を感じるかという観点から，相対的剥奪を次のように定式化した。①個人 A は X をもっておらず，② A は他の誰か（過去や将来の自分自身を含む）が X をもっていると（本当にもっているかどうかにかかわらず）みなしており，③ A は X を欲しいと思っており，④ A は X をもつことが可能だと思っているとき，個人 A は X を相対的に剥奪されている，とする（Runciman 1966: 10）。

　このランシマンの定式化に基づいて，イツハキは所得を対象とした個人的相対的剥奪指数と，その社会的平均である社会的相対的剥奪指数を考案した。そして，社会的相対的剥奪指数を平均所得で割るとジニ係数になることを証明した（Yitzhaki 1979）。イツハキの相対的剥奪指数は，社会階層論（石田 2015）や健康・病気への社会的決定要因研究（Kondo, Saito, Hikichi, Aida, Ojima, Kondo, and Kawachi 2015）など，さまざまな分野の経験的研究で用いられている。

〔金子雅彦〕

50　予言の自己成就

ある状況が起こりそうだと考えて人々が行為することによって，当初の条件が
変化してしまい，その結果そう思わなければ本来起こらなかったはずの状況が，
実際に実現してしまう。

トマスの公理

ウィリアム・I. トマス（W. I. トマス）とドロシー・S. トマス（D. S. トマス）
は『アメリカの児童』で行動研究の方法論について次のように論じた。事例研
究や生活記録といった行動ドキュメントは，行動のメカニズムや意識の過程を
明らかにしないので客観性や妥当性に欠けると，しばしば行動主義学派から批
判される。しかし，そうしたドキュメントはその行動を条件づけた状況を明ら
かにするから，独自の価値を有する。トマスらは，「もし人が状況を真実だと
定義すれば，その状況は結果において真実である」と述べた（Thomas and
Thomas 1928: 572)。これがトマスの公理である。小児科クリニックでの行動
記録は，困難な状況についての親や教師などによる状況の定義としばしば矛盾
した子ども自身の説明を含んでいるので，重要なデータを提供している。そう
した事実の記録は公平な調査者によって当該状況について検証されることがで
きると，トマスらは論じた。

マートンの予言の自己成就

マートンはトマスの公理の実例として，1932 年の旧ナショナル銀行に降り
かかった悲劇を挙げる。旧ナショナル銀行の資産は比較的健全だったにもかか
わらず，支払い不能の噂が人々の間に広がり，相当数の預金者がそれを真実だ
と誤って信じてしまった。そのため，預金者が預金を引き出してしまい，本当
にナショナル銀行は倒産してしまったのである。

ここでは倒産の予言が成就されたといえる。マートンは人間社会特有のこと
として，世間の人々の状況の定義（予言または予測）がその状況の構成部分とな
り，その後の状況の発展に影響を与えることがあると述べる。そして，予言の
自己成就（自己成就的予言: self-fulfilling prophecy）を「最初の誤った状況の定義

が新しい行動を呼び起し，その行動が当初の誤った考えを真実なものとすること」だと定義する（Merton 1957［訳 1961: 384-85]）。

　予言の自己成就の問題点は誤謬の支配を永続させることだとマートンは述べる。その例として，民族的人種的偏見を示す。白人労働者は黒人労働者のことを，労働組合方式の伝統や団体交渉のやり方に習熟しておらず，ストライキ破りをする労働者階級の裏切り者だとみなす。そのため，黒人労働者を労働組合から閉め出す。すると，労働組合から閉め出された黒人労働者は，組合のルールに縛られないために，さらにストライキ破りをする。

　この悪循環を断ち切るためにはどうすればよいか。それは悪循環を呼び起こす最初の状況の定義を放棄することである。この場合，黒人労働者の組合加入を認めることである。実際，黒人労働者の組合加入を認めた産業分野では，ストライキ破りをする黒人が事実上いなくなったとマートンは述べる。黒人は組合加入を認められ，就業する機会が広くなったため，ストライキに身動きがとれない経営者が開放してくれる門戸を通って産業界に入り込む必要がなくなったからである。旧ナショナル銀行の事例でも，その後連邦預金保証会社が設立され，その他の銀行法規が制定されると，銀行の営業停止数は激減した。こうしてマートンは，「危惧の念を実在に転化する予言の自己成就は，慎重な制度的規制が欠如した場合にのみ作用するものである」と述べる（Merton 1957［訳 1961: 397]）。

　なお，予言の自己成就の反対物として自殺的予言（suicidal prophecy）をマートンは挙げている。これは「もし予言がなされなかったとすればたどったであろうコースから人間行動を外れさせ，その結果予言の真実さが証明されなくなる場合」である（Merton 1957［訳 1961: 385]）。

予言の自己成就の精緻化と日本での予言の自己成就の例

　予言の自己成就の例としてマートンが挙げた銀行倒産と労働組合からの黒人排斥のケースを用いて，小林は予言の自己成就メカニズムの精緻化を試みた（Kobayashi 1991）。予言から予言された出来事が実現するまでのプロセスには，次の項目（変数）が考えられる。X_1（予言）；X_2（予言の主体の行動）；X_3（予言の客体の行動）；X_4（予言が実現した状態）である。

　黒人排斥の場合のメカニズムは次のとおりである（図1）。X_1（黒人はストラ

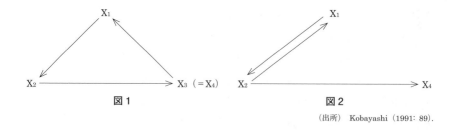

図1　　　　　　　　　　　　　　　図2

（出所）　Kobayashi（1991: 89）.

イキ破りだ）；X₂（労働組合から黒人を排斥する）；X₃（黒人がストライキ破りをする）；X₄（X₃と同じ）。他方，銀行倒産の場合のメカニズムは次のとおりである（図2）。X₁（ナショナル銀行が倒産するだろう）；X₂（顧客が預金を引き出す）；X₃（なし）；X₄（銀行の倒産）。こうして，予言の自己成就には複数のメカニズムがあることを小林は示した。

　日本でもマートンが挙げた銀行倒産と同様のケースがあった。一つは1973年12月に愛知県で起きた豊川信用金庫事件である。12月8日通学途中の3人の女子高生が会話していた。翌年春から豊川信用金庫に就職することが内定していたAに友人が「信用金庫は危ないよ」とからかった。Aは帰宅後親戚に「信用金庫は危ないのか」と尋ねた。そこから伝言ゲームが始まり，「豊川信用金庫は危ないらしい」という噂が街中で広まった。13日以降，不安に駆られた顧客たちが次々と預金を引き出す事態となった。警察は当初意図的な信用棄損業務妨害罪を念頭に捜査に乗り出した。そして，女子高生のたわいのない会話が発端だった噂の伝達ルートを解明して，それを公表し捜査を打ち切った。その結果，17日以降事態は完全に沈静化した。しかし，13日から17日までの間に，預金量360億円の豊川信用金庫から約20億円が引き出された（伊藤・小川・榊 1974a，1974b）。

　また戦前（1927年）関東大震災の震災手形の処理をめぐり，東京渡辺銀行は経営悪化に陥り，大蔵省に救済を求めた。その後資金繰りは何とかできたのだが，大蔵省が誤った情報を当時の片岡直温大蔵大臣に伝えてしまい，片岡大臣が帝国議会で「東京渡辺銀行がとうとう倒産を致しました」と失言してしまった。これを機に東京渡辺銀行は休業した。震災や不況などによる社会不安を背景に，他の銀行でも取りつけ騒ぎが起き，台湾銀行や十五銀行などが休業に追

い込まれ，金融恐慌が起きた。政府は3週間のモラトリアムを発して全国の銀行を一時休業させるなどして，恐慌を鎮めた（高橋・森垣 1993; 関谷 2011）。

トマスの公理に関する科学社会学

トマスの公理はエポニミー（eponymy）の例といえる。エポニミーとは科学者の名前をその発見物（法則など）に冠するという，科学の報賞システムの一つである。さて，トマスの公理は W.I. トマスと D.S. トマスの共著『アメリカの児童』で述べられたものだが，現在「トマスらの公理」ではなく「トマスの公理」として知られている。単名のトマスは W.I. トマスであり，部分引用である。また，トマスの公理に言及している 54 の社会学入門書（1950 年代～1990 年代初め）のうち，何らかの形で D.S. トマスに触れていたのは 15 冊だった（Smith 1995）。なぜこうしたことが起きたのか。マートンは次のように説明する（Merton 1995）。

部分引用現象が起きる社会的メカニズムとして，まずエポニミーとは逆の，取り込みによる忘却（OBI: obliteration by incorporation）が考えられる。これは学問分野の正統な知識体系に取り込まれることによって当該アイデアのもともとのソースが忘れ去られることである。「知識は力なり」（フランシス・ベーコン）とか「人治国家でなく法治国家」（ジョン・アダムズ）という言葉では最初に提唱した人の名がしばしば忘却されており，OBI に該当する。しかし，部分引用現象を説明するには OBI だけでは不十分である。

次にマートンが挙げるのは，W. I. トマスや D. S. トマスに近い人々の考えである。彼らにとって，この公理は状況の定義という W. I. トマスの長年にわたる代表的アイデアの新バージョンとみなされた。そして実は，D. S. トマスもそう明言している。マートンの 1995 年論文には，D. S. トマスが 1973 年にマートンに宛てた手紙のコピーが掲載されている。「『アメリカの児童』に関して W. I. トマスは私を助手として雇いました。……統計的部分が私の仕事でした。……『状況の定義』の概念は完全に W. I. のものでした」（Merton 1995: 401）。この手紙をマートンは動かぬ証拠書と呼ぶ。

科学社会学はマートンが生涯にわたって取り組んできた研究テーマであり，彼は科学社会学の創設者とみなされている（Crothers 1987 [訳 1993]）。

〔金子雅彦〕

51 顕在機能と潜在機能

制度が社会の存立に果たす客観的機能と，制度を実践する行為者の主観的意図は必ずしも一致しない。制度がどういった機能をもつかは，それをどういった視点でとらえるかによって，多様かつ可変的である。顕在機能とは当事者の視点から定義される機能であるのに対し，潜在機能とは，当事者の意図とは無関係に，観察者によって発見される機能である。

機能分析という発想

社会学における機能概念はもともと生物学の知見に依拠して考案されたものである。生物有機体の生命はさまざまな器官によって構成されているが，個々の器官そのものに生命が宿っているわけではない。諸器官の有機的な結合，その関係の総体が全体として一つの生命を形成している。生命体の維持に個々の器官が果たしている役割や貢献がすなわち機能である。生物有機体の類比から社会の存立メカニズムをとらえることができるのではないか，という発想が社会学における機能分析の端緒である。

こうした発想の源流はスペンサーの「社会有機体説」にさかのぼることができるが，その方法論的定式化に最初に着手したのはデュルケムである。社会学を専門的な学問分野として確立するためには，隣接分野とは区別される社会学固有の方法論を打ち立てる必要があった。デュルケムが社会学に固有の研究対象として重視したのが集合的道徳意識であり，その外部標識としての制度である。機能はそのようなものとしての制度が全体社会の存続に果たす貢献として定義された。

制度や機能といった観点が重視されたのは，主に「科学」的な理由からである。自然科学とは異なり，人間が研究対象に含まれる社会学では，意味や動機といった主観的要因をどうとらえるかが問われることになる。しかし個人の内面理解は困難であり，往々にして解釈の恣意性をまぬがれない。デュルケムが制度の機能分析を重視したのは，社会学からそうした思弁的要素を排し，社会認識の客観性を担保するためであった（Durkheim 1895 [訳 2018]）。社会学に

おける機能分析は，社会を生物有機体との類比においてとらえる発想に，科学的観点から独自のアレンジを加えたものとして成立したといえる。

人類学における機能主義論争

　もっとも，機能を具体的にどうとらえるかは難しい問題である。このことの例示として，マリノフスキーとラドクリフ＝ブラウンの間で行われた論争を挙げることができる。この２人の人類学者はともに未開社会を調査し，機能主義者を標榜したものの，機能に関する両者の理解には大きな隔たりがあった。マリノフスキーは人間社会の生態学的側面を重視し，生物としての人間の生存要求や自然環境への適応という観点から社会制度の機能をとらえようとした。それに対し，ラドクリフ＝ブラウンは社会と自然を峻別し，社会構造を地位・役割の体系として定義する。社会制度の機能も社会構造の均衡維持や継続性に果たす貢献という意味で理解された（Malinowski 1944［訳1958］; Radcliffe-Brown 1952［訳1975］）。マリノフスキーの機能概念はデュルケムから離れてスペンサーに接近し，ラドクリフ＝ブラウンの機能概念はよりデュルケムに忠実なものであったといえるが，いずれにせよこの論争は，機能を定義する際の準拠点は人間なのか社会なのか，社会と自然の関係をどうとらえるか，といった点で興味深い示唆を含むものである。

構造＝機能主義

　デュルケムや人類学的研究によって彫琢された機能分析は，第二次世界大戦後，アメリカ社会学に移入され，新たな理論パラダイムとしての地位を築くことになった。その立役者となったのがパーソンズやマートンであり，彼らが提唱した理論枠組みは一般に「構造＝機能主義」と呼ばれる。

　構造＝機能主義とは，社会を実体的な統一体というよりは，多様に分化した構造（＝制度）の機能連関（社会システム）として関係論的にとらえる見方のことである。それは文化規範や地位・役割体系といった観点から制度を把握するとともに，社会システムの存立を規定する機能要件の定式化やその体系的把握を推し進めた点で，デュルケムやラドクリフ＝ブラウンの機能分析を踏襲，発展させるものであった。構造＝機能主義のこうした多元的，関係論的な認識枠組みは，ともすれば一元的な経済決定論に陥りがちであったマルクス主義の理論枠組みを批判的に相対化するものとして注目を集め，マルクス主義に代わる

新たな理論パラダイムとして求心力を高めることになった。

　しかしその一方で，構造＝機能主義はしばしば以下のような点が批判された。第1に，社会システムの均衡や存続を与件とする認識枠組みは，結局のところ，既存の秩序を事後的に合理化するイデオロギー的バイアスを伴うのではないかという批判である。第2に，経験的調査研究への適用可能性という点での疑義である。とくにパーソンズが構築した社会システム論（Parsons 1951［訳1974]）は高度な論理的包括性，体系性をもつものであったことから，理論図式と経験的調査研究の乖離が問題視され，ミルズから「誇大理論」と揶揄されることになった（Mills 1959［訳1965]）。マートンによる構造＝機能分析の再検討は，こうした批判に機能主義の立場から応えようとしたものである。

誰にとっての機能なのか

　マートンが機能分析を再検討するにあたってこだわったのが，それが誰にとっての機能なのかという観点である。未開社会とは異なり，大規模化，複雑化した先進社会では，構造と機能の間に一義的な対応関係を見いだすことは難しい。たとえば，宗教は社会の統合に貢献するといった通念が存在するが，同一社会内に複数の宗教が共存する場合には，宗教集団間にしばしば深刻な軋轢が発生する。ある制度がどういった機能をもつのかは，対象とする社会をどういった空間的，社会的単位でとらえるかによって自ずと変わってくるのである。さらに，ある集団の存続にとってポジティブな効果をもつ制度や慣行も，別の集団にとってはネガティブな効果（「逆機能」）をもつものかもしれない。ある制度によって充足される機能要件が，時と場合によっては，他の制度によって充足される場合もある（「機能的等価物」）。制度が社会の存続に果たす機能はけっして所与なのではなく，それが多様な集団・団体にもたらす諸帰結の正味の差引勘定にほかならないのである。機能と構造の関係をこのように柔軟にとらえなおすことで，マートンは機能主義に対するイデオロギー批判に応え，理論と調査の統合という点に関しても大きな貢献を残した。

　誰にとっての機能なのかという問いに関し，とりわけマートンが重視したのが当事者の観点と観察者の観点の区別である。顕在機能と潜在機能の概念も，こうした認識観点の区別に対応するものである。すなわち，ある制度に関して当事者の観点から明示的にさし示される機能が顕在機能で，そうした機能とは

別に，当該の制度が結果として果たしている，観察者によって「発見」された機能が潜在機能である。顕在機能だけを視野に入れた機能分析だと，そうした機能の達成水準の実務的な確認作業にすぎなくなってしまう。しかし，潜在機能の観点を取り入れることで，現実社会の思いもよらない複雑な構造が照射される可能性がある。潜在機能の概念は，「社会生活が一見するほど単純でない」ことに気づかせる点できわめて示唆的な概念なのである。

　たとえば，アメリカの政治制度は対立する理念を掲げた二大政党から構成されるが，現実の選挙において大きな集票力を発揮するのは政党の下部組織である政治的ボス組織である。ボス組織は表向きには公共的理念を掲げて選挙活動を行うが（「顕在機能」），裏では収賄などの不正に手を染める場合がしばしばである。そうした行為は公正や民主主義を標榜する政治制度にとって機能的障害物であり，逸脱行為にほかならない。しかしマートンは，就職への口利きや個人的な資金援助といった「逸脱」行為が，逆に既存の体制下では周辺的地位を余儀なくされてしまう人々の存在を顕在化させ，そうした人々を既存の秩序につなぎとめるうえで不可避的な役割（「潜在機能」）を果たしていると指摘する。ボス組織の存在は公的な理念に照らせば望ましいものではないが，見方を変えるなら，それは逆に公的な社会構造そのものがもつ機能的欠陥を照射する意味合いをもつものでもある（Merton 1957［訳 1961］）。

現代的意義

　社会的諸現象の潜在機能が発見され，社会的な認知が広がると，それは顕在機能へと転化することになる。情報化の進展を背景に，現代社会ではこうした潜在機能の顕在機能への転化が常態化しているといえるだろう。近年，この点でとくに注目されるのが，「科学」に対する認識の変化である。原発事故をはじめとする深刻なテクノロジー災害の発生は，科学が自然の制御手段であるだけでなく，むしろ新たなリスクを生み出す源泉でもある（「潜在機能」）ことを顕在化させ，テクノクラシーに対する信頼を大きく揺るがしている。それは社会生活における信頼の喪失を意味するものなのか，それとも既存の制度的秩序を変革し，よりラディカルな民主化をもたらすチャンスととらえるべきものなのか。マートンが残した遺産は，近代の制度的再帰性（reflexivity）という文脈において，新たな重要性を帯びてきているといえる。　　　　〔室井研二〕

52 認知的不協和

あることの認知に関わる要素について，その要素間に不協和が生じ，かつその不協和の状態が重要なものとみなされる場合，要素間の関係や重要性を変化させて不協和を低減するような圧力が生じる。

認知的不協和とは

行動の予測を目的とする社会心理学では，人々の間にどのようにして，一定した秩序ある行動が発生するのか，という問題の解明がめざされてきた。この課題において，冒頭の命題を見いだしたのが，認知的不協和の理論である。

認知的不協和を考えるにあたって典型となる場面に，強制承諾，すなわち当人が本来認知しているものとは異なった行動を行うように強制される状況がある。この状況を理論の発端ともなった一つの実験例で確かめてみよう（Festinger and Carlsmith 1959）。この実験では，被験者は退屈な作業をさせられたあと，次の順番を待っている被験者に，「面白い作業だった」と告げるように依頼される。この状況において，被験者には，退屈であると評定している作業を「面白い」と公の場で述べることにより不協和が生じるものとみなされる。

この例のほかにも，2つの案のうち1つを選択しなければならないような場面（意思決定）では，選択した案がよい結果をもたらさなかった場合に不協和が生じたり，さらには選択をしなかった対案のほうが人々によりよいものと認知されたり（社会的支持），対案を選んだ他の人がよりよい結果を得ていることを聞いたりすること（情報接触）なども，それぞれに不協和を生むものとなる。

態度変化という概念

認知的不協和理論は，以上のような不協和を低減ないし解消するメカニズムを，態度変化という概念をもって解明することを特徴としている。

この概念は，一定の行動の形成（学習）についての「強化」という研究の流れに位置づけられる。強化とは，いわゆる「パヴロフの犬」として有名な，ベルの音と唾液の分泌という行動を結びつける研究（古典的条件づけ）のように，行動の対象と評価を結びつけるメカニズムを，一定の行動が成立する要因とし

て見るものである。しかしその一方で，認知的不協和の研究は，行動に関連した要素を細分化し，それらがもつ概念上の一貫性そのものに行動の成立を見いだす点で，強化に対する大きな視点の転換を含んでいた。この視点は，複数の要素を統合しながら合理性をもって行動する近代的な人間観と結びつく。

　認知的不協和において，この態度変化にまず相当するのが，認知的要素そのものを変化させることである。先の実験例では，被験者は謝礼として1ドルを渡される者と20ドルを渡される者のグループに分けられていた。依頼された課題の終了後，被験者に作業の面白さについて評定させると，1ドル条件のほうが20ドル条件よりも，作業をより面白いと評定する傾向が確かめられたという。このとき，1ドル条件では，退屈な作業をして，その作業を人に「面白い」と伝えたことにより，作業の退屈さおよび1ドルという少ない謝礼の金額と，人に伝えた内容という要素の間に大きな不協和が生じる。これに対して，作業の評定という認知的要素について「退屈」から「面白い」という態度変化をもたらすことが，不協和を低減することになる。このほかにも，購入において不協和を生じた商品について，肯定的な評価の情報だけを集める例のように，協和的要素を加えることや，あるいは，手の届かない枝にブドウがあるとき，そのブドウを酸っぱいものとして放置するキツネの寓話にあるように，特定の認知的要素の重要度を変えるなどの態度変化（Visser and Cooper 2003）も，不協和低減のメカニズムとなる。

　こうしたメカニズムは，認知的一貫性とも呼ばれるように，自己の認知と行動における一貫した関係性を維持しながら，安定的で完結した意味秩序を求める人間の特徴を示すものといえる。しかしその一方で，現実として見たとき，およそ合理性とはかけ離れた行動をもたらす元凶にもなっているといえる。

　実際にフェスティンガーがこうしたメカニズムに注目することになったのも，インドでの大地震のあとに発生した流言がきっかけであった。それらはいずれも事実無根であるうえに，マハーバーラタ（インドの聖典）に記されたのと同じ惑星の集結がこの地震を引き起こした，あるいはそのためにごく近い将来にもっと恐ろしい不幸が訪れるだろう，といった荒唐無稽な説明や予言を伴っていた。それにもかかわらず，非常に多くの人がそれらを信じて疑わなかったのは，「不安を正当化する」ことによって不協和を低減しているためだと，彼は

考えた（Festinger 1957 [訳 1965: v]）。不安な状態にいる中で，さらに大きな不幸の予言を自ら受け容れるという不条理は，あれほどの大事が起きたことに対して，いま目の前では何も起こっていない，という認知の要素が不協和を生じ，そのために第三の要素として「不幸の予言」を与えることが一貫性をもたらす，という論理のうえに成立する。

東日本大震災後の日本を考えれば明らかなように，科学技術の進展に伴う知識が広く普及した現代にあっても，災害や大事故などのあとに虚偽や矛盾にまみれた流言の発生が後を絶たないこともまた，こうした一貫性のメカニズムの証左となるとともに，科学技術に象徴される合理性や，合理性のうえに立つ人間観それ自体と矛盾するような独自の営みがあることを示している。

合理性の問題として

こうした一貫性のメカニズムと関連して，説得的コミュニケーション研究の分野では，詐欺や（血液型性格判断などの）迷信などを信頼してしまうような非合理性をもつメカニズムが，態度変化の視点から検討されている。いわゆる振り込め詐欺などのように，いったん相手の依頼を承諾した者は，いくら内容のつじつまが合わなくても，認知のほうを自ら変化させて，詐欺を働く側の意のままに行動してしまうというのが，その一例である。

一方，態度変化という概念に対しても，近年の認知科学との結びつきから，情報処理のプロセスとして新たな視点から検討がなされている。合理的選択の議論において見られる，人々の不合理な判断に対しては，ヒューリスティクスという，手近に限られた簡便な情報だけを用いて意思決定をするプロセスが仮定されており，以上に見た説得のメカニズムに関しても，確率などの合理性によらない推論プロセスに基づく検討がなされている。

ただし，認知的不協和の研究は，こうした人間の内部にある認知プロセスの探究としてのみ展開してきたわけではない。集団における人々の行動を観察することによって，集団としての行為の過程そのものから合理性の問題にアプローチする方法としての特色もまた，次のような研究例から確かめられる。

それは，教義から世界の終わりの日を予言し，その日に救世主として地球に来訪する宇宙人を崇める教団に対して行われた観察研究である（Festinger, Riecken, and Schachter 1956 [訳 1995]）。この教団による予言は地元のマスコミ

にも取り上げられ，周囲の注目を集めながら「その日」を迎えた。そして，予言にあった滅亡をもたらす大洪水はおろか，救世主の宇宙船さえ目にすることのなかった事実に対して，教団のメンバーは当然の結末として教義や教祖への信頼を失うものと思われた。しかし，実際は逆で，メンバーはより積極的に布教に励むとともに，マスコミに対してもさらに積極的な発信をした。なぜかといえば，メンバーは予言の結末に対して，「私たちの信仰が篤かったために神によって守られたのだ」という説明を教祖から与えられたからである。

フェスティンガーらは，このような教団メンバーによる集団としての相互行為そのものに，不協和低減のプロセスを指摘する。つまり，予言と，それに対して何も起こらなかったという結末の矛盾について，協和的な要素としての「篤い信仰心」が加わることにより，その矛盾が解消される仕組みである。

しかし，このプロセスは，ただメンバーの内部だけで完結していたのではなく，マスコミをはじめとしたメンバー以外の周囲の人々との関わりが，メンバー自身に態度変化をもたらす形でも展開していた。そしてこの外部との関係は，フェスティンガーらの観察においてもっとも注目された点でもあった。たとえば，「その日」以前には「秘密主義」のような印象を与えるほどに，予言の公表や外部との接触が限定されていたのに対して，その予言が外れたあとのほうがむしろ外部に向けた活動はいっそう活発化したことが観察されている。

理解の社会学としての可能性

以上の例は，つまるところ，不完全な対象への信仰こそが信仰心を深めるという不合理な行動が，集団の過程を源として生じていることを示すものでもある。信者同士や外部の人々に対して信仰（予言）を呈示することから生じたこの不合理さの源は，予言の自己成就に通じるような，集団における相互行為独自の論理について認められる。

認知的不協和の理論は，認知プロセスの理論としては，すでに見たような近年の認知科学の潮流に取って代わられている部分が大きい。しかし，フェスティンガー自身が当初から流言という独自の対象に目を向けていたように，集団（公の場）における相互行為独自の論理から生じる，人々の理解についての社会学的な探究として見れば，その可能性はまだ十分に尽くされているとはいいがたいのではないだろうか。　　　　　　　　　　　　　　　　〔是永論〕

53 ラベリング

統制活動は，3つの位相において逸脱現象の生成に寄与する。第1に，特定の行為類型を逸脱と定義する位相において。第2に，その定義を具体的な行為者に適用する位相において。第3に，被適用者が否定的な自己形成を進める位相において。いずれの位相においても，生成の行方を左右するのは統制側と逸脱側の相互作用である。

規則の制定活動が逸脱現象を生成する

逸脱現象を統制する側であるはずの統制活動が，実は逸脱現象の生成に寄与している。短いが刺激的なこの命題には，3つの位相における問題が内包されている。第1に，そもそも逸脱とみなされる行為類型がなければ逸脱という社会現象もありえないという意味において，統制活動は逸脱現象を生成する。たとえば，前世紀の一時期，アメリカでアルコールの製造販売が犯罪だったのは，その当時に禁酒法が制定されたからである。統制側は，何が逸脱であるかを定義することによって，ある逸脱現象が存在しているという社会認識を創り出すのである。

逸脱の定義は価値の支配権をめぐる諸集団の相互作用の産物である。現代の社会では，逸脱の定義の法制化をめぐって，さまざまな利益団体が駆け引きを繰り広げている。法もまたネゴシエーションの産物であり，そこには特定集団の利害関係が反映されているのである。禁酒法の制定を推進したのが宗教的影響力の低迷に危機感を抱いた敬虔なプロテスタント宗派の人々だったように，その相互作用において着目されるのは新法の制定を推し進めようとする「道徳事業家」と呼ばれる一群の人々の活動である。逸脱行動を取り締まる法は，地中から噴き出す湧き水のような与件ではなく，彼らの積極的なイニシアティヴがなければ，そもそもこの世界に存在しえないものだからである。

ラベリング論のマニュフェストともいえる『アウトサイダーズ』の中で，著者のベッカーはこう述べている。「社会集団は，これを犯せば逸脱となるような規則をもうけ，それを特定の人びとに適用し，彼らにアウトサイダーのレッ

テルを貼ることによって，逸脱を生みだすのである。この観点からすれば，逸脱とは人間の行為の性質ではなくて，むしろ，他者によってこの規則と制裁とが『違反者』に適用された結果なのである」(Becker 1963［訳 2011: 8］)。逸脱とは行為に内在する性質ではなく，社会的に構成される性質なのである。

統制者との出会いが逸脱者を生成する

　ベッカーの上記の引用にあるように，規則が存在するだけでは逸脱者は生まれない。それは個別の人物に適用されてはじめて逸脱者が生み出される。それが第2の位相である。自動車の速度違反や電車の不正乗車で摘発される件数を想起してみれば容易に察しがつくように，ある特定の領域に対する統制が強化されれば，その領域で摘発される件数も増加する。これを統制者と逸脱者の相互作用というミクロな社会関係の文脈に置き換えてみれば，外見は同じ様態の行為であっても，その行為を解釈する人々の価値観や相互の集団力学によって，読み取られる意味はまったく異なってくることに気づくだろう。

　たとえばアメリカでは，同じ犯罪類型であっても，加害者と被害者それぞれの人種の違いによって量刑に差が出るといわれている。恣意的とはいわないまでも，逸脱行動に対する制裁は，ある程度，選択的に加えられている。とりわけ，逸脱の内容が軽微なものであればあるほど，解釈する側の自由裁量の幅は大きくなる。どのような属性の人間が，どのような状況で行ったのかによって，行為の意味はまったく異なった様相を帯びてくる。それが摘発されるか否かも，取り締まる側の姿勢や印象に大きく左右されやすい。

　現実の逸脱行動は，個別具体的な人間によって遂行されるものである。逸脱とみなされる行為類型がたとえ抽象的なものであっても，それを取り締まる法が実際に運用されるのは，統制者と逸脱者が個別に出会う具体的な場面においてである。その際に，逸脱者がもつ属性，たとえば社会的地位や評判などの違いによって，法の執行にバイアスがかかることもある。ラベリング論は，法執行に対する逸脱者のこのような社会的属性の差異に着目し，社会統制の不平等性を指摘する。単に抽象的な法がいかに制定されるかだけではなく，その法が具体的にどのように適用されるのかも争点となりうるのである。

逸脱者の自己認識が逸脱を増幅させる

　上記の指摘は，たまたま偶然に摘発されただけであっても，統制側から逸脱

者のラベルを付与された者が，まさにそのことによって逸脱行動を増幅させていくという悪循環のメカニズムの指摘へとつながっていく。それが第3の位相である。そのためラベリング論は，逸脱行動それ自体よりも逸脱経歴のほうを重視し，それが深化していく過程を相互作用論的に解明しようとする。このとき，重要な要因となるのは逸脱集団の存在である。逸脱者のラベルを貼られた者は，そのことを契機にして逸脱集団へ接近し，その人的交流の中で逸脱文化を学習するからである。

たとえば，マリファナ吸引で深くトリップするためには，薬物の効果を知覚し，それを楽しむ喫煙法を正しく学習しなければならない。その学習の機会を欠いた者は，試みに何度が喫煙してみることがあったとしても，けっして深入りすることはないだろう。そもそもマリファナ吸引を常習化するためには，その供給源を安定的に確保しておく必要があるが，一般の人間にはその機会が開かれていないことも多い。

逸脱者のラベルを貼られた人間は，周囲のまなざしからも，また自身のまなざしからも，逸脱者としての属性が最優先されがちである。そして，その圧力のもとで逸脱集団の仲間入りをし，逸脱文化を学習することは，単に逸脱行動へのコミットを容易にするだけでなく，彼自身の自己イメージにも影響を与え，その世界観や人生観を新たに書き変えていくことにもつながっていく。

病気を患った人間は，病院に入院することで，いかにも病人らしいアイデンティティと振る舞いを身につける。私たちの自己イメージは，他者から期待される役割の関数だからである。同様に，逸脱者のラベルを貼られた人間も，下位文化を共有する仲間集団の中で，自ずと逸脱者らしいパーソナリティを身につけていく。逸脱文化の学習を通して，その内面的世界においても逸脱者としてのアイデンティティを確立していくのである。

逸脱は社会的相互作用の構成物である

どのような人々であっても，さまざまな社会場面において逸脱行動や逸脱者に対して何らかの態度を示さざるをえない以上，けっして逸脱現象の外部に立つことはできない。その意味で，逸脱現象の本質はそれを解釈する私たちの観念の中にある。何が逸脱であるかを定義する抽象的な法が制定され，それが具体的に運用された結果として逸脱が創出される過程においても，また，その法

が適用された結果として逸脱者の主体形成が促進される過程においても，私たちと逸脱者との間で営まれる間接的・直接的な相互作用が逸脱の性質とその行方を規定するのである。

このような観点に立てば，ある特定層の人々を集中的に取り締まることは，単に暗数を顕在化させるだけでなく，その層における逸脱行動の実体数を増加させていくことにもつながるだろう。統制活動は，逸脱を抑制するどころか促進することになる。かつてアメリカでは，とりわけラベルの暗示力が大きいと思われる非行少年に対する刑事政策のあり方に，このような知見が大きな影響を与えた。いわば過剰統制の弊害が指摘され，ディヴァージョン（刑事手続の流れから被告を途中離脱させて，他の方法によって事件を処理すること。たとえば微罪処分や交通反則通告制度，あるいは起訴猶予処分などがこれにあたる）の推進など，少年処遇のあり方を変えていったのである。

ところが，現実にはなかなかその思惑どおりに効果が上がらなかった。そのため，ラベリング論の主張に対する疑問もしだいに高まっていく。社会学界の内部においても，その主張の検証を試みた調査研究の多くが反証を示すに至り，批判が噴出するようになる。それらの批判をゴーヴに従って整理すれば，独立変数としてのラベリングに対する批判と，従属変数としてのラベリングに対する批判とに大別できる（Gove ed. 1975）。前者は，ラベル貼りが逸脱者の主体形成を促進するのは稀で，現実にはむしろ抑制することのほうが多いという指摘であり，後者は，逸脱者の社会的属性がラベル貼りを左右するのは稀で，現実にはむしろ行為内容で決まる場合のほうが多いという指摘である。

これらの指摘が示すように，ラベリング論の主張が批判の的となったのは，悪循環メカニズムに象徴される原因論への関心を論者の多くが捨てきれなかったからである。しかし，そのオリジナリティは，定義活動という認識論上の問題に争点を絞ることで，さらに洗練させていくこともできるだろう。このような問題関心に基づいて，スペクターやキツセ（Spector and Kitsuse 1977［訳1990]）を先導役とした社会構築主義がラベリング論の内部から生まれる。いわば知的禁欲を強調するこの研究プランは，逸脱現象の分析を超えたさまざまな領域で現在も応用されている。

〔土井隆義〕

54 秩序問題

秩序問題は社会学の主要な問いとされてきた。けれども，パーソンズの「ホッブズ問題」の解決に対して闘争モデルが唱えられたように，社会の定義次第で秩序の定義は変わりうる。それゆえ，秩序問題にはつねに2種類の解決がありうる。社会状態の生成論として答えることと，社会内の理念や観念の一つとして扱うことである。

秩序問題と「規範解」

秩序問題の代表的な論者はパーソンズである。彼は個人の自発的な行為からいかに社会秩序が生成されるか，という理論社会学的な問いを立てて，「規範解」にたどりついた。すなわち，価値観を伴う規範志向が個人に内在化されることで，秩序が安定的に保持されると考えた（Parsons 1951［訳 1974]）。

規範解の妥当性にも長い論争の歴史があるが，興味深いのはむしろ，これがいかなる意味で解でありうるのかである。たとえば，規範の具体的な観察可能性を考えると，規範が内面化されていく過程と本能が固定化していく過程とは外的には区別できない。どちらも当事者に聞けば，少なくとも具体的な選択肢に関しては「こちらがいいと思った」と答えるだろう。その一方で，パーソンズの社会システム論はミクロな行為の均衡理論を断念して，機能要件というマクロな構造を公理的に導入した（Parsons 1954）。

つまり，社会秩序がいかに生成されるかについての，十分に合意された社会科学的解答は，実験的にも理論的にも，いまだ発見されていない。その意味では，「秩序問題の解決」といわれてきた命題の内容は，当事者の水準で社会秩序がどんなものとして了解されているかに関する報告とつねに重なり合う。重なり合うことで答えとしての説得力，いわば「実定性」を確保する形になっている。その意味で，2つで1つの解になっている（佐藤 1993）。

わかりやすい例を挙げれば，パーソンズの規範解は，実はホッブズが社会秩序の成立条件としたものを満たしていない。ホッブズが『リヴァイアサン』で想定していたのは，やむにやまれぬ「情熱＝情念（passion）」によって，すべて

の他人と闘争してしまう人間たちである。その「受苦（passion）」は禁欲的プロテスタンティズムの「原罪」に近い（Weber, M. 1920［大塚訳 1989］）。もしホッブズの「ホッブズ問題」が本当に規範解で解けるのであれば，無限の自己懐疑によって無限の禁欲へ追い立てられるプロテスタントたちもいなかっただろう。

　ホッブズの「ホッブズ問題」はパーソンズのそれとは大きく異なる。ホッブズにとって，パーソンズの「ホッブズ問題」は人間の本性を理解しない机上の空論に見えただろう。逆にパーソンズにとっては，ホッブズの「ホッブズ問題」は極端な，歪んだ人間観の産物に見えるだろう。

秩序問題の再定義

　このように，秩序問題は理論社会学的な主題であるとともに，どんな形で当事者が秩序問題を構想するかがその社会のあり方自体と関連する。その意味で，比較社会学や歴史社会学の対象だといえる。実際，order や Ordnung といった西欧語は，世俗的序列である「位階」という意味や「世界の分類」といった宇宙論的（cosmologic）な含意ももつ。当事者水準での秩序への「問い–答え」をさす言葉でもある。社会学の術語系では「生活世界の有意性（Relevanz）」（Schütz und Luckmann 1975［訳 2015］）や「意味論（Semantik）」（Luhmann 1980［訳 2011］），「一次理論」（盛山 1995）などと呼ばれてきたものにあたる。

　実はその意味でも，秩序問題の学説史は社会学の歴史に重なってくる。たとえば厚東は「19 世紀中葉に新たに発見されたのは『社会問題』である。『社会問題』が発見された効果として，その発生基盤である『社会』に新しい属性が帰属されたのである」（下線部は原著者による）（厚東 2009: 53）として，社会学の成立そのものに 19 世紀の刻印を見いだしている。

　より具体的にいえば，身分登録や国勢調査などの，個人個人を捕捉する制度の精密化と，識字や印刷などのメディア技術の進歩，そして統計学という知識の発達とが重なり合い，19 世紀の前半には，社会全体に関わるさまざまな数値が，かなり信頼できる水準で手に入るようになった。そこでとくに大きな注目を集めたのが，自殺率の恒常性という問題であった（佐藤 2011）。当時の「道徳統計学（moral statistics）」で激しく交わされたその論争に加わる形で，社会学者デュルケムも生まれる。もっとも個人的でもっとも非倫理的な振る舞いとされる自殺の中に秩序を見いだすことで，彼は社会学を発見していく。

秩序としての「自殺」

　自殺率の恒常性は当初，①社会という有機体的実体の症状として，社会物理学的に説明された。それに対して，ドロビッシュら道徳統計学の「ドイツ学派」は，②自殺はあくまでも個人の選択であり，その集計を自殺率として観察しているにすぎない，と反論した（Drobisch 1867［訳 1943］）。『自殺論』は実はその反批判にあたる。自殺は個人の選択だが，③その背後に共有される何か（＝「潮流」）があり，それによって自殺率の恒常性や傾向性が創り出されるとした（Durkheim 1895［訳 2018］）。

　言い換えれば，デュルケムは，社会という全体は間接的に観察されると考えた。それゆえ，彼の立場は方法論的個人主義と両立可能な，いわば反省的な方法論的集合主義になっている。それに対して，社会学のもう一人の創始者であるヴェーバーは再度，方法論的個人主義に立ち戻る。そこに新たにもちこまれた視点は，④「動機」の同定の観察者依存性，つまり「潮流」のような何かを想定すること自体に，観察者側の考え方や見方，価値判断が不可避に関わってくることだった（Weber 1922b［阿閉・内藤訳 1987］）。

　ヴェーバー自身は自殺をとくに取り上げていないが，自殺率の恒常性や傾向性に関してこの立場をさらに推し進めたのがアトキンソンである（Atkinson 1978）。アトキンソンは自殺というカテゴリー自体を，④観察者側の，死をめぐる経験的世界の秩序化の一つの現れだとした。

　自殺率に限れば，この説明は大きな困難を抱えている。数値上の恒常性や傾向性という事実を否定しないかぎり，どんな迂回路をたどっても，最終的には強い社会決定論に至るからだ。むしろ，個々の観察者による（ミクロな）秩序化を強調すればするほど，それが一国単位で集計すれば恒常性や傾向性を見せるくらい，あらかじめ（マクロに）決定されている，という結論へ導かれてしまう。けれども逆にいえば，もし恒常的または傾向的な数値を示すものでなければ，観察者側の考え方や見方によって，あたかも「社会秩序」があるかのように見えるにすぎない，という立論自体は十分に成立する。

秩序問題の現在

　こうした「問い‐答え」の歴史は，自殺をめぐる秩序がどこにどのように成立しているのか，という理論社会学的な考察として理解することもできるが，

①から④へと，この200年ほどで秩序問題への答えが移行しているとも考えられる。別の言い方をすれば，当事者水準で見いだされる「社会秩序」が，客観的な実体から主観的な作用へと，その位置を移してきた。たとえば「本質主義対構築主義」と呼ばれる対立図式も，そうした歴史の一部だと考えられる。

　そういう意味で，秩序問題はルーマンのいう「社会の自己記述」にあたる（Luhmann 1997［訳2009］）。それは社会がどう成り立っているかという理論的な問いへの答えであると同時に，何がその答えになりうるかに関する社会内での了解を映し出している。再帰的な社会に生きる私たちは，そういう了解込みで社会を再生産している，といったほうがいいかもしれない。その意味で，秩序問題は2つで1つの問いになっている。

　そう考えた場合，もっとも重要な「社会的事実（fait social）」は①〜④のどれもが決定的に否定されずに残っていること，それ自体かもしれない。ルーマンはそれを「自己記述の多数性」と呼んでいる。とすれば，そこには2つの問いが残る。(1)現代社会がその内部に複数の自己記述の並立を許す形で営まれているとすれば，それは何を可能にしているのか。そして，(2)その中で①から④への緩やかな移行が生じているように見えるのはなぜか，である。

　いうまでもなく，2つの問いは裏表になる。片方への答えはもう片方への答えにもならざるをえない。たとえばルーマンならば，そこに「複雑性の縮減」を見いだすだろう。すなわち，秩序の成立に関する複数の了解の並存を許すことで，社会内に多様性（複雑性）を確保している，と考えるだろう。

　これが(1)への答えの一つになることはいうまでもないが，アトキンソンの自殺率の説明と同種の循環を描くことも容易に見てとれる。それゆえ，この，いわばメタの水準で見いだされたルーマンの答えもまた，新たな①実体的なメカニズムだとして，再び緩やかに④の方向へ解体されていくのかもしれない。そうした形で，自己記述の複数性に関する「問い‐答え」もまた，自己記述の複数性にのみこまれていくのが，自己記述の複数性の本当の姿なのかもしれない。

　そのどれかを正解だと断定することはもちろんできないが，こうした問いを通じて，私たちは，あるいは私たちの社会は，何をやっているのだろうか，という問いの前に，私たちは再び立たされる。秩序問題の現在をさし示すとすれば，おそらくそういうことになるだろう。　　　　　　　〔佐藤俊樹〕

55 社会変動の機能主義的説明

> 社会が存続するのは機能要件と呼ばれる社会構造存続のための条件を充足するからである。機能要件を充足できないとき，社会構造はそれを充足する方向に変動する。すなわち，社会構造は機能要件に制御され，それをよりよく充足するように発展していくことになる。

社会の変異と社会の変動

　社会に対する私たちの自然な観察の結果からは，どんな社会も，外部環境の変動に対して一定の時間，同一の形態を保っているように見える。また，社会はそれ自体の存在は継続しながらも，ときにはその形態を変化させているように見える。社会は環境に対して反応するのではなく，環境には還元できない社会独自の要因によって，持続したり変動したりする。したがって社会学理論は，社会の変異（variance）を説明する（社会がそうである理由）とともに，ある社会が自己同一性を保ったまま（社会の要因によって）その形態を変化させる（社会変動 social change）ことも説明しなければならない。社会変動はそれが，ありうる社会の可能性の中での変異ではなく，連続した同一の実体としての社会の変動である，として説明される必要がある。

パーソンズと構造＝機能分析

　こうした要請に応えようとする社会学理論の立場の一つに構造＝機能分析がある。その起源は複数あるとされるが，社会学理論としての構造＝機能分析を主唱し，基礎的な定式化を行ったのはパーソンズである。

　社会は複数の社会項目が複雑に連関し，相互に影響を及ぼし規定し合っている複雑な体系である。パーソンズにとって理想の社会学理論は，社会の挙動を社会にとって有意味なすべての変数の相互連関として説明するものであった。しかし1950年前後の社会学の現状は，この理想に程遠いとし，本来は変数であるうちのいくつかを定数とみなす単純化を施し，定数とした変数を構造と呼ぶことにした。そのうえで，残された変数（の値）は（社会）体系の維持もしくは発展に貢献する（機能的）か，または貢献しない（逆機能的）かに従ってそ

の変数が社会にとってもつ重要性が測られるとした。すなわち，相互連関によって社会を構成する変数の変異を説明することに換え，社会の体系性を実体化した目的論ないし有機体論的な「次善の」理論構成へと移行したことになる（Parsons 1951 ［訳 1974］）。この理論上の切り替えは，はからずも社会構造と機能要件という社会にとって固有の要素を（仮設構成体としてではあるが）社会学理論の中に位置づけることとなった。

社会構造を所与とし，その他の変数は，社会体系の均衡ないし持続のための機能要件を満足するように定まる，とするパーソンズの説明は，一方では同義反復ないし循環論法である，という説明形式に対する批判に，また他方では秩序維持を重視して社会変革や社会変動を説明できない，という社会思想的批判にさらされることになる。実際，その後のパーソンズの社会変動論は彼自身が一時期批判していた社会進化論へと傾斜する。

日本における構造＝機能分析の彫琢

パーソンズの主張および「構造＝機能分析は秩序維持の理論であって社会変動を取り扱うことができない」という批判を受けて，1960 年代半ばから 70 年代半ばにかけて構造＝機能分析の論理を精緻化したのは日本の社会学理論家，富永健一，吉田民人，小室直樹の 3 人である。彼らはそれぞれ独自の，あるいは互いに触発し合う形の議論を重ねて，社会変動を主題化できる形に構造＝機能分析の論理を彫琢した。

彼らの主張は，機能要件による社会構造の制御という点で一致しており，それは同時に構造＝機能分析の枠内で社会変動を理論化することを意味した。

富永健一は，「社会の維持の条件である機能要件が満足されないとき社会は変動する」とし，「社会変動とは，社会構造の変動である」と主張する。これは，機能要件という仮設構成体と社会変動のメカニズムとを接続する論理へと道を開くことになる。機能要件は単に存続のための条件から，社会変動のための条件へと位置づけを変える。彼にとって社会変動は，社会の機能要件の充足度がしだいに上昇する社会発展の趨勢として理解されていた（富永 1965）。

吉田民人は，パーソンズの主張を大胆に読み替えて 20 世紀のさまざまな思潮に共通する論理へと接合させた。たとえば，遺伝学や進化論，情報理論，サイバネティクスに代表される制御理論，などである。これらに共通する論理は，

情報による実体の制御であり，構造＝機能分析をその一変種であるとする。彼によれば，構造＝機能分析は諸変数の連関という相互連関分析であるとともに，機能要件分析である。機能要件分析においては，機能要件を社会の目的ととらえ，その充足状態と社会の変動を連動させる。ここにおいて構造＝機能分析は，生物学的比喩を離れ，機能要件を社会体系の目的とする制御の理論となる。

彼は，自然淘汰に換わる主体選択の概念や，サイバネティクス的制御系の極大化原理に換えてサイモンの「満足化原理」を導入するなど，マクロ主意主義的に共感可能な社会変動モデルを次々と提案したが，経路依存性などを考えると，その説明予測能力は低下するか，あるいは追加的な仮説の当否に大きく依存するものとならざるをえない（吉田 1974）。

小室直樹は，構造＝機能分析に対して経済学における一般均衡分析に用いられる種々の方法的規準を適用することで，パーソンズ，富永，吉田のアイディアを厳密に定式化することに成功した。小室はまず，パーソンズによって「定数」とされた社会構造を社会状態の諸変数の相互連関を規定する関数型とし，機能要件の存在は社会状態に応じて定まる機能評価関数を意味するものとした。これにより，社会構造によって決定される社会状態が機能要件を充足することが均衡の条件となり，社会変動に関する仮説は機能要件に結びつけられることになる（小室 1974）。

小室版構造＝機能分析

橋爪・志田・恒松（1984）によって「小室版」と呼ばれる構造＝機能分析は，このパーソンズに始まり富永・吉田・小室の彫琢を経て洗練されたものであり，その基本的論理は，①社会構造による社会状態の決定（相互連関分析），②機能要件による社会状態の評価（機能評価関数の設定），③機能要件充足度による社会構造の維持・変動（制御）の3点を特徴とする。

社会構造以外の社会の内生変数を $x = (x_1, x_2, \cdots\cdots, x_n)$ とし，外生変数を $c = (c_1, c_2, \cdots\cdots, c_m)$ とし，社会構造を S（social structure）とすれば，①社会構造による社会状態の決定とは，社会構造 S による相互連関 $S(x; c) = 0$ を解いて均衡解 $x^* = x(S; c)$ を求めることを意味する。②機能要件による社会状態の評価とは R^*（requisite）$= R(x^*) = R(x(S; c))$ となる機能評価関数 R の存在であり，③要件充足度による社会変動とは，R^* の値が $S \rightarrow S'$ という変動に結びつくこ

とを意味する。この結びつきを橋爪らは「構造変動仮説」と呼んだ。

　この定式化は，予測・説明の能力を備えた社会理論の構築という要求と，生成・存続・発展する社会という理念の妥当性を弁証するという要求の2つに応えるものであった。

構造変動仮説の抱える困難

　橋爪らはこの理想化された構造＝機能分析モデルに基づいた社会変動モデルの可能性について検討を加えたが，以下の2つの理由から社会変動の機能主義的説明はきわめて困難であろうとの結論に達した。

　まず第1に，社会状態を評価する機能要件は社会体系に1つでなければならないこと。直観的には社会には複数の独立した評価基準が存在するであろうし，理念として存在すべきであるが，それぞれの機能要件がそれぞれの基準によって社会を制御するということはできない。それが可能となるためには評価基準である機能要件ごとに社会構造が分化して固有の制御機構として自立する（この場合，個々の構造は単機能要件であり，社会はそれぞれの構造の出力間の機械的相互作用として説明されることになる）か，複数の評価基準を事前に合成・総合したうえで社会を制御することになる。これらは，社会に機能分化や評価の合成という機能要件の存在以上の仮説を持ち込むことを意味する。

　次に，たとえ機能要件の存在を単一であるとしても，社会変動に関する有意味な仮説（構造変動仮説）を導出する性能をもちあわせないこと。仮設構成体である機能要件による社会の制御モデルが完全な説明・予測能力をもつとすれば，機能要件を満足する均衡に達した社会体系に変化の方向を与えるのは外的な環境条件の変化しかないことになる。$R^* = R(x(S;\, c))$ を S について解けば，S の変化は c あるいは R の変動に依存することになる。機能要件が社会の固有性を代表するとしても，社会変動の原因は社会にとって外生的な変数の変化のみであることになる。機能要件は社会変動をもたらす社会内的要因であるように見えて，それは外生変数に応じて社会構造や社会状態を決定する過程にのみ関与するものであり，持続的な社会変動を導く独自性を体現するものではありえない。機能要件を仮設することによる認識上および理念上の利得は存在しないことになる。

〔志田基与師〕

56　合理的選択と社会的ディレンマ

すべての人が幸福になるために合理的に行為しても，というよりもむしろ合理的であるがゆえに，社会全体にとっては非合理的な帰結が生じ，すべての人がかえって不幸になることがある。

社会的ディレンマ

誰でも幸せになりたいと願っているし，そのために最善の選択をしようとするだろう。しかし，その選択ゆえにすべての人々がかえって不幸になることがある。これを社会的ディレンマと呼ぶが，社会的ディレンマのもっとも有名な例は，「共有地の悲劇」（Hardin 1968）という寓話である。ある100人の村人からなる村では，全員が牛を飼っており，共有の牧草地に牛を放牧している。しかしこの共有地は多数の牛をお腹いっぱい食べさせられるほど広くない。それゆえこの村では1人1頭しか牛を共有地に放してはいけない（つまり合計100頭まで）というルールがある。

もし放牧される牛が100頭以内ならば，1頭当たり100万円の利益を得られるが，100頭より多くの牛が放牧されると，牧草が減り共有地は荒廃していくので牛の体重や肉質も下がる。そのため，ルール違反者が1人増えるごとに牛の価値は1万円ずつ下がる。話を簡単にするために村人の選択肢は，牛を1頭飼うか，2頭飼うかの2つしかないとする。村人のうちルール違反者の数を x（$0 \leq x \leq 100$）とすると，ルールを守って1頭しか放牧しなかった村人の得る利益は $100-x$ であるが，ルール違反者は2頭分の利益（$2(100-x)$）が得られる。

それゆえすべての村人が利益をできるだけ大きくしようとすれば，ルールを破って2頭の牛を放牧することになる。しかし，もしもすべての村人が2頭の牛を放牧すれば，$x=100$ なので，彼らの利益は $2(100-100)=0$ 円になる。もしも全員がルールを守っていれば $100-0=100$ 万円の利益が得られたはずなのに，利益を高めるために合理的に行動した結果，すべての人がかえって損をしてしまっている。このような構造を社会的ディレンマと呼ぶ（Kollock 1998）。

公共財の供給をもたらす要因

　このような社会的ディレンマは公共財（public goods）の供給時にしばしば生じるといわれている（Olson 1965 [訳 1996]）。公共財とは共有地のように，誰でもそこから利益を得られるような財のことで（これを非排他性という），灯台や一般道路，きれいな空気が例として考えられる。公共財はすべての人に利益をもたらすが，これを供給するコストを負わなくても，誰かがそのコストを負ってくれれば，コストを負わなかった人もきれいな空気や一般道や灯台の恩恵を受けられる。このように公共財供給のコストを払わずにその恩恵だけを受ける人をフリーライダーという。

　それゆえ，合理的な個人はフリーライダーになるはずであり，実際，美しい自然環境のような公共財の供給はしばしば失敗している。しかし，公共財供給は成功する場合もあり，どのような場合に人々はフリーライダーにならず，公共財供給のために協力するのかが重要な研究課題となっている。実験や調査の結果，グループの人数が少ない場合やグループ内でコミュニケーションが可能な場合，そうでない場合よりもグループ内での協力確率が高まり，公共財が供給されやすくなることがわかっている（Sally 1995）。また，フリーライダーを観察した人は，そうでない人よりもフリーライダーになりやすい（Lindenberg and Steg 2007）。

　これらの事実は単純な合理的選択理論では説明できない。なぜなら社会的ディレンマ状況では人数やコミュニケーションの有無や他人の行動にかかわらず，フリーライダーになったほうがつねに合理的だからである。それゆえ人間は必ずしも短期的な自己利益を最大化するように行動していないことは明らかである。これらの事実を体系的に説明することが社会学理論の重要な課題となっている。

　このような課題に対しては，大別すると，①より現実的な状況設定，②学習や進化の理論，③社会心理学的理論，の 3 種類のアプローチがある。第 1 に，共有地の悲劇は単純化されたストーリーであり，現実はもっと複雑である。フリーライダーがいれば他の村人から責められたり，罰を与えられたりするかもしれない（Hechter 1987 [訳 2003]; Heckathorn 1988）。現実の社会生活を詳しく調べれば，フリーライダーにならないほうが合理的な場合も多いのかもしれない。それゆえ時間の経過や制裁，グループからの離脱，評判のような情報の

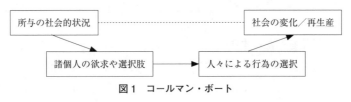

図1　コールマン・ボート

流れなどを想定した社会的ディレンマに関する複雑な合理的選択モデルが発展した（大浦 2007）。

　第2のアプローチである学習モデルや進化論は後ろ向きの合理性に基づくともいわれ，人間は過去の経験から最適と思われる行動を選択すると仮定する。たとえば過去に共有地の悲劇を経験したことがある人は目先の利益を追求しないほうが結局は得になるということを知っているので，あえて公共財供給に協力するというわけだ（Axelrod 1997［訳2003］）。そのような経験は自分自身でする必要はなく，他の人から教訓を伝え聞いてもいい。こういった後ろ向きの合理性がうまく働けば公共財は供給されるはずである。学習や進化を使ったモデルは，目先の利益を最大化するのではなく，過去にうまくいった行為を選ぶという仮定を置いているので，狭い意味での合理的選択理論とは区別される。

　第3のアプローチは，人間は利己的な利益だけを追求しているのではなく，社会の中で適切に振る舞い，他者から承認されたいという欲求ももっていると仮定する（Lindenberg and Steg 2007）。村人が強い承認の欲求をもっていれば自己利益を犠牲にして公共財の供給に協力するだろう。このような相反する2種類の欲求のバランスは状況によって変化するので，どのような条件下で利己的な（あるいは社会的承認の）欲求が強まるのかが重要な研究課題となる。このアプローチでは，人間の心理や価値観の形成メカニズムが焦点になる。

　以上の3種類のアプローチは，実際の研究では併用されることが多く，複雑に組み合わせられながらその可能性が検討されている。

社会学的合理的選択理論

　以上のように，人々は何らかの欲求を満たそうとして，もっとも合理的な行為を選択すると仮定する理論を，合理的選択理論という（Elster 1989［訳1997］）。合理的選択理論は経済学や政治学でよく用いられ，社会学では比較的マイナーである。しかし，環境問題や逸脱，階級のようにさまざまな社会学の領域で応用されており，重要な理論である。また，目的合理的行為，戦略的合理性といった鍵概念は社会学で広く用いられており，行為や制度の合理性は狭

い意味での合理的選択論者だけでなく，多くの社会学者にとって共通の関心事でもある（太郎丸 2000）。

　社会学的合理的選択理論では，人々がどのような欲求をもつかは，文脈や状況によっても異なるし，社会化のされ方によっても異なると考える。また，人々が選択する行動の選択肢も社会構造によって形作られるとみなす（Hechter and Kanazawa 1997）。このような状況の中で人々がさまざまな行為の選択をした結果，大きな社会の変化が起きたり起きなかったりすると考える（たとえば地球温暖化や戦争）。このような合理的選択理論の考え方を図示したのが図1で，コールマン・ボートと呼ばれている（Coleman 1990［訳 2004, 2006]）。

合理的選択理論の挑戦

　経済活動では金儲けが目的であり，政治家の活動では得票数と権力の最大化が目的とみなせる場合が多く，これらは合理的選択理論で説明がつくことが多いが，ボランティア活動や市民運動のように，利他的に見える活動の説明は難しい。もちろん上記のように社会的承認欲求を持ち出せば説明はつくが，アドホックに承認欲求を持ち出すのは，合理的選択理論では事実上の禁じ手になっている。なぜなら「人間は承認欲求を満たすために利他的に振る舞うこともあれば，自己利益を満たすために利己的に振る舞うこともある」といっているだけでは，人々がどのように行動するのか予測できない，役立たずの理論になってしまうからである。それゆえ，承認欲求を持ち出す場合は，承認欲求が利己的な欲求を凌駕する仕組みやその社会的背景を丁寧に分析することが求められる（Boudon 1996）。

　合理的選択理論の最大の魅力は，一見，非合理的な行動の隠れた合理性を解き明かそうとする点にある。たとえば自爆テロはその社会的背景を知らない人には非合理的な行動に見えるかもしれないが，テロリストたちの生まれ育った環境や彼らの望み，彼らのとりうる行動の選択肢を仔細に調べていけば，必ずしも非合理的行動とはいえないかもしれない（Dugan and Chenoweth 2012）。研究対象となっている人々を，規範や権力に盲従する愚かな存在ではなく，私たちと同じように（あるいはそれ以上に）合理的存在とみなすことは，人々に対するリスペクトと謙虚さを滋養し，行動の予測や政策の改善にもつながっていくのである。

〔太郎丸博〕

57 複雑性の縮減

> 世界にはつねに実現されるよりも多くの可能性が存在している。社会は、そうした過剰な可能性を制限し、選択的に実現することによって成り立っている。すべての社会システムは、環境の複雑性を縮減することで内外の差異を作り出し、それによって動的な形でシステムの境界を維持している。

ノーマルなものの不確実性

　私たちは通常、何か意外なことがあったときに驚き、なぜそれが起こったのだろうかと考える。日常がいつもどおり続いているかぎり、それは「当たり前」のことであって、何も驚くべきことはないように見える。

　社会システム理論の論者、ルーマンにとって、この関係は逆である。彼にとって、いまある現実は、けっして自明のものではなく、むしろ不断に繰り返される無数の選択の積み重ねとして存在している。極端にいうなら、どれか一つの選択でも別様になされていたならば、現実はいまあるような姿とは違ったものになっていたかもしれないということだ。そのように考えるなら、いまある現実は、それ自体、非常に「ありそうにない」ことが達成された結果だということになる。ルーマンは、私たちが慣れ親しんでいる日常の自明性をいったん解体し、ノーマルなものがいかに不確実なものであるかを確認することから、社会がどのようにして成り立っているのかを考える。

世界の複雑性と選択の強制

　このような根源的な不確実性を出発点とするルーマンの社会システム理論において包括的に用いられる中心概念の一つが、「複雑性の縮減」である（Luhmann 1984［訳 2020]）。

　複雑性とは、さまざまな要素の間に成立しうる関係性の総体のことをさしている。そして、そのような関係性が一度にすべて実現されえないとき、それは「複雑である」といわれる。つまり、あるものが少なくとも2つの状態をとりうるなら、それはすでに複雑だということになる。複雑性ということで示されているのは、さしあたり、選択が不可欠であるという事態である。

さて，一見平凡な事態に見える複雑性は，しかしながら，実際には大きな問題となる。というのも，システムを構成する要素の数が増えるにつれて，それらの間に生じうる関係の数は飛躍的に増大し，世界の複雑性は，瞬く間に，見通すことができないほど高まるからだ。私たちはもはや，世界をありのままの姿で把握することはできないし，ましてや，すべての可能性を比較考量することは人間の処理能力をはるかに超えている。可能なのはただ，無数の可能性の中から特定のものを選択して実現することだけである。まさしくここにおいて——つまり複雑すぎる世界と向き合うために——すべてのシステムが引き受けるのが，複雑性の縮減という課題である。

複雑性の縮減とシステムの境界の維持

システムは，世界の複雑性を縮減することによって，システム内で実現しうる行為や出来事の可能性をあらかじめ制限する。すなわち，無規定な世界の複雑性に対して，より少ない要素の関係からなる，より高次の秩序を作り出す。

社会システムの秩序は，そこで行われるコミュニケーションを予測可能なものにし，当事者に方向づけを与えることを可能にする。たとえば，買い物という状況において，店員に健康相談をすることは想定されておらず，逆に，健康診断という状況で医者に商品の売買をもちかけることは期待されていない。ありうべき可能性が制限されることによって，コミュニケーションの負荷は大幅に軽減される。

ところで，店員に突然悩みを打ち明けることも，医者に商品の売買をもちかけることも，実をいうと，原理的には，不可能なわけではない。システム内の秩序を混乱させるようなコミュニケーションは，つねに可能である。このような意味で，社会システムの境界は，地理的な境界（たとえば国境や壁）のように堅固な境界ではない。社会システムは，複雑で移ろいやすい世界の中で自らの安定性を確保するために，複雑性の落差を作り続ける必要がある。システムにとって世界の複雑性とは，いわば内的秩序の攪乱要因でありうる。システムは，不断に複雑性の縮減を行うことによって，その境界を動的に維持している。

意味の顕在性と潜在性

さて，見てきたように，システムは，特定の可能性のみを選択的に実現し，それ以外の可能性をさしあたり締め出しておくことで首尾よく運行している。

あるときに実現されなかった他の選択肢は，しかしながら，まったく消えてしまうわけではない。それは，必要とあればあとで実現することのできる可能性として，潜在的な領域に保存されている。

このことを可能にしているのが，「意味」というものの性質である。選択された可能性は「顕在化された意味」として実現するのに対して，選択されなかった可能性は「潜在化された意味」として保存される。「意味」は，複雑性の縮減と保存を同時に行い，それによって，リスクを伴う選択に備えることを可能にする。意味的な世界とは，意味の顕在性と潜在性の，総体にほかならない。

システム固有の複雑性と世界との関係

複雑性の縮減が，単なる単純化のことではないというのは，以上の説明からすでに理解できるのではないだろうか。

世界の複雑性を縮減するためには，システム自身がある程度複雑でなくてはならない。というのも，システムが複雑であればあるほど，外部の変化に対応するための，より多くの可能性を備えておくことができるからである。逆にいうなら，単純なシステムは，世界を単純なものとしてしか処理することができない。世界の複雑性は，したがって，あくまでシステム相関的な問題として現れる。

さらに補足するなら，複雑性の縮減とは，世界の一部分をただコピーするということとも違っている。そうではなく，世界の複雑性を，より少ない諸要素で再構成したものがシステムにとっての世界の姿なのであり，それはいわば，一種のシミュレーションにとどまるのである。

複雑性の縮減としての信頼

さて，ルーマンが複雑性の縮減との関連で論じる具体的な事象についても言及しておく必要があるだろう。代表的なものとして，「信頼」が挙げられる（Luhmann 1973 ［訳 1990］)。

ルーマンによれば，信頼の機能とは，完全には知りえないことを知ろうとするときに生じる心理的負担を軽減することにある。たとえば，電車や飛行機が事故を起こさない保証はない。にもかかわらず，私たちは，自分の乗る車両や機体はおそらく大丈夫だろうと信頼している。クレジットカードによる支払いが，どのように情報処理されているのか詳しくは知らない。にもかかわらず，

それが全体として機能することは信頼している。信頼は，ある対象について確実なことはいえない「にもかかわらず」，それと関わり合うことを可能にする。信頼とは，見通しがたい世界の複雑性を縮減する方法の一つなのである。

難しいのは，しかし，現在多くの領域で信頼の対象が「不信」の対象になっていることにある。科学技術や政治機構，専門家の権威といった，これまで信頼を集めていた抽象的システムの確からしさが，急速に失われつつある。そこで目につくのはむしろ，第三者機関による監視などの「不信の制度化」――たとえば安全基準の整備や市民オンブズマンによる審査，食品の安全や農産物のトレーサビリティに関する検査体制の拡充など――である。信頼と不信は，一見，まったく逆の対応に見えるが，どちらも，複雑性を縮減するという点においては，機能的に等価な方策であるといえる。

批判的含意とアクチュアリティ

複雑性の縮減という概念は，ルーマンのシステム理論の展開において初期の頃から用いられ続けてきた中心的な概念である。それは同時に，さまざまな批判を呼んだ概念でもあった。とりわけ，現存する社会システムがすべて複雑性の縮減という機能を果たしているとするならば，それは現状を追認することにしかならないのではないかという批判が寄せられてきた（代表的には，いわゆる「ハーバマス＝ルーマン論争」を参照。Habermas und Luhmann 1971 ［訳 1987]）。

しかし，複雑性の縮減という概念で開かれるのは，そうした批判で語られるのとはむしろ別の風景である。というのも，いまある現実が，他でもありうる選択の結果にほかならないならば，目の前の現実の確かさはラディカルに掘り崩されてしまうからである。複雑性の縮減という概念でルーマンが行おうとしていたのは，いまある現実を他の可能性との比較のもとに置くということであり，それによってよりよい選択の材料を提供するという「社会学的啓蒙」の遂行である（Luhmann 2005）。

このように，現実を絶対視するのではなく，他でもありうる可能性のもとでとらえようとする思考の拡がりは，ますます複雑で流動的になる現代社会を生きる私たちにとって，重要な示唆を与えてくれるに違いない。

〔渡會知子〕

58 社会の機能分化

機能分化は，社会の分化形式の一つであり，とくに近代の社会構造を表現するために使用される概念である。社会を形作るコミュニケーションに対する意味づけが，人々が所属する集団や身分ではなく，政治や法や科学といった機能的観点に即して行われるとき，その社会は機能分化している。

機能分化の概念——トレンドからメカニズムへ

社会の分化は，19世紀の西欧で社会学という学問が成立して以来の重要概念の一つである。この概念は，しばしば分業を範とすることで機能分化そのものと理解され，合理化と並んで，近代化を特徴づけるトレンドを指示するものとして用いられてきた。これに対して，ルーマンは，分化の増大という一般的なプロセスではなく，分化の諸形式（環節分化，中心と周辺の分化，階層分化，機能分化）の相違に着目することで，各形式に固有のメカニズムの理論化を行った（Luhmann 1997 [訳 2009]）。このとき機能分化は，今日では世界大にまで広がった西欧発の近代に固有の社会構造を示す概念と位置づけられる。これにより，近代社会の成立は，近代化のような単線的な発展としてではなく，西欧においてのみ生じた階層分化から機能分化への構造転換としてとらえられることになる。

それゆえ機能分化の特徴は，まずはそれ以前の分化形式，とくに階層分化という形式との差異に求めることができる。ルーマンによれば，階層分化社会とは「社会が位階秩序として表現され，位階の差異のない秩序など観念不可能な」社会である（Luhmann 1997 [訳 2009: 972]）。その社会では個人が，主にその出自に基づいて，一つの階層に排他的に帰属しており，また異なる階層に属する者同士の対等な交流（たとえば婚姻など）は，公的には承認されない。同様に政治や経済や宗教といった社会で必要となる諸機能が階層の上層によって占められるなど，「階層帰属が多機能的に作用」している（Luhmann 1997 [訳 2009: 972]）。ここから貴族など上層に属する者たちの相互作用こそが社会を代表するという同時代の自己理解が生じる。

これら階層分化の特徴と対照的なのが機能分化社会である。これは機能分化が階層分化からの解放によって最終的に確立するととらえられることの当然の帰結である。第1に，機能分化社会では，個人が階層などの社会の特定の一部分に埋め込まれるということがない。つまり，生まれや所属階層によって，各個人を定義することができなくなる。すべての個人が政治や経済や教育などの社会の主要な機能のすべてに包摂可能でなければならず，ここから人であるということだけを根拠とする人権の制度化可能性が生じる（Luhmann 1997［訳2009]）。ただし宗教のように包摂が社会の成員であることの必要条件ではなくなる領域も存在する（Luhmann 2000b［訳2016]）。第2に，さまざまな機能が独自の論理に基づいて展開する。機能分化が貫徹すると，統治者／被統治者，生産者／消費者，教師／生徒といった役割が相互に独立となり，特定の階層がこれらの役割の一方を束ねるということはもはやなくなる。そして第3に，特定の階層やそこで繰り広げられる相互作用が社会全体を代表しているとみなすことは不適切になり，集合的単数名詞としての抽象的な社会の概念が形成・受容されるようになる（Nolte 2000）。

前提としての社会システム理論

　ルーマンの機能分化理論は，彼独自の社会システム理論に基づいている。それゆえ機能分化のメカニズムを理解するためには，最低限，次の3点について簡単に言及しておく必要がある。

　第1に，ルーマンの社会システム理論では，行為ではなく，コミュニケーションがシステムの要素であるとされている。この理論的決断の理由は，動機などの個人の心理的要素を排除した純粋に社会的なものとしての社会システムの概念を彫琢するためである（Luhmann 1984［訳2020]）。分化理論からすると，個々の行為は，さまざまな動機によって引き起こされるし，また多様な結果を生み出すため，複数の機能システムに関与しうる。それゆえ「システム分化の理論をそれ自体として理解することが困難になる」（Luhmann 1997［訳2009: 901]）。ここから行為それ自体ではなく，行為に対する多様な意味づけを生み出すコミュニケーションの水準で分化理論を構築する必要が生じる。

　それゆえ，第2に，分化は，コミュニケーション・システムの分化として理解される。行為に対する意味づけがコミュニケーションを介して行われるの

と同様に，役割や概念の分化もシステム分化によって説明可能だからである。このときシステム分化は，一つのシステムの複数のサブシステムへの分割ではなく，すでに形成されているシステム内における新たな部分システムの形成として理論化される。

　ところで，システムが形成されるとはいかなることか。ルーマンの社会システム理論では，第3に，コミュニケーションが以前のコミュニケーションから生み出されているとき，そこに社会システムが形成されているとみなす。このような「システムを成り立たしめる要素を，まさにこのシステムを成り立たしめる諸要素のネットワークのなかで生産するシステム」をオートポイエティック・システムと呼ぶ（長岡 2006: 146-47）。かくしてルーマンのシステム理論によれば，機能分化社会は，政治や経済や科学といった社会に対して特殊な機能を担う各種のコミュニケーションがそれぞれに同種のコミュニケーションにのみ接続している社会であると概念化される。

機能システムのメカニズム

　以上の点をいま一度，階層分化社会と対比させつつ，明確にしていこう。個人が自分以外の者たちと社会的な生活を営もうとするかぎり，共同体の成員に対して拘束力のある決定を下したり（政治），希少な財を供給・分配したり（経済），何が真理であるかを確定したり（科学）する必要が生じる。機能分化を階層分化から分かつのは，これら社会の水準に位置する機能の充足の仕方の違いである。たとえば階層分化では，王の決定がそのまま共同体の成員に対して拘束力を有する決定となり，また王の言葉がそのまま真理として受け取られるといったように，位階の差異に応じて，各機能が充足される。

　これに対して，機能分化社会へと移行すると，政治的コミュニケーションだけが拘束力のある集合的な決定を下し，科学的コミュニケーションだけが何が真理かを判定するといったように，階層の影響の中和がめざされ，当該機能に特化したコミュニケーションによってのみ，その機能が充足されるようになる。同時に，複数の機能が特定の身分によって媒介される階層分化とは異なり，時の政権による学問への介入や賄賂による無罪の獲得など，異なる機能的コミュニケーションの無媒介な直結は否定的に評価される。政権による決定か否か，真か偽か，合法か違法かといった各機能的コミュニケーションを基礎づける区

別（バイナリー・コード）は，互いに独立であり，それぞれに固有の区別以外の値は，当該コミュニケーションにとって無関連なものとして扱われる。

　このことは，しかし，各機能システムがそれぞれに自由気ままに作動することを意味しない。各システムは，自身の外部にある他のシステムなどを観察しながら，自らを環境に適応させることで存続している。機能システムによる観察には，社会を対象とする機能，他のシステムを対象とする遂行，自分自身を対象とする反省があり，それぞれ厳格に区別される必要がある。たとえば応用研究は，科学システムによる科学以外のシステムの観察に基づく遂行であるが，それを科学システムの機能と混同すると，基礎研究など応用研究以外の研究が過小評価されることになりかねない。

　これに加えて，各機能システムは，他の機能システムの存続を前提に，それらとの相互依存関係を独自に制度化させながら，各々の合理性を高めていく（構造的カップリング）。たとえば憲法は，法システムと政治システムとの関係を水路づけることで，それぞれに自由度を高めることを可能にする制度である。憲法によって「政治は法を政治的な目的達成のための道具として行使する可能性を手にし」，「法システムは政治システムを合法／違法というコードのもとで観察できる」ようになるからである（Luhmann 2000a［訳 2013: 477-78]）。

機能分化理論の課題

　機能分化理論は近代社会の構造的特徴についての一つの有力な包括的理論である。そのさらなる発展には，とくに次の3つの課題への取組みが重要になる。第1に，システム間関係の理論的精緻化である。ルーマン自身は，機能システム間関係や機能システムと組織の関係について必ずしも体系的な理論を構築しておらず，その批判的継承は，ルーマン派システム理論の最重要課題の一つとなっている（毛利 2014）。第2に，社会の機能分化が人間や自然環境にもたらす帰結の解明である。これについてもルーマンが遺したのは暫定的なスケッチにとどまり，後世に託された課題とみなされるべきである。第3に，非西欧社会における機能分化の実態に関する経験的研究である。既存の機能分化理論は，もっぱら西欧の経験に依拠して構築されている。それゆえ非西欧世界との比較は，西欧型機能分化の特殊性を明らかにするだけでなく，機能分化理論それ自体の刷新に資することになるだろう。　　　　　〔小山裕〕

59　地位の一貫性・非一貫性と政治的態度

> 地位の非一貫性は，政治的態度として，人々に変革をめざす極端主義を促進する場合と，まったく逆に補償作用としての現状への満足感を生み出す場合とがある。

地位の一貫性・非一貫性とは何か

　地位の一貫性・非一貫性を説明する前提として，社会的資源，社会階層，社会移動を定義しておく。社会的資源とは，社会の活動に必要な財の総称であり，物的資源（資本財，消費財），関係的資源（権力，威信），文化的資源（知識，情報）からなる。社会的資源の多くは稀少であるという性格をもつ。それゆえ社会的資源を社会全体にどのように分配するかということはきわめて重要になってくる。どのような分配原理に基づくにせよ，社会的資源は不均等に分配されることが多い。その結果，社会全体では社会的資源を多く保有する人とそうでない人が生み出される。社会的資源が不均等に分配され，格差が生じている状態を社会階層もしくは階層構造という。

　社会移動とは，異時点間における個人，家族，集団の空間的な移動と社会的地位の変化（階層間の移動）との2つを意味している。社会的地位の変化は，近代社会において，社会的資源分配の原理として属性主義よりも業績主義が優勢になるにつれて発生する現象である。個人の社会的地位が上昇するのかそれとも下降するのか，そもそも階層構造が流動的なのかどうかということが，社会階層・社会移動研究の中心的なテーマになってきた。

　地位の一貫性・非一貫性に関する研究は，社会階層・社会移動研究の中から生まれてきた。社会的資源は，社会的地位の構成要素であり，すでに述べたように複数の次元からなる。したがって社会的地位もまた今日では複数の次元から測定されている。今田・原（1979）では，社会的地位を測定する変数（地位指標）として，教育（学歴），所得，職業威信，財産，地域権力，生活様式の6つを挙げている。地位一貫的な人とは，これら地位指標がすべて高い人々（上層一貫），中程度の人々（中層一貫），すべて低い人々（下層一貫）のことである。

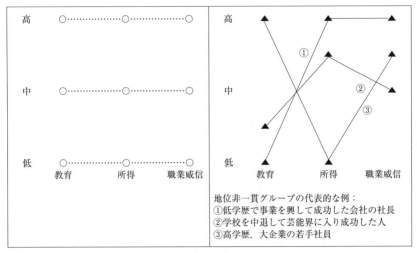

図1　地位の一貫性・非一貫性

これに対して地位非一貫的な人とは，ある地位指標は高いけれど，他の地位指標は低かったり，中程度である人々のことである。

　6つの地位指標では複雑なので，6つの地位指標の中でもっとも代表的な，教育，所得，職業威信の3つを用いて，地位一貫的な人々と地位非一貫的な人々を図示すると，図1のようになる。

「政治的極端主義への傾向」命題

　地位の一貫性・非一貫性研究で焦点化されてきたテーマは，次の3つである。第1は，地位の一貫性・非一貫性が政治的態度にいかなる影響を及ぼすかというテーマである。第2は，戦後日本社会では，そもそも地位一貫的な人々と非一貫的な人々のどちらが多いのかというテーマであり，第3は，日本社会では，地位の一貫性・非一貫性と政治的態度とはいかなる関係にあるのかというテーマである。第1のテーマが階層間の移動が発生した近代以降の社会に普遍的に当てはまるテーマであるのに対して，第2，第3のテーマは地位の一貫性・非一貫性を日本社会に即して焦点化したテーマである。

　まず第1のテーマについては，レンスキーがアメリカ社会を対象にして行った研究が有名である（Lenski 1954）。彼によると，地位非一貫的な状態にな

ると，人々は自分の地位をどの指標に基づいて判断したらよいのかわからなくなるし，自分の地位認知と他者による地位認知とがずれることもある。これは構造的な歪みであり，人々はストレスや欲求不満を感ずるようになる。その結果，現状変革的な政治態度を形成し，さらには政治的極端主義に走るようになるという。具体的には，レンスキーは地位非一貫的な人ほど，民主党を支持する傾向が強いことを発見している。この命題を「政治的極端主義への傾向」命題と呼ぶことにしよう。

ワイマール期のドイツと高度経済成長期の日本

「政治的極端主義への傾向」命題は，他の歴史的事例にも当てはまるであろうか。第一次世界大戦後のドイツにおける地位の一貫性・非一貫性を研究したシュトラッサーによると，ワイマール期の経済不況はドイツ社会において中産階級の没落をもたらした（Strasser 1986）。その結果，地位の非一貫性が増大した。地位の非一貫的な人々は政治的極端主義に向かう傾向があり，そのような人々がナチスを支持するようになったとした。ただし，このシュトラッサーの主張がどこまで実証データによって支持されているかについては，疑問を呈している研究者もいる。富永（1986）は，フロムが1929年に実施した調査を再分析して，地位非一貫的な人々が必ずしもナチス支持ではなかったとしている。シュトラッサーの主張には一定の留保が必要であるが，第一次世界大戦後のドイツにおいて地位非一貫的な人々が増大していたというのは，リアリティのある命題であるように思われる。

それでは高度経済成長期の日本社会において，「政治的極端主義への傾向」命題は妥当するであろうか。富永・友枝（1986）は，SSM調査1955年，1965年，1975年3時点データを分析した結果，地位非一貫的な人々は増大しているが，革新政党（社会党，共産党）支持は減り続け，中間政党（民社党，公明党）支持および「支持なし」が増え続けていることを明らかにしている。違った側面からいうと，地位一貫的な人々は，1955年の51.8%（上層一貫11.8%，下層一貫40.0%）から1965年の40.5%（上層一貫8.3%，下層一貫32.2%）を経て，1975年の34.8%（上層一貫12.6%，下層一貫22.2%）へと減少している。なおSSM調査3時点データでは，上層一貫と下層一貫のみが抽出され，中層一貫は抽出されなかった。他方，地位非一貫的な人々は1955年から1975年まで

の 20 年間に 17 ポイントも増大している。その増大は下層一貫の減少（40.0％から 22.2％へ）によってもたらされたと考えられる。結局，高度経済成長時代における地位非一貫的な人々の増大は，政治的極端主義をまったく生み出していないのであり，レンスキーの命題とは異なる結論になった。

「補償作用のメカニズム」命題

それでは高度経済成長期の日本社会ではいかなるメカニズムが働いていたのであろうか。ここで考えられるのが，補償作用のメカニズムである。社会全体が豊かになる中で，多くの人々は地位の複数の次元の中で，1つくらいは中程度の地位もしくは高い地位を獲得するようになった。貧しさから脱却する中で，すべてが上流ではないけれど，1つくらいは私（わが家）には上流のものがある，かくて他の低い地位を自分が獲得した他の高い地位で補償するというメカニズムが働き，人々はそれなりの満足感を得た。そのため政治的極端主義が発生しなかったと考えられる。これを「補償作用のメカニズム」命題と呼ぶことにしよう。

これまで取り上げてきた歴史的事例をふまえて，以上 2 つの命題を厳密に定式化するならば，「政治的極端主義への傾向」命題は，国民経済が下降し社会全体が危機的状況に陥ったときに当てはまる命題であり，「補償作用のメカニズム」命題は，国民経済が上昇し社会全体が豊かになっていくときに当てはまる命題だということになる。

ただし地位非一貫性を，教育・所得・職業威信などの業績主義の色彩の強い社会的地位のみによって定義すると，エスニシティ，ジェンダー，宗教等によって被る社会的不利益を看過してしまうことになる。実際に，前述したレンスキーの研究では，アメリカ社会における地位非一貫性を，教育，所得，職業，エスニシティという 4 つの変数で測定している。レンスキーは，すでに 1950 年代において，アメリカ社会の中核を占める WASP（白人でアングロサクソン系のプロテスタント）以外の人々の地位非一貫性を念頭においていたと考えられる。21 世紀においてグローバル化が進行する中で，高学歴を達成したにもかかわらず地位達成できない移民二世は，まさしく地位非一貫的な人々である。これらの社会的不利益を発生させるメカニズムを考慮したうえで，地位非一貫性の研究はなされるべきであろう。　　　　　　　　　　　　　　　　　　〔友枝敏雄〕

60 ハビトゥスと文化的再生産

> 過去の社会的諸経験の中で身体化されたハビトゥスは，知覚・思考・行為の図式として，人々の実践を生成するとともに，場における正統性の序列との結びつきを経て文化資本に変換され，不平等の再生産をもたらす。

ハビトゥス

人々は社会生活の中でさまざまな経験を積み重ねる。これら過去の社会的諸経験は，反復を通じて身体へと刻み込まれ，人々の性向を形作る。このように過去の諸経験を通じて身体化された社会的性向は，いったん獲得されれば，今度はある種の図式となって，あらゆる文脈で，必ずしも自覚を伴わずとも，一定の傾向性や規則性を備えた知覚・思考・評価・感覚・行為を生み出すように人々を駆動していくことになる。ブルデューは，こうした実践を生成する，持続的で移調可能な性向のシステムを，ハビトゥスと呼ぶ。

ブルデューによれば，人々が身につけるハビトゥスは，それぞれがもつ生活条件に応じたものになる。言い換えれば，それは，人々が組み込まれる社会階級的な位置との関係で定まるということだ。たとえば，人々は，ある家族のもとに生まれ，その中で，あるいはそれを取り囲むさまざまな集団や領域との関わり合いにおいて，それらに固有の見方や感じ方，考え方，振る舞い方を吸収していく。家族は，社会構造の点から見れば，何らかの階級的位置を占めており，社会化の過程は，当然その刻印を帯びる。したがって，ハビトゥスによって産出される実践もまた，たえず自らの階級の痕跡を残したものになる。人々は，こうした社会空間での位置——主に支配階級／中間階級／庶民階級に区分される——と性向との対応関係を背景にして，集合的な一貫性や体系性を保持しながら日々の活動を営んでいる。

場

ブルデューは，これらの実践を，歴史的過程を経て分化し，相対的に自律した空間，すなわち場（champ）で展開されるものとしてとらえている。場は，諸位置の構造化された空間であるとともに，特殊な規則と賭け金に基づいた，

正統性の独占をめぐる闘争が繰り広げられるゲームの空間である。人々は，ハビトゥスを通じ，このゲームの賭け金——争う価値のあるもの——を自明のものとして承認しながらも，場の内部で相異なる位置を占めているために，それに対して競い合っている。たとえば，芸術の場では，誰もが芸術活動の価値そのものを信じ共有しているけれども，その内部での各々の立場から，正統な芸術の定義をめぐって相争っているということだ。場は，こうした人々の闘争の歴史的帰結として，独自の正統性の序列を確立し，力関係の対立——正統と異端，保守と革新の対立など——が構造化された空間を構成している。

　また，場は，資本の不平等な配分構造によって特徴づけられる。人々が生み出す実践は，場に固有の正統性の観点から評価・選別の対象になる。したがって，人々が身につけたハビトゥスは，場との結びつきを経て，資本へと変換される。人々は，自らのハビトゥスをもちこみ，場のゲームに参加するのであるが，それは場における正統性の序列との親和性の高低に応じて，異なる重みをもった資本として機能するのである。もちろん場は，それぞれが独自の論理をもっているために，同じハビトゥスがすべての場で同等の価値と有効性を与えられるわけではない。しかし，人々は，自らが動員しうる何らかの元手を携えながら，場のゲームを闘い，現行の力関係の保持ないし転覆を図っている。こうして，同時に場は，人々が実践を通じて構造化していくものとしてもとらえられるのである。ブルデューは，このようなハビトゥスと場の相互規定関係によって，人々が展開する「実践の論理」を把握しようとする。

文化資本と不平等の再生産

　ブルデューは，以上のような理論的枠組みを駆使することで，数多くの経験的研究を生み出してきた。その際，ブルデューの分析において，とりわけ重要な位置を担っているのは，ハビトゥスが場の文化的正統性と結びつくことで立ち現れる資本，すなわち文化資本である。では，それは，社会的世界において，いかなる機能を果たしているのか。文化的正統性が競争の鍵を握る学校を例に見てみよう（Bourdieu et Passeron 1970［訳 1991］; Bourdieu 1989［訳 2012］）。

　学校は，一般に，個々の属性とは無関係に，学生たちの努力や才能を公平に評価し，学歴資格によって彼らを適切に社会へと再配置する制度だと考えられている。ところが，ブルデューは，そうした業績原理に基づいて，人々を生ま

れや身分から「解放する学校」という見方は神話にすぎないと述べる。

　ブルデューによれば，学校で学生たちに適用される価値体系——正しいとされる知識や態度や考え方——は，支配階級で養成される文化的性向と高い親和性を有している。つまり，学校の場における文化的正統性の序列は，社会階級的な位置の序列と対応関係をもっているということだ。実際，学校的な価値を体現した教師は，当たり前のように，それに基づく評価のカテゴリーを学生たちに適用していく。他方で，学校の場に参入する学生たちは，こうした学校文化の正統性を自明視したうえで，それぞれが学業成績を競い合うことになる。そしてその場合，学校文化に適合的な性向を家族から受け継いだ者たち，言い換えれば，正統な文化遺産を学校に先立って相続した者たちは，それを文化資本として，学業成績をめぐるゲームを有利に進めることができる。そのため，学校は，結果的に，正統文化を担った特定の階級の学生たちを学歴エリートとして選抜するように機能するのである。

　視点を変えるならば，学校は，特定の階級文化を正統なものとして公認し，その意味体系を人々に押しつけていると見ることも可能である。しかし，ブルデューによれば，そこには現に文化的恣意が働いているにもかかわらず，ハビトゥスの効果を通じて，その根底にある力関係が巧妙に隠蔽されるのだという。なぜなら，それは，教師と学生の双方が，学校を価値ある空間として成立させる共通の信念——ブルデューはイルーシオと呼ぶ——を抱き，あらかじめ既存の正統性の序列を承認している以上，学校で能力を評価するという営みは中立性の外観をまとったものとして現れるからだ。ブルデューは，社会秩序の恣意性を人々へと暗黙裡に押しつけながらも，その事実を否定し，ハビトゥスを介して自然なものとして認めさせる力の作用をさして，象徴的暴力と呼んでいる。学校は，そうした象徴的暴力が行使される空間であり，したがって，支配階級の学生たちは，文化的正統性を媒介として，自らの学業的な卓越性を示すことができる。普遍性の名のもとに行われる学校での競争は，このように，文化を通じた選別と排除を後ろ盾にして不平等を再生産していくのである。

　ブルデューが提示する「実践の論理」を，このような文化と社会構造の相互規定関係としてとらえた場合に，文化的再生産という視座がもたらされる。それは，場が有する文化的正統性の序列と階級のハビトゥスとの対応関係を背景

に，文化資本の世代間相続を通じて社会構造が再生産される様相を暴き出すものである。そのような見方は，食事・スポーツ・音楽・芸術・政治の選択といったライフスタイルの分析にも適用され，ブルデューは，そこでもまた，階級のハビトゥスが，それぞれの場で文化資本として機能し，文化的実践を媒介とした人々の卓越化を導きながら，それがいかにして支配関係や不平等の再生産に寄与しているかを鮮明に描き出している（Bourdieu 1979［訳1990]）。

現代社会と文化的実践

　ブルデューの文化的再生産という視座は，現代社会においても妥当性を有しているのであろうか。現在，理論的にも経験的にも，この争点をめぐって数多くの議論が戦わされているといえよう。

　たとえば，ライールは，ブルデューが人々の身体化するハビトゥスを，階級的位置に応じた均質なものとして集合的に把握する点に異議を唱えている（Lahire 1998［訳2013]）。ライールによれば，現代社会は高度に分化しているために，ブルデューが前提とする，階級的に一貫したハビトゥスを身体化する社会的条件が整っているとはいいがたい。むしろ，現代のように，複雑な社会化の条件のもとで生活する人々は，同じ階級どころか，同じ家族の内部でさえ，それぞれ異質なハビトゥスを形成するのである。つまり，人々の積み重ねる社会的諸経験が不均質なものになればなるほど，身につけられるハビトゥスもまた，それに応じて複雑なものにならざるをえないということだ。こうしてライールは，階級や集団ではなく個人の観点から，家族内での多様な社会化の形態を分析することで，相互に矛盾をはらんだ複数的性向を備えうるものとしてハビトゥスのとらえなおしを図り，文化資本を媒介とした不平等の再生産がそれほど滑らかに達成されるわけではないことを示している（Lahire 1995）。

　また，ピーターソンらは，人々の音楽の趣味を統計的に分析することで，特定の階級文化を超えた広範なジャンルの音楽を消費する文化的雑食が，エリート層と高い親和性をもつことを見いだし，ブルデューとは異なる文化と階級の関係性を明らかにしている（Peterson and Kern 1996）。いずれにしても，ブルデューの残した社会学的遺産は，現代社会の社会的条件に照らして，理論的・経験的に検証され続けていかなければならないだろう。

〔村井重樹〕

61 制度化と同型化

比較的散発的になされていた社会的行為が規則的なものとなり，それが幾度となく繰り返されることで，制度化が進んでいく。制度とは価値・規範的には望ましいものとされ，また認知的には当たり前のものとされるため，そこからの逸脱はかなり難しい。関係も集団も組織も，制度化が進むことで，それなりに似たような形を呈するようになる。

望ましいものとしての制度化

　個々の相互行為はそれだけでは社会とはいえないが，それが何度も繰り返され規則的なものとなれば，当事者間には一定の関係性が芽生え，それは集団や組織にまで発展しうるだろう。このように社会的行為から発し，それが規則化・構造化・一般化・標準化することで，ある程度まとまりのある社会的実体を呈するようになる事態を，制度化と呼ぶ。なお，制度というと国家体制や社会保障などのマクロの機構ばかりが想起されがちだが，お辞儀をしたり握手をしたりといった何気ない挨拶もまた立派な制度だ。それはミクロといえども，偶発的ではなく，適切な場面で繰り返されることが期待されている標準的な過程という点で制度の典型ということができよう。

　さまざまにある社会的な諸事象の中でも，多くの人たちが望ましいと感じるものほど制度化の程度は高くなるだろう。こうした考えを理論的に基礎づけたのがパーソンズである（Parsons 1951 ［訳 1974]）。人は単に私利私欲に基づいて行為しているわけではない。各人が私的利害を全開にしてしまえば，社会秩序は崩壊してしまうだろう。これに対し，価値や規範を大勢が共有していれば，社会の安定度は増すことになる。パーソンズは，人々が社会の中で流通している価値基準を内面化していることを重視し，そこに社会の基盤を見いだした。諸個人が主として役割期待に添った行為をし続けること，そしてそれに背いた場合には社会によって適切なサンクションが加えられること，これらによって制度的統合が実現するというわけである。パーソンズ的な社会学からするならば，社会化と社会統制がしっかりした社会は，統合力の高い，よい社会だ。

当たり前のものとしての制度化

　恵まれない人たちへの援助，殺人や窃盗の禁忌，これなどは価値や規範をベースとした制度化の典型ということができる。そうした例は枚挙にいとまがないだろう。ただし，学校給食が当たり前の国とそうでない国，クルマの走行を左側としている国と右側としている国，歩道ですれ違った際に赤の他人でも笑顔を交わしがちな地域とそうでない地域，大学でのゼミ合宿の実施が普通のところとそうでないところ，これらすべては制度の違いということになるわけだが，それは果たして主に価値・規範に因っているといえるだろうか。上の一つひとつについて，どちらのほうが望ましいと安易に判断することはできない。素敵だとか素晴らしいとかいったこととはほとんど関係なく，この場ではそれが当たり前とだけしかいえないような制度も現実にはたくさんあるのである。

　社会学的な新制度派の主唱者，ディマジオとパウェルは「制度の中身を構成しているのは規範や価値ではなく自明視されたスクリプトやルールや分類」といったものだとしたうえで，「パーソンズは，感情的・評価的に中立なルーティーン行動の自明な側面の分析を放棄してしまった」と批判している（DiMaggio and Powell 1991: 15, 17）。彼らによれば，ホットな価値に過剰な負荷をかけているのが旧制度派，これに対して通常の行為のクールな側面を直視するのが新制度派にほかならない。旧制度派から新制度派への移行は「行為への規範的アプローチから認知的アプローチへ，コミットメントからルーティーンへ，価値から前提へ，動機づけから規則随順の論理へ」という形で記述することが可能である（DiMaggio and Powell 1991: 19）。もちろん共有価値に基づく規範的秩序が重要でないというわけではない。しかし，それとともに，いやそれ以上に昨今，共有認知に基づく事実的秩序への注目が高まっている。かつてはパーソンズ流の古典的な制度論が主流だったが，いまや社会学の世界では新制度派が最大級のトレンドとなり，理論の世界と実証の世界の双方をともに席巻しているというのが実状だ。

制度的同型化

　制度の始まりは，価値・規範からということももちろんあるし，功利主義的な理由でというのもおおいにありうるだろう。大事だから，便利だからということで大勢の人たちが一致することを通じて制度化が進むというのは，ある種

の理想的な事態といえる。しかし制度には，どうして始まったのかわからない
ものも，また権力者に押しつけられただけのものもある。にもかかわらず，そ
れらも当の状態が長引くにつれ，非常に自然なものとしてとらえられるように
なったりもする。国の機関にも地方の役所にも会社にも学校にもそうしたもの
はいくらでもあるだろう。

　長い時間をかけて特定の道筋を経てきた仕組みに関し，これをなかなか変え
られないことを，経路依存性と呼んだり，組織的・制度的慣性と呼んだりする。
いい悪いはともかくとして，第二次世界大戦後の日本の学校給食の始まりがア
メリカ合衆国の小麦販路拡張戦略と関連していたことは，それなりに知られて
いるところだ。また，日本の大学のシラバスが諸外国のシステムを中途半端に
参照して作られた相当に珍妙なものだという事実も，大した理由を欠いた制度
化の力の大きさを示す好例の一つということができよう（佐藤 2019）。

　ズッカーは社会心理学的な実験を用いて，突飛な認知的な判断も，オフィシ
ャルな環境において伝達が繰り返される中で，当たり前のものとして定着する
ようになる，ということを明らかにした（Zucker 1977）。またマイヤーとロウ
ワンは，合理的とされる近代的な組織は，必ずしも実際に効率的に作動してい
るとは限らず，むしろ有効な協働を繰り広げているように見えること（そのよ
うに上手に見せること）こそが肝要だと論じている（Meyer and Rowan 1977）。つ
まり，今日の多くの組織は合理的に動いているという信憑性があるが，それは
実は神話のようなものにすぎない。けれどもそれを多くの人たちが本物と思う
ことで正当性が調達されている，というわけだ。

　こうして当初の成立事情が合理的であれ非合理的であれ，またその後の展開
過程が満足のいくものであったとしてもそうでなくても，当該の行為や関係が
規則的に繰り返され，堅固に制度化されてしまえば，それに異を唱えるのはそ
う簡単ではなくなる。基本的に現況に反対しないというのは，すなわち人々の
行為にせよ諸々の集団・組織にせよ，同じような形になりやすいということを
意味していよう。制度化の水準が高いところでは，行為主体ごとの個性は減じ
られ，もっぱら同型性（isomorphism）が顕著になるというわけである。

　同一の制度的環境内にある個人主体や集合主体は，周囲の影響によってしば
しば同型化する。諸々の組織が制度的なプレッシャーのために同型化していく

タイプとして，ディマジオとパウェルは次の3つを挙げた。①上位制度が定めた規制に従うことによる強制的同型性，②他の組織の実践を真似することによる模倣的同型性，③専門職や似たような人員が多くの組織に散らばることによる規範的同型性（DiMaggio and Powell 1983）。

制度ロジックによる呪縛とそこからの解放

個人も集団も組織も，より大きな社会の中に存在しているからには，技術的環境だけでなく制度的環境にも強くさらされている（Scott and Meyer 1991）。制度的な随順は，社会を生きるための大事な作法の一つだ。それはヴェーバーの行為論でいえば主として伝統的行為に照応していよう。新制度派の社会学が明らかにしたのは，①行為主体はそれほど合理的に振る舞ってはいないこと，②価値や規範へのコミットメントもそれほど強くはないこと，③そしてそれでもなおルーティーン行為の連なりとして制度は成り立っているということであった。これは私的利害を強調する合理的選択論的な見方とも，社会規範を重視する価値統合論的な見方とも違った，きわめて斬新な社会理論にほかならない。

ただし，新制度派が示しているのは社会の，あるいは人々の伝統的・保守的な姿だけではない。社会学的新制度派には現在も発展中のさまざまな研究群があり，次のような事柄に対しても大きな関心が寄せられている。①制度化の歴史的経緯は個々の制度ごとにさまざまであり，そこにはしばしば保守的な力と革新的な力の絡まり合いが見られるということ，②制度化が進んでいればいるほど，それへの反抗の芽も育ちやすくなるということ，③いかに各行為主体の同型性が際立っていても，各々にはそれなりの独自性が看取されるということ，④ルーティーン行動ばかりが顕著なところでは，かえって特異な振る舞いの価値が高まるということ，⑤いまなお制度化が進んでいないニッチを見つければ，そこに新たな制度を起こす好機が生じるということ，等々。

制度化現象に関しては，こういったことも含めて諸々の検討がなされているわけだが，日本においてはなぜか社会学における新制度派の知名度は必ずしも高くはない。ただし，それなりの研究が蓄積されている，というのも紛れもない事実だ（佐藤・山田 2004; 佐藤・芳賀・山田 2011; Sato, Haga, and Yamada 2015; 桑田・松嶋・高橋編 2015）。今後，日本でもさらなる探究の展開が期待されるところである。

〔山田真茂留〕

62　機械的連帯から有機的連帯へ

近代社会への移行の中で，個人がますます自立的になりつつあるのに，いよい
よ密接に社会に依存するようになるという，一見矛盾した事象はなぜ生じるの
か。それは，類似に基づく機械的連帯から，分業に基づく有機的連帯へと，社
会を成立させている原理が根本的に変化したためである。

近代社会と分業──社会学的視点

近代社会の重要な特徴の一つに，産業化の進展が挙げられる。産業革命以降
の飛躍的な生産力の増大が，人口の急激な増加，都市化の進展，労働者と資本
家の区分，工業化の展開といった，社会のあり方の根本的な変化をもたらした。

分業の重要性は，生産力の増大をもたらす主要因として，まずは経済学的な観
点から指摘される。たとえばアダム・スミスが『国富論』（Smith 1776［1950］
［訳 1978］）で，ピンの製造における分業の効果を説いたことはよく知られている。

生産性の上昇といった経済学的な観点にとどまらない，根本的な社会のあり
方の変化という社会学的な視点から分業に着目したのがデュルケムである
（Durkheim 1893［訳 2017］）。彼は『社会分業論』においてまず，分業は経済の
みならず，政治，行政，芸術，科学といった諸分野でもその影響力がますます
増していると指摘する。そして，分業は自然の一法則であると同時に，人間行
動の一つの道徳的準則でありうるのか，もし分業がこの性質をもつならば，そ
れはどのような理由によって，どの程度においてそうなのかと問題を提起し，
人間の行動を枠づけるものとしての道徳という観点から分業について論じる。

機械的連帯と有機的連帯，抑止的法と復原的法

デュルケムは，社会を社会たらしめるには，何らかの凝集性が必要であると
考える。そして，その凝集性が類似によってもたらされる社会と，分業によっ
てもたらされる社会とを，理念型的に類型化する。

前者は，それを構成している諸部分が似通っていて，互いに見分けがつかず，
社会として一定の形態も組織も欠いているものであるとされる。これは，社会
の原形質であり，あらゆる社会がそこから発生するような萌芽としてとらえら

れる。この類型は，彼の言葉による低級社会，すなわち原始的段階にもっとも近い諸社会において見いだされる。それは，環節動物の一つひとつの環が似ているように，類似した集合体の反復によって成立するという意味で，「環節社会」としてとらえられる。そして彼はこの連帯の型を機械的連帯と名づける。

　一方，近代社会への移行に伴う分業の進展によって，社会は同質性ではなく多様性を増していく。そして新たに，この多様性に基づいた社会的紐帯によって凝集性が確保される社会の類型が生まれてくる。デュルケムによればこの連帯は，各器官にその専門的な特徴や，その自律性が認められつつも，有機体としての統一性は各部分の個性化が著しくなるにつれて大きくなるという意味で，高等動物に観察されるものと似通っている。こうした観点からデュルケムは，彼のいう高級社会において見いだされる，分業によるこの連帯を有機的連帯と名づけるのである。有機的連帯は，それぞれが特殊な役割をもったさまざまの器官＝機関からなる一体系によって構成され，そしてこれらの器官＝機関もまた，それ自体が分化した諸部分からなっている。このように，機械的連帯が同質性に基づくのに対して，有機的連帯は差異に基づくものとしてとらえられる。

　機械的連帯と有機的連帯というこれら2つの社会類型は，まったく異なる原理に立ち，前者が退行・消滅していくのに応じてのみ，後者が進歩・発達していったと彼はとらえる。したがってここには進化論的な観点も見いだされる。

　デュルケムはまた，それぞれの社会のあり方を表象するものとしての法律に注目する。彼によれば，制裁には2種類が考えられる。1つは，その本質が行為者当人に課せられる苦痛あるいは少なくとも地位引下げに見いだされるもので，刑法が代表的である。この制裁は，当人の財産，名誉，生命，自由などに打撃を与え，当人が享受しているものを彼の手から剝奪することを目的としており，「抑止的法」としてとらえられる。もう1つは，ただ諸事物を現状に回復し，阻害された諸関係を正常な形態に取り戻すことを目的とするものである。これは「復原的法」としてとらえられ，民法，商法，行政法などが含まれる。

　前者の抑止的法律に対応する社会的連帯の絆は，それを破壊すると犯罪になるような紐帯であり，機械的連帯がこれにあたる。抑止的法は，共同意識の核心であり中枢であるものを守ろうとしている。一方，後者の復原的法律は社会のそれぞれの場において秩序を回復しようとするところにその本質が見いださ

れ，その意味で分散的であり，また専門的である。したがって，これに対応する連帯のあり方として，有機的連帯が提示されることとなる。

このようにして，連帯のあり方，またそれに結びつく法のあり方に基づいて，前近代社会から近代社会への移行に伴う2つの社会類型が提示されるのである。

「個」への視点

ヴェーバーに代表される，個人を出発点とする方法論的個人主義に対して，デュルケムは一般に，社会を出発点に置く方法論的集合主義にあり，また個人に対する社会の優越を説いたともされるが，実は彼は機械的連帯と有機的連帯との対比において，個人の重要性を第一義的なものとして強調している。彼によれば，前者が諸個人の相似に基づくのに対して，後者は諸個人が互いに異なることを前提としている。前者は，個人的人格が集合的人格に吸収し尽くされているかぎりにおいてのみ可能であるが，後者は，各人が固有の活動領域を，したがって一個の人格をもつかぎりにおいてのみ可能であるとされる。それゆえ，近代社会で発展していく有機的連帯においては，集合意識は個人意識が自由に展開する余地を残さなければならず，また，この開放部分が広ければ広いほど，有機的連帯から由来する凝集力はより強くなると彼はとらえている。

デュルケムによれば，『社会分業論』を著す契機となった問題は，個人的人格と社会的連帯との関係の問題である。個人がますます自立的になりつつあるのに，いよいよ密接に社会に依存するようになるのは，いったいどうしてなのか。個人は，なぜいよいよ個人的になると同時にますます連帯的になりうるのか。彼はこのように問題を立てたうえで，この2つの動きは矛盾しているように見えて，実は並行して相次いでいるものであると主張し，分業の絶えざる顕著な発展による社会的連帯の変化こそが，この表面上の二律背反を解決する，と説く。こうして彼は，全体の個性がその部分の個性と同時に高まり，社会は，その各要素の一つひとつが固有の動きをもつようになると同時に，全体としてますます活動的になるとして，近代社会における個人と社会との同時的な発展，そして両者の間の新たな関係のあり方を論じていく。『自殺論』（Durkheim 1897［訳 2018］）では，とくに自己本位的自殺やアノミー的自殺の類型によって，近代社会において社会から切り離されていく個の存在の危機が論じられるが，しかしここで見てきたように個人の価値をも重視するこうしたデュルケムの視

点は，近代の価値の重要性を十分に認識するものであった。

　なお，当時のフランスには，一方の自由主義，他方の社会主義に対抗する形で主張された「連帯主義」の立場があった。現実の政治の場でこの立場を体現した代表的な人物として，首相や上院議長などの要職も務めたレオン・ブルジョア（Bourgeois 1896）などが挙げられるが，デュルケムによる2つの「連帯」の類型の提示には，同時代のこうした動きからの影響も考えることができる。

生物学的観点との関連

　機械的連帯から有機的連帯へ，というデュルケムによる類型の根本的な視角には，生物学的観点からの類推も見いだすことができる。「低級社会」「高級社会」という用語は，進化によって複雑化していく生物からのアナロジーによるものであるし，また彼は，分業の法則は社会に対すると同じように有機体にも適用されていることが知られているとも述べる。彼によれば，ある有機体は，それのもつ諸機能が専門化すればするほど，動物の段階の中でより高等な位置を占める。そして分業は一般生物学の一現象であって，有機的物質の本質的な諸属性のうちに分業発生の諸条件を探究しなければならず，社会的な分業は，まさにこの一般的過程のある特殊な形態としてのみ現れるのであって，諸社会は，この法則に服しながら，社会よりも以前に発生し，全生命界を同じ方向に引き込んでいる一つの流れに沿っているとされるのである。

　また機械的連帯についても，この類型が理念型的に，あたかも無機物体の諸分子がそうであるように，固有の運動をもたないというかぎりにおいてのみ全体として動くことができるということから，これを機械的と呼ぶとされる。すなわちこの連帯の型は機械的な手段によって作り出されるものではなく，無機物の諸要素を互いに結合させる凝集力との類推においてそう名づけられるのであり，それは生物体の統一を作り上げる凝集力とは対照的であるともされている。

　「社会学」の名を創ったコントが提示した学問の階梯では，社会学は生物学の次に位置づけられていた。また当時は，スペンサーをはじめとして，社会を生物とのアナロジーでとらえようとする社会有機体論や社会進化論的な考え方はかなり一般的であった。『社会分業論』の議論は，そうした先行する諸議論からの影響を受けつつも，学問としての社会学の確立につながる重要な一歩を画するものとして位置づけることができる。　　　　　　　　　　　〔白鳥義彦〕

63 近代化

産業化や技術革新などの原因により，社会は「前近代」的状態から「近代」的状態へと変化する。この移行プロセスにあって，合理的精神が支配したり，民主的な政治体制ができあがったりなど，経済以外に文化や政治などの領域でも変化が生じ，多くの社会が似た特徴を示すようになる。

社会変動と近代化

社会学は，社会の変化の方向性をとらえる学問として誕生した。社会学の始祖とされるコントは3段階の法則を提示し，人間の精神が神学的段階から形而上学的段階，実証的段階へ進化するとしたが，スペンサーやテンニース，デュルケムなどの，いわゆる古典社会学の研究者も，「軍事型社会から産業型社会へ」「ゲマインシャフトからゲゼルシャフトへ」「機械的連帯から有機的連帯へ」など，社会変動をさまざまに定式化してきた。こうした変化を，前近代から近代への移行プロセスとして抽象化した概念が近代化であり，その過程を記述・説明する理論群は近代化論（modernization theory）と総称される。

近代化論は，第二次世界大戦後，多くの植民地が宗主国から独立し，新たに国家建設を行う中で，社会がどのように変貌を遂げていくことになるのかを比較・検討する中で彫琢され，経済発展がもたらす政治，経済，社会，文化面での変化を広く射程に入れてきた。

前近代から近代への移行をいつに求めるかについては諸説あるが，生物エネルギーから無生物エネルギーへの変換に伴う急速な経済発展＝産業化が始まり，これが人々のライフスタイルや結合様式，考え方や政治体制にまで広く影響を与えるようになったのは，19世紀のヨーロッパにおいてであるとする考え方が一般的である（Levy 1972）。

富永（1996）によれば，近代化は，①技術的・経済的領域，②政治的領域，③社会的領域，④文化的領域の，4つの領域の変化として総括できるという。①技術的・経済的領域での変化とは，エネルギー革命や情報革命の進展や産業構造の高度化（第一次産業から第二次，第三次産業への移行），市場経済化を，②

政治的領域での変化とは，伝統的法から近代的法への移行や近代国家の成立，専制主義から民主主義への移行を，それぞれさす。また，③社会的領域での変化は核家族化の進展と機能集団の台頭，村落共同体の衰退と都市化の進展，身分制の崩壊と自由な社会移動の成立として，④文化的領域での変化は科学革命の進展や合理精神の発達として，それぞれ定式化される。

　富永は，このように複数の領域における変化が，ときに時間的なズレを伴いながら，相互に影響を与えつつ進展することで近代化が達成されると考えたが，こうした発想は，古典社会学の社会変動スキーム，とりわけ社会進化論と親近性をもつ。また産業化が進展することで，ドミノ倒しのように変化が生じるとする考え方は，多くの途上国が同じ発展段階をたどるとするロストウの経済発展段階説や（Rostow 1960［訳 1961］），異なる政治・経済的環境にあっても，結局は似た社会的特徴を見せるようになるとする収斂理論の発想に近い。

領域間の因果関係をめぐる諸説

　もっとも，これら領域間でどのような力が働いているか，どのような因果関係が見られると考えるかについては，研究者や学派によって意見が分かれる。

　マルクス主義的唯物論は，技術的・経済的領域（＝下部構造）が他の領域（＝上部構造）を規定すると考えている。一方，プロテスタンティズムがもつ「世俗内禁欲」が資本主義の精神を生んだとするヴェーバーの議論や（Weber, M. 1920［大塚訳 1989］），徳川時代の石門心学にプロテスタンティズムに似た特徴が見られ，これが日本の近代化をスムーズに進行させたとするベラーの主張は（Bellah 1957［訳 1962］），文化的領域が技術的・経済的領域の変化をもたらしたと考える立場と解釈できる。

　経済発展や産業化が近代化を引き起こす動因だとしても，これが果たして政治や文化を転換・変換するだけの力をもっているのか，とくに産業化が民主化を生み出すことになるといえるかどうかについては，どの程度の時間的なスパンを念頭に置いているかが研究者によって異なっていることもあって，現在でも意見の一致を見ていない。

　また近年，技術的・経済的領域の発展を規定する要因として「制度」を重視する研究が進んでいる。たとえば，バーンスタインは経済史を紐解きつつ，経済発展にとって私的所有権，科学的合理主義，効果的な資本市場，効率的な輸

送・通信手段の4つの条件が必要不可欠であると指摘している（Bernstein 2004 ［訳 2006］）。またアセモグルらは，持続的な成長を果たすには包括的な政治制度（自由で民主的な政治体制）と経済制度（自由で開放的な市場経済）の相互作用が必要であると主張するなど（Acemoglu and Robinson 2012 ［訳 2013］），活発な議論がなされている。

近代化の国際的次元

1950年代から60年代にかけての近代化論は，先進国から発展途上国への技術移転やキャッチアップ型産業化モデルの伝播など，当該社会が置かれた国際環境を射程に入れていたものの，前近代から近代への移行が自生的かつ自然に生じるものと考えがちであった。これを批判したのが従属理論で，先進国と発展途上国の関係性こそ，発展途上国における経済発展の失敗＝低開発を生み出す原因となっていると主張した。

また，ウォーラーステインが提唱した世界システム論によれば，16世紀以降に誕生した近代世界システムにあって，資本主義の成長そのものが世界規模の分業体制の中で生まれており，世界は中核・半周辺・周辺といった三極によって構成されるとされている（Wallerstein 1974 ［訳 1981］）。中核にあってはヘゲモニー（覇権）国家が生産・流通・金融を支配するものとされ，半周辺や周辺に置かれた国家群は，こうした状況を所与に近代化に向かわざるをえないとされた。

従来の近代化理論を批判した従属理論や世界システム論も，現在では，多くの欠点が指摘されている。台湾や韓国は，外資導入や対外輸出など，経済面での先進国への「依存」によって経済成長を達成し，低開発の罠を脱することができたが，これは従属理論や世界システム論では首尾よく説明できない。何より，1989年における冷戦体制の崩壊に伴い，多くの旧社会主義国家が市場経済化を指向するようになり，競って外資を導入しようとするようになったことも，その理論的魅力を半減させることになった。

とはいえ，従属理論や世界システム論は，近代化を世界的な拡がりの中からとらえ，国家間関係や国際環境を重視する視点を近代化論に持ち込んだ点で，大きな知的貢献があった。急速な科学技術の進歩に伴い，当該地域の産業化や近代化は，国際環境を無視しては議論できない状況になっているからである。

冷戦体制の崩壊以降，近代化はグローバル化という概念によって，部分的に置き換えられることとなった。事実，この時期になって提示された「世界のフラット化」（フリードマン）や「マクドナルド化」（リッツァ）といった概念は，技術的・経済的領域や文化的領域における近代性の変容がグローバルな次元を内包していることを指示している。

近代化論の射程と限界

　こうした状況にあって，既存の近代世界をどのように理解し，その結果どのように自らの社会を再組織化しようとするかといった，ローカルかつ再帰的な視点が近代化論にとって重要になりつつある。

　たとえば，1980年代から90年代にかけて「4つの小龍」として脚光を浴びた韓国，台湾，シンガポール，香港は，急速な産業化ばかりか，中間層の台頭や核家族化・少子化の進行，世俗化の進展といった共通の特徴を示しているものの，前二者は1980年代に民主化を果たしたのに対して，後二者では民主化は依然，大きな課題となっているなど違いが見られる。これも，これらの社会が置かれた環境ばかりか，当該社会の成員が選びとろうとしている望ましい政治・社会の状態が異なっているからである。

　他方で，近代化論が想定してきた単線的／単系的な社会変動と異なる特徴を示す地域も，少なからず存在している。

　中東地域におけるイスラム原理主義の台頭は，「呪術からの解放」（ヴェーバー）がどこでも同じように進行するものではないことを物語っているし，南スーダンやソマリアなど，アフリカの一部地域で見られる「失敗国家」の存在は，近代国家が順調に成立するとは限らないことを示唆している。

　また，改革・開放によって急速な経済成長を成し遂げ，アメリカと伍するほどの経済力を獲得した中国が西側の民主主義を拒否し，「中国模式（モデル）」といった新たな発展モデルを途上国に提示している一方で，世界最大の民主主義国家・インドが持続的発展の道を模索し続けている姿も，従来の近代化論が主張してきたほど「ドミノ倒し」が容易でない現状を映し出している。

　このように，グローバル化が喧伝される現在にあっても，近代化論が首尾よく説明できる地域と領域は依然として限られているのである。

〔園田茂人〕

64 世俗化

世俗化とは，近代化の進展に伴って社会と宗教の関係が大きく変容することをいう。ただし，その指示する内容は，宗教の定義・前提とする時代や地域・注目する社会レベルなどの差によって異なり，論者ごとに宗教の衰退から維持や復興に至るまで実に多様性に富む。

ヴェーバーとデュルケムにおける世俗化

ヴェーバーとデュルケムは，ともに近代化の進展によって伝統的な宗教は社会の中で影響力を失っていくと考えた。それゆえ，世俗化という言葉こそ用いなかったものの，彼らは，近代化が社会における宗教の衰退を生み出すという意味での世俗化を実質的に認めていたといえよう。

ヴェーバーにとって，近代化とは，人々が伝統的な慣習や自らの感情ではなく目的合理的に思考・行動するようになるという意味での合理化（＝「脱呪術化」）である。さらに，近代化は，政治や経済などの自律的な価値原理をもつ世俗的領域を分化させるプロセスでもあった。その結果，伝統的な宗教は，新たに生まれた近代社会の多元的価値との競合（＝「神々の闘争」）に敗れて衰退していくものと考えられた（Weber, M. 1920［大塚訳 1989］；1922b［武藤・薗田・薗田訳 1976］）。

一方，デュルケムは，「聖なるものに関する象徴と儀礼の体系」と宗教を定義したため，その存在や働きが完全に損なわれることは 21 世紀の現在に至るまでないものと考える。しかし，同時に彼は，共同体の道徳として社会統合に資することを宗教本来の機能としたため，近代化に伴い高度な社会分化が進行する中で，宗教はこの機能を十全に果たせなくなると考えた。それゆえ，デュルケムの場合にも，近代社会に適合的な宗教の出現が期待されたものの，伝統的な意味での宗教は近代化とともに衰退すると考えられたのである（Durkheim 1893［訳 2017］；1912［訳 2014］）。

ウィルソンにおける世俗化

ヴェーバーやデュルケムらの議論を受けて，世俗化という概念が提出され，

本格的な議論となったのは1960年代以降のことである。この話題をめぐっては多くの論客が活躍したが、ここではその中から、まずウィルソンとバーガーの議論を取り上げよう。

ウィルソンは、イギリス国教会を中心とするイギリスにおけるキリスト教の状況を主な事例として調査し、近代化の進展は、伝統的形態としての宗教が社会に対して保持してきた重要性を大きく喪失させる不可逆な過程であると主張した（Wilson 1976［訳1979］）。ここで彼が重視した指標は、日曜日などに礼拝のために教会に出かけるという意味での教会出席率の低下である。

近代化は、都市化と合理化の進展によって共同体的なライフスタイルを解体し、伝統的なキリスト教が道徳的規制の源泉としてきた社会的基盤をも解体させる。いわば社会の現実の多くと適合しなくなった宗教の教義は人々の内面的支持を失うのである。その結果、多くの西欧諸国では、伝統的なキリスト教会への帰属を自認する者が依然として多い一方で、第二次世界大戦後、教会出席率は大きく低下することとなった。彼によれば、この比率は、各種の社会環境の差によってアメリカ合衆国においては西欧諸国と比較すれば高い数値を示すものの、それは徐々に低下傾向にあり、基本的な趨勢は変わらないという。

バーガーにおける世俗化

実証的研究に基づくウィルソンの議論に対して、バーガーは近代化に関する独自の理論的見解をもとに世俗化について論じている（Berger 1967［訳1979］）。

そこで鍵概念となったのが「社会的世界の多元化」である。西欧中世のローマ・カトリックに代表されるように、近代化以前の社会では、大多数のメンバーが信奉し生活の諸領域の制度全域を統制する唯一無比の宗教制度が存在していた。こうした位置にある宗教制度を彼は「聖なる天蓋」と呼ぶ。1つの宗教制度が管轄し正当化するがゆえに、社会生活は矛盾のない1つの社会的世界として成り立っていた。しかし、近代化の進行は、二重の意味でこの状況に変化をもたらすことになる。第1に、政治・経済・科学などの社会的諸領域が宗教の管轄から独立し、それぞれの論理のもとで独自の世界として運営されるようになることである。この結果、社会生活は、多様な社会的世界が併存する状況（＝多元的な社会的世界）に変化することになる。そして、その必然的な結果として、宗教は、個人の内面生活に限定されること（＝私事化 privatization）

となって，その公的な社会的領域における影響力は著しく衰退することとなる。第2に，私的な領域においても，近代において宗教はその独占的な地位を失い，さまざまな宗教や世俗的なイデオロギーとの間で競合関係に置かれることとなる。その結果，社会は信じるものの違いに基づく多様な社会的世界に分断されるのである。こうして，近代化は，二重の意味で伝統的な宗教が保持する社会に対する影響力を弱めるように作用する。

ルックマンにおける世俗化

ウィルソンもバーガーも，違いはあるものの，近代化の進展を基本的に社会における宗教の影響力の衰退を導くものととらえていた。これに対して，ルックマンは異なる見解を述べている（Luckmann 1967［訳 1976]）。

ルックマンは，西欧中世のキリスト教会のような特定の宗教制度と宗教自体を混同すべきではないと主張する。そして，実体論的定義ではなく機能的定義を宗教に関してとるべきだと考える。彼のいう機能的定義とは，具体的には，人間がアイデンティティの確立を果たすための意味体系というものである。

このような宗教定義の違いは，世俗化に対する把握の違いをも生み出す。ルックマンも欧米社会においてかつて権威ある地位のあった教会や教派としての宗教が影響力を低下させつつあることを認める。しかし，それは宗教自体の衰退を直接的に意味するものではない。宗教がアイデンティティの確立を担う以上，それはどのような社会においても形を変えて存在し続けることになる。彼によれば，近代化された社会においては，こうした意味での宗教は，競合する複数の選択肢の中から個人が選択したり，さまざまな媒体の中に散りばめられた宗教的表象を組み合わせて作成したりするものとなっている。この意味で，彼の見解に従えば，現代社会においては，誰の目にも明らかな宗教制度から非常に個人化した「見えない宗教」への移行が進行していることになる。

「再聖化」と世俗化研究の現代的展開

世俗化に関する社会学的議論のその後の展開を左右する重要な出来事が1990年代後半に生じた。近代化に伴う社会的世界の多元化によって宗教は衰退するとしていたバーガーが自らの説を否定する立場に移行したのである（Berger ed. 1999）。この出来事の背後には，近代化の進展によって衰退すると思われた宗教が現代世界においても勢力を保つどころか，世界の各地で再度勢

力を強めつつあること（＝再聖化）がある。とくに，グローバル化の進展に伴う民族意識や国家意識の高まりとも相まって，政治をはじめとする公共領域において宗教は再度存在感を増している。この結果，20世紀後半に多くの研究者によって支持された世俗化に関する議論（とくに宗教の衰退を説くもの）は，現在では時代遅れの誤った説として一転して無視されることが多くなっている。

しかし，必要なことは，盲目的な礼賛でも批判でもない。この点において，ブルースとカサノヴァの議論は有益である。このうち，ブルースは，宗教の衰退としての世俗化への反証として，近代化していない社会が宗教的であることがしばしば挙げられてきたことに疑問を呈している。そして，世俗化を原義のとおり近代化の帰結として考えるのであれば，西欧社会に見られるように，バーガーによる自説撤回は不要であると述べている（Bruce 2002）。この議論からは，世俗化する社会を，近代化の発達段階を指標として国民国家単位で定義するか，グローバル化する世界社会として定義するかで大きく話が変わることがわかる。世俗化を宗教の衰退ととらえる説にしても，後者の立場をとれば明白に否定されるが，前者の立場をとれば，西欧諸国に加えアメリカ合衆国や日本等の例を比較検討する必要が生じ，その有効性はいまなお論争中である。

カサノヴァの議論はより広い射程をもっている。彼は，従来の世俗化に関する議論の主要な誤りは，「世俗化の歴史的プロセスそのもの」と「それらのプロセスが宗教のうえに及ぼしたと想定され期待される結果」とを混同する点にあると述べる。そして，「非宗教領域である国家や経済が宗教と分離独立する社会分化」が近代化に伴い進んだとしても，その結果として，必ずしも「宗教的信念や実践の衰退」や「私事化」が進行するとは限らないことを示している（Casanova 1994［訳1997］）。つまり，世俗化は，西欧社会を事例とする単線的なモデルでとらえるべきものではなく，さまざまな文化・政治・歴史をもつ諸社会ごとに異なる複数の経路をたどるものなのである。この複雑な経路の解明のためには，彼自身が端緒を開いたように，多くの社会における近代化の歴史の具体的な様相を比較社会学的に検討することが必要である。世俗化に関しては従来から欧米社会にしか当てはまらない特殊な議論との批判が存在したが，それへの対応も含めてこのテーマに関する議論は現在重要な革新の時を迎えている。

〔芳賀学〕

65 啓蒙の弁証法

啓蒙による進歩の道を歩んできたはずの人類は，なぜ繰り返し野蛮状態へと転落するのか。啓蒙の弁証法とは，啓蒙がその反対物の野蛮と一見対立しつつも同一の性格をもつことを意味する。すなわち，啓蒙にはすでに自然に対する文明の暴力が含まれており，ナチスに代表される人類の野蛮さはそうした啓蒙のもつ根源的な暴力に由来するのである。

フランクフルト学派と啓蒙の弁証法

『啓蒙の弁証法』は，フランクフルト学派の第1世代，アドルノとホルクハイマーの共著である。フランクフルト学派は，1930年代にフランクフルト大学社会研究所に集まった研究者集団で，その射程は社会哲学，社会学，心理学，経済学，歴史学，美学にまで広がっている。第1世代として，アドルノとホルクハイマーのほかに，メディア論で知られるベンヤミン，ナチズム批判のフロム，60年代後半の学生たちの支持を集めたマルクーゼらがいる。その後，学派の思想は批判理論として，第2世代，第3世代へと引き継がれている。

アドルノとホルクハイマーを含む第1世代の思想家たちは，ユダヤ系市民であったことから，ナチズム台頭とともに亡命を余儀なくされた。『啓蒙の弁証法』は亡命先アメリカで執筆されたもので，古代ギリシャからナチズムへと至る文明の歩みを輝かしい啓蒙が野蛮状態（神話）へと反転する歴史のパラドクスとして描き出した。

啓蒙の弁証法とは

『啓蒙の弁証法』の主題は，人間の優れた能力とされてきた理性の中には暴力の契機が含まれており，文明が巻き起こす野蛮状態をそうした暴力性の歴史的帰結と見ることにある。まず理性には，自然的世界がもっている本来の豊かな質的多様性を抽象化してとらえ，一面的な操作と支配の対象にする傾向がある（数学や科学の法則）。また理性は，人間の自己保存のための道具と化して，内的な自然（感情や欲望），外的な自然環境，社会的世界を暴力的に支配する。アドルノとホルクハイマーは，こうした理性の暴力性や道具と化した理性の歴

史を「啓蒙と神話の絡まり合い」として描いた。

　著者たちによると，啓蒙とは知性によって「世界を呪術から解放すること」「神話を解体し，知識によって空想の権威を失墜させること」である。呪術からの解放とは，人類が伝統的で呪術的な世界観を脱し，体系的かつ合理的に世界を説明する科学的な世界観へと移行する過程，すなわちヴェーバーの「合理化」の過程である（Horkheimer und Adorno 1947［訳 2007: 23］）。アドルノとホルクハイマーは，こうしたヴェーバーの合理化論を念頭に置きながら，啓蒙を，自然に対する呪術的思考から人々を解放し，科学的な自然支配を実現する過程とみなしている。彼らのいう呪術的思考は，自然をアニミズム的な力に満ちた存在とみなし，そこに「同化（ミメーシス）」しながら，同じく野蛮で非合理的な力（呪術）を用いて操ろうとする思考である。他方の啓蒙（合理化）とは，主体が自然から距離をとり，それを対象化することで計算可能性や法則性を見いだし，自らに役立て知的に支配しようとすることである。しかし啓蒙は，弁証法的な過程をたどって呪術的＝神話的野蛮さへと反転する。

　弁証法とは，アドルノとホルクハイマーによると「あるものがその対立物と同一である」という矛盾した状態をさす。彼らはこれを，①すでに神話が啓蒙である，②啓蒙は神話に退化する，という２つの命題に言い換えている。ホメーロスが描き出したギリシャの神々，たとえばゼウスは天の長であり，アポローンは太陽を操縦するというように，神々は自然にある原質そのものではなく，その意味を表している。つまり，神話自体が叙述し説明を与えようとする営みであり，すでに啓蒙の要素を含んでいる（すでに神話が啓蒙である）。

　他方，科学としての啓蒙は，繰り返される事実のみを正しい認識とし，それを数学や法則として把握する。しかしその結果，思考が形式化し，再現できる事実を機械的・盲目的に反復＝再生産するようになる。こうした啓蒙の姿は，世界の循環，運命そして支配を「自然の真理」と見る神話的思考と変わるところがない（啓蒙は神話に退化する）。

啓蒙の弁証法の諸相

　こうして示された啓蒙の概念は，古代の叙事詩や近代の作家たちの作品を通して具体的に描き直される。『オデュッセイア』は，トロヤ戦争に勝利したギリシャの英雄オデュッセウスが，数々の苦難や冒険の末，故郷イタケーにたど

りつき，財産を乗っ取ろうとした者たちを征伐する物語である。その一節に登場する魔女セイレーンは，付近を船で航行する航海者を美しい歌声で誘惑し，その声を耳にした者すべての命を奪い去るという。

　オデュッセウスは，部下に命じ自身の身体を海へ飛び込まぬよう船に縛りつけさせ，さらに部下の耳には蜜蠟を埋め込み，いかなる事態があろうとも櫓を休めず，船を漕ぎ続けるよう命じる。問題の島にさしかかると，セイレーンの歌声がオデュッセウスを誘惑する。しかし彼は船から引きはがされることはなく，部下たちには歌声も縄を解くように命じる主人の声も届かない。こうしてオデュッセウスは，セイレーンの歌声を聞きながら，その誘惑をも退ける。

　ここには，啓蒙された主体の姿が比喩的に描き出されている。セイレーンの誘惑を退けるために，体を船に縛る振る舞いは，主体が市民社会において主体として生きるためには，ミメーシス的な内的自然（衝動的一体化やその欲望）を抑圧し，誘惑を退けなければならないことを象徴している。また誘惑に囚われることなく労働に盲目的に従事する部下と，その労働の上に歌声を鑑賞し享受するオデュッセウスの関係は，社会的な階級支配の成立を暗示している。

　他方，近代の道徳哲学者カントは，啓蒙的理性の役割を他人からの指導を受けない道徳的自律の実現に求めた。しかし，それは他人に依存しない自己保存を意味する。理性は自己保存のための道具となり，自己保存に必要な対象を計算可能なもの，操作可能なものへと還元し，支配する。この過程で，理性は自己保存以外のあらゆる精神的・理想的目的や感情を非論理的なものとして退ける。その結果，理性は主体から良心の疚しさや同情といった感情的要素を奪い去る。こうしてカントの道徳的自律の「厳格さ」は，ニーチェやサドといった非道徳的な作家が追求する「残虐さ」へと限りなく接近する。

　以上の考察に対し，続く文化産業と反ユダヤ主義に関する議論では，現実の社会現象に即した考察が展開される。文化は，かつて教養の修得を通して個性や独自性をはぐくむ知的財産であった。しかしメディアの発展により，文化は人々に娯楽を提供する「産業」と化す。産業となった文化は，過酷な生活に対する慰めとして人々に娯楽を提供し，変革や批判の意識を喪失させる一方，大衆娯楽はそれを享受する人々から個性と独自性を奪い（強制された同化＝ミメーシス），画一的な疑似個性を植えつける（出口 2013: 21）。

また近代に入って，多くのユダヤ人は特殊な民族的出自を捨て，自由と平等を求めてキリスト教的市民社会へと同化していった（出口 2002: 4）。しかしそうした同化の姿は，逆に一般の市民の心に嫌悪の感情を呼び起こす。なぜなら，懸命に同化しようとするユダヤ人の姿は，自分たちも古い自分を捨て去り，新しい社会や経済のシステムに同化していかねばならない，という強い不安を思い起こさせるからである。人々はそうした自分たちの不安な姿をユダヤ人に見いだし（投射＝同一化），そのような彼らを嫌悪し排除しようとする。ここに至り，啓蒙はその限界に達する。啓蒙の生み出した平等な近代市民社会が，すでに投射＝同一化（ミメーシス）と排除のメカニズムをもっているのである。

　批判を遂行する理性それ自体が野蛮を生み出すという結論を前に，著者たちが選ぶ道は啓蒙の自己反省である。主体自身が理性によって歪められた内的自然（暴力的な衝動や破壊的な願望）を見つめ直すことにより，理性はその暴力性を消し去ることができるのである。

啓蒙の弁証法と2つの社会批判

　啓蒙の弁証法の現代的意義を論じる際，学派の第3世代に属するホネットによる批判の2分類（社会理論としての批判と世界の意味地平を開く批判）が有益である（Honneth 2000 [訳 2005]）。ホネットによると，啓蒙の弁証法を支える自然の支配や社会的支配の分析は，現代の科学的成果から見て，必ずしも高く評価されているわけではなく，その意味では「社会理論」としての有効性は低いかもしれない。

　それに対し，啓蒙の弁証法をもう一方の「世界の意味地平を開く批判」の一つと見ることもできる。つまり，啓蒙の弁証法は，私たち自身が普段気づきえない日常世界の「病理」に目を向けさせてくれる。たとえば，物語形式（セイレーンの物語の解釈）や極端な比喩（文化産業という造語）という一見，非科学的だが，インパクトのある記述スタイルを採用することにより，日常生活の出来事に対する私たち自身の見方に疑問を提示し，日常生活の病理的な性格（理性の病理）に気づかせてくれるのである。たとえばセイレーンの物語は，現代に生きる私たちが経験する規律訓練や抑圧の過酷さを，そして文化産業という用語は，衰退しつつある教養と娯楽と化した文化の姿を私たちに示してくれる。

〔出口剛司〕

66 生活世界の植民地化

> 生活世界の植民地化とは，私たちの日々の生活が営まれている世界が行政や経済の肥大化によって内側から浸食され掘り崩される事態をさす。植民地化の結果，意味喪失をはじめとする病理現象が生じる。

コミュニケーション的行為

生活世界の植民地化は，西ドイツ（当時）のハーバマスが『コミュニケーション的行為の理論』で提示した命題である（Habermas 1981［訳 1985-87]）。この命題は，行政や経済の肥大化によって私たちの日々の生活が営まれている世界が脅かされている事態を示している。では，私たちの日々の生活とはどのような生活であろうか，またそうした生活が営まれている世界とはどのような世界であろうか，そしてこの世界が行政や経済の肥大化によって脅かされているとはどのような事態であろうか。

ハーバマスによると，私たちの日々の生活は，コミュニケーション的行為を中心に営まれている。コミュニケーション的行為とは，貨幣や権力ではなく，言語に依拠した秩序形成メカニズムである。すなわち，コミュニケーション的行為とは，合意に基づいてさまざまな行為者の行為計画を調整する行為である。ここで合意とは，相互の発言の妥当性を批判したり根拠づけたりすることが可能であるという条件のもとで形成されるものを意味する。この意味での合意に基づかず，単に各自が自己中心的に成果を追求することに基づいて行為計画を調整する行為は，戦略的行為と呼ばれる。

具体的に考えてみよう。たとえば，部活動で，後輩が自主練習に参加して先輩にシュートの打ち方を教えてもらうという行為計画をもっているのに対して，先輩は自主練習に参加しないで後輩とカラオケに行くという行為計画をもっていたとしよう。ここで，後輩が「シュートの打ち方，教えてよ」と先輩に発言したことに対して，先輩は「生意気な口のきき方だ」と不満に思い，「後輩は先輩に敬意を払うべきである」という規範を引き合いに発言を批判することもできたのだが，今日はとくに問題にすることはやめて，後輩の発言を受け容れ

る。これが，コミュニケーション的行為である。

　ハーバマスによると，批判や根拠づけの可能性が保証されていることこそ，合理的と形容することができる。この意味において，コミュニケーション的行為は少なくとも潜在的には合理的である。

　私たちの日々の生活は，言語に依拠した秩序形成メカニズムを中心として，少なくとも潜在的には合理的に構造化されているのである。

生活世界

　では，こうした日々の生活が営まれている世界は，どのような世界であろうか。ハーバマスはこの世界を生活世界と呼ぶ。すなわち，ハーバマスによると，コミュニケーション的行為は，つねにすでに生活世界のもとで遂行されている。

　生活世界は，文化・社会・人格の3つの要素からなる。文化とは，知識のストックであり，状況を解釈し意味づけることを可能にする。たとえば，「後輩はシュートの成功率さえ改善できればレギュラーになることができる」「レギュラーとなることは部活動での成功と一般的に考えられている」といった知識は，先輩が後輩の発言（「シュートの打ち方，教えてよ」）を「レギュラーになって部活動で成功したい」との思いから出たものであると解釈し意味づけることを可能にする。また社会は正統な秩序であり，社会的集団への帰属を規制し連帯を強化することを可能にする。たとえば，「後輩は先輩に敬意を払うべきである」という正統的な秩序は，先輩が後輩の発言を部員にふさわしくないとして批判し，後輩がその批判をもっともなものとして受け容れることを通して，部員同士の結びつきを強化することを可能にする。最後に，人格とは話したり行為したりする能力であり，自己の同一性を主張することを可能にする。

　生活世界は，近代では高度に合理化されている。合理化とはとくに，文化・社会・人格の構造分化を意味する。構造分化とは，文化・社会・人格の各要素が，その再生産を通じて他の要素の保存に寄与していた状態から，そうではない状態へと移行することである。たとえば，人格が，その再生産を通じて，規範に適合した行為のための動機づけを作り出し，社会の保存に寄与していた状態から，そうではない状態に移行することを意味する。

　この合理化は，コミュニケーション的行為に内在する合理性の潜在力を解放する。すなわち，合理化によって，コミュニケーション的行為における批判や

根拠づけの可能性が高くなる。たとえば，規範に適合した行為への動機づけが弱まるなら，規範には必ずしも適合しない行為が選択され，その行為が他の行為者からの批判を招く可能性が高まる。先の例でいうと，「後輩は先輩に敬意を払うべきである」という規範に適合した行為への動機づけが弱まり，後輩が先輩に対して敬意を欠いた発言をし，この発言が先輩からの批判を呼ぶことがありうる。さらに，この批判が後輩からの反論（たとえば「規範がそもそも理に適っていない」）を呼ぶこともありうる。

　生活世界は，近代では唯一の存在ではない。近代では，生活世界と並立して，経済システムと行政システムが形成されている。ハーバマスによると，社会は，生活世界の構成要素としてその合理化に規定されながら，システムとしての複合性を増大させる。その結果，経済システムと行政システムが，生活世界の構成要素である社会から分化する。両者は，言語ではなく，それぞれ貨幣と権力に依拠した秩序形成メカニズムを構成する。

　私たちの日々の生活が営まれている世界は，近代では，外的には行政と経済と並立し，内的には合理化され，私たちの日々の生活に潜在している合理性を解放しているのである。

生活世界の植民地化

　しかし，この世界はいまや，行政や経済の肥大化によって脅かされている。すなわち，ハーバマスによると，生活世界は植民地化されている。ここで植民地化とは，経済システムや行政システムが生活世界の核心領域を属領化することである。

　ここで核心領域とは，生活世界の再生産にとって不可欠な領域である。たとえば，家庭や学校である。家庭や学校は，文化・社会・人格を維持し更新することにおいて，不可欠の役割を果たしている。また，属領化とは，言語に依拠した秩序形成のメカニズムを貨幣や権力に依拠したそれに切り替えることである。たとえば，家庭や学校の問題に行政が介入することで，言語に依拠した秩序形成のメカニズムが，部分的にせよ権力に依拠したそれに取って代わられることである。

　ハーバマスによると，核心領域は，本来，言語に依拠した秩序形成メカニズムに依拠しており，貨幣や権力に依拠したそれに切り替えることができない。

したがって，植民地化の結果，この領域は機能不全に陥り，生活世界の再生産に支障をきたし，さまざまな病理現象が生じる。文化の再生産の支障は状況を解釈し意味づけることを難しくし意味喪失を，社会の再生産の支障は集団の連帯の弱体化をもたらしアノミーを，人格の再生産の支障は自己の同一性を主張することを難しくし精神病理を，それぞれもたらす。

　私たちの日々の生活が営まれている世界はいまや，行政と経済の肥大化によって内側から浸食され掘り崩され，意味喪失をはじめとする病理的な現象が生じているのである。

命題の実践的・理論的意義

　こうした生活世界の植民地化の命題は，実践的には，肥大化した行政・経済に対する抵抗に理論的根拠を提供するものであった。第二次世界大戦後，西側先進国では，福祉国家とそれによって秩序づけられた市場経済が発展した。この発展は，一方で，人々の生活に豊かさをもたらしたが，他方で，行政・経済の肥大化をもたらした。この肥大化は，かえって人々の生活を脅かすようになり，1960年代後半以降，抵抗の動きが広がった。植民地化の命題は，この抵抗に理論的根拠を提供するものであった。

　理論的には，この命題は，近代の全面的肯定でも否定でもない立場を可能にした。この命題は，経済システムおよび行政システムの拡張を，ましてやその存在を，否定しない。この命題はあくまで，生活世界の再生産に支障を及ぼすかぎりでの拡張を問題視する。したがって，この命題は，近代それ自体を否定しない。近代は，かえってコミュニケーション的行為における合理性の潜在力を解放するかぎりで肯定される。

　この立場はとくに，フランクフルト学派の批判理論を近代の完成をめざす理論として再構築するものであった。ホルクハイマーとアドルノは，『啓蒙の弁証法』で，啓蒙ははじめから野蛮の契機を内包すると説くことで，近代の全面的否定に陥る傾向を有していた（Horkheimer und Adorno 1947［訳2007］）。植民地化の命題によって，批判理論は，未完のプロジェクトとしての近代にコミットする理論として，再構築される。

〔飯島祐介〕

67　想像の共同体と伝統の創造

　近代的に創られたネーション（国民・民族）は，大多数の互いのことを知らないメンバーによって構成されており，その意味で想像の共同体ということができる。また，古くからの存在と考えられている伝統には，実は近代に創出されたものが少なくない。ただし主観的な意味世界のうちでは，これらは近代以前の古いものとしばしば結びつけられている。

原初主義と近代主義

　ネーション（nation）の発生や構築に関する論議は 1980 年代以降に活発になり，その発生については基本的に原初主義的な解釈と近代主義的な解釈の 2 つに分けられる。換言すれば，前近代にさかのぼるか，近代以降の現象かという分類になる。前近代にネーションが生まれたとする説には，ネーションが自然発生的にできたとする原初主義に基づくものと永続主義的なものがある。スミスの整理に基づくと，原初主義的な主張は以下のようになる（Smith 1986 [訳 1999]）。ネーションとナショナリズムは恒久的で，「自然なもの」であるため，いつの時代にも発見できる。また，永続主義者の主張は，近代のネーションやナショナリズムは，「前近代的な紐帯と感情をたんに量的に拡大し新しい形にしたものにすぎない」（Smith 1986 [訳 1999: 16]）。ネーションとは全面的に近代の産物である，と 1980 年代にアンダーソンやゲルナーらが主張する以前は，このような原初主義的傾向が強かった。今日ではネーションは近代に構築されたという考えが主流であり，アンダーソンによれば，ネーションは歴史家の客観的な目には近代的現象であるが，ナショナリストの主観的な目には古い存在と映る（Anderson [1983]2006 [訳 2007]）。ゲルナーは，ネーション，ナショナリズムや国民国家を，いずれも 18 世紀後半を起源とする近代社会の産物であるとし，「ナショナリズムは国民の自意識の覚醒ではなく，存在していないところに国民を作り出す」（Gellner 1964: 168）と述べている。彼によれば，ナショナリズムは産業化がもたらした近代社会において発生するものである。また「ナショナリズムはきわめて特殊な種類の愛国主義であり，実際のところ近代世界でしか優勢とならない特定の社会条件の下でのみ普及し支配的と

なる愛国主義である」（Gellner 1983［訳 2000: 230］）。そして，産業化がもたらした「人々の共有文化」すなわち識字能力に裏づけられた「高文化」や「高度な専門化に見合った規模」などの社会的条件が整っていないそれ以前の「農耕社会」などでは，同様のナショナリズムは認識できない，という。

「想像の共同体」と出版資本主義

アンダーソンの著書『想像の共同体』（1983）は，1987 年に翻訳が日本で出版され，その後 1990 年代にはヨーロッパを中心に 10 カ国以上，2007 年には 33 カ国（29 言語）で多様な言語の海賊版も発行されている（Anderson［1983］2016: 207）。彼は，ネーションを「イメージとして心に描かれた想像の政治共同体である」と定義して，その特徴を以下のように示した（Anderson［1983］2006［訳 2007: 24-26］）。ネーションは，①想像されたもの（imagined）である。たとえ小さなネーションでも，そこに属す人々は大勢の自分の同胞に会うわけでもなく，また彼らのことについて聞いたり，知ったりすることもないが，心の中に「共同の聖餐（communion）のイメージ」をもっている。②限られた（limited）ものとして想像される。どれほど多くの人々を擁すネーションでも，そこには国境があり，その先には他の国民が存在している。③主権的なもの（sovereign）として想像される。そこでは主権国家としての自由や権利が保障されており，成員がこれを統治している。④一つの共同体（community）として想像される。そこに不平等や搾取が存在しても，成員同士が「常に水平的な深い同志愛」を思い描いている。

多くの人々が見ず知らずの人々と共有するイメージを形成し，また自分と他人を結びつけることが可能になったのは，「出版資本主義」による。17 世紀末まで印刷機は限られた都市にあるだけで，主に教会関係の出版物を印刷していたが，ラテン語の他に俗語（いわゆるその土地の言語）の出版物が刊行されて，18 世紀には次々と新聞が発行されるようになった。19 世紀半ばのヨーロッパでは読み書きのできる人々は限られていて，「読書階級」とは権力層を意味していた。しかし，この時期にヨーロッパにおいて中産階級が拡大，それぞれの言語の出版も発達し，「俗語」辞典が編纂されて，学校やオフィスだけでなく，家庭内でも使用されるようになった。中産階級の増加および俗語出版の活発化，学校教育の浸透等はいずれもナショナリズムを高める作用となりうる。そして，これまで意識

していなかった同胞と共有するアイデンティティの形成も可能となった。アンダーソンによれば，特定の言語がナショナリズムを生み出すのではなく，「ナショナリズムを発明したのは出版語である」（Anderson［1983］2006［訳 2007: 211］）。

創り出された伝統

ネーションが近代の産物として理解されているように，古くから存在し，自然発生したように人々が認識している伝統も近代になってその多くが創り出された。アンダーソンやゲルナーらがネーションについて近代主義を主張したのと同時期に，ホブズボウムらは創られた伝統が，近代の構築物であることを取り上げた。彼によれば，「伝統（traditions）」には，「実際に創りだされて，構築され，形式的に制度化されたもの」と「容易に辿ることはできないが，数年間など日付を特定できるほど短期間に生まれ，急速に確立されたもの」の2つがある。「創りだされた」伝統は，「歴史的な過去との連続性がおおかた架空のもの」となる（Hobsbawm and Ranger eds. 1983［訳 1992: 10］）。

ホブズボウムとレンジャー編の『創られた伝統』では，政治的意図があって創り出された伝統の顕著な事例が挙げられている（Hobsbawm and Ranger eds. 1983［訳 1992］）。スコットランドの事例では，オシアンと現在でも伝統文化としてよく知られているキルト，バグパイプが対象になった（トレヴァー＝ローパーによる研究）。マクファーソンが18世紀に，古代の詩人オシアンの叙情詩を発見して英訳を発表したが，それはケルト的スコットランドの歴史を構築するための捏造であった。また，スコットランドのタータン文様に織られたキルトや楽器のバグパイプなどの文物は，スコットランドの高地地方を源流とした伝統とみなされるが，実際には比較的新しく広まったものである。17世紀後半までスコットランド高地人という民族は存在せず，彼ら独自の伝統を創造して，スコットランド人全体に広めたのは18世紀後期から19世紀初期であった。タータン柄の現代のキルトは，1707年のスコットランドとイングランド合同後にイギリス人が考案したもので，「氏族ごとのタータン」に至っては，さらにあとのことになる。これらの文物は，スコットランドがイングランドと対抗するため，民族の象徴として後から創った伝統である。

「武士道」の理想化

日本の社会に目を向けても，戦国時代の武士の生き方や思想である「武士

道」は，形を変えて明治時代に創られた。日本古来の合戦のことを正々堂々とした武士道精神による戦いと考える人は多いが，記録に残っている資料から判断すると，「江戸時代までの武士の戦いは必ずしも一定のルールに従い，正々堂々と渡り合うものではなかったようである」（佐伯 2004: 14）。「武士道」の用語は，戦国時代後半から末期頃に使用されるようになり，明治 30 年代以降に，一般に知られるようになる。使用頻度から見れば「武士道」は明治時代の言葉である（菅野 2004: 14-20）。武士自身の生活とは関係なく今日のイメージがあるが，このイメージ形成には新渡戸稲造の『武士道（*Bushido: The Soul of Japan*）』（1899）が大きく影響している。実際には武士の存在が消滅してから，日本独自の文化や伝統を強調する意味で「武士道」が人気となり，その道徳観などを過度に強調したものが理想化されて，武士道として浸透した。

過去からの連続性

これまで見てきたように，ネーションや長い年月を経たものと思われている伝統は，古代に自然発生的に登場したものではなく近代の産物である。しかしながら，ナショナリストに限らず，原初主義的な主張もある。たとえばスミスは，エスニシティと結びついたときに，そのアイデンティティが前近代にさかのぼることを示唆し，過去からの連続性を主張した。彼が概念化したエトニとは，同一の祖先観念や，同じ文化的アイデンティティ，特定の母国とのつながりを共有する集団であり，多くの民族は前近代との連続性を保っている。しかしスミスを単純に原初主義者とみなすことはできず，彼はエトニとの関係から永続的なものに注目しながらも，「今日的なネーション」は近代以降の産物であるとしている。ネーションやエスニシティの定義には，歴史的な記憶の共有などが含まれ，その連続性をイメージすることがあるように，主観的な世界においては，特定の伝統が前近代からのもののように感ずることはありうる。換言すれば，「想像の共同体」や「創られた伝統」は，構築されたと解釈されるが，そこにおいて古くからの伝統との主観的なつながりは必ずしも消滅しない。

創り出された伝統であっても，それには何らかの社会的・政治的機能がある。そのような機能なしには，その伝統が存在することはないだろう。彼らによる一連の研究は，ネーションや伝統に関する研究領域の時間的・空間的広がりを示すと同時に，学際的な展開の重要性も示唆している。　　　　　〔水上徹男〕

68 文明化

　予測困難な中世の生活は，気まぐれで感情的な振る舞いに満ちていた。これに
対し，暴力・租税の独占に基づく近代的国家の形成や市場経済の発達，上流社
会での差異化の競争によって，感情や振る舞いの自己規制を強いる社会的なル
ールが広がっていく。人間の行動様式や感情の構造に見られるこの意図せざる
長期的な変化を，文明化という。

「文明化」概念の流行

　「文明化」は，18世紀後半以降，社会変動のトレンドを表す言葉としてヨー
ロッパで用いられた。そこに見られるのは，普遍的とされた「文明化」という
時間を，空間的配置に置き換えるという発想である。すなわち，人類の歴史は
「未開／野蛮」から「文明化」に向かう進歩であり，地球上のあらゆる人間集
団は「文明化」の程度によって序列的に区別できる，とされた。ファーガスン
は「未開」から商業の発達した「文明化」へという観点から人類史をとらえ，
コンドルセはフランス革命を理性の発展に基づく「文明化」の現れと見た。

　「文明化」に対する批判も展開された。カントは礼儀作法や科学技術の発展
といった表層的な「文明化」を批判し，ヘルダーは普遍的な「文明化」という
歴史観にはおさまらない人間諸集団の多様な「文化」という視点を示した。

　19世紀から20世紀前半にかけて「文明化」の賛美と批判は広く流行した。
普仏戦争や2つの世界大戦は「文明化」と「文化」の闘いともいわれた。明
治の日本でも，ギゾーやバックルの比較「文明史」を下敷きにした福沢諭吉の
『文明論之概略』がベストセラーになったように，「文明開化」がおおいに流行
した。また「和魂洋才」や大正・昭和の「文化」概念の流行に見られるように，
「文明化」に対する民族（国民）固有の「文化」という発想も広く見られた。

　社会学での「文明化」の先駆的研究に，ドイツの社会学者アルフレート・ヴ
ェーバーの『文化社会学』がある（Weber, A. 1920［訳 1958］）。アルフレート・
ヴェーバーは「文明化」を普遍的な知的認識や科学技術の発展ととらえ，「文
化」を各民族に特有の芸術・宗教・形而上学ととらえた。このうち真に創造的

とされたのは，他民族が真似できない深さをもった精神的な「文化」であった。

「文明化」に対し，普遍的な人類史とも二流の「文明化」とも違う観点からアプローチしたのが，ドイツ生まれの社会学者エリアスの『文明化の過程』である（Elias［1939a］1969a［訳 1977］；［1939b］1969b［訳 1978］）。

文明化の概念史と振る舞いの変化

エリアスの考察は「文明化」という言葉を歴史的文脈に差し戻すことから出発する。エリアスによれば「文明化」という概念は，フランス革命以前のヨーロッパ宮廷社会で用いられた表現に由来する。ヨーロッパの上流階層の人々は，「礼儀」や「上品さ」「教養のある」といった言葉を用いて自分たちの振る舞いの程度の高さを表した。「文明化された」はそうした語彙の一つである。

中でも「礼儀」は 17, 18 世紀の宮廷社会において自己解釈の中心的な表現であった。「礼儀」概念の定着に大きな影響を与えたのが，1530 年のエラスムスの『少年礼儀作法論』である。この礼儀作法集の出版や翻訳を機に「礼儀」概念の使用が増えていく。「礼儀」の流行やエラスムスをはじめとするルネサンス以降の多くの礼儀作法書に見て取れるのは，社会における人間の振る舞いが重要な問題になり，人間が互いに負わせる社会的なルールが厳しくなっていくという変化である。

この見通しのもとでエリアスは，中世から近代までの礼儀作法書を用いて人間の振る舞いの変化を検討する。食事における振る舞い，話し方，洟をかむこと，つばを吐くこと，大小便の仕方，寝室における作法，男女関係についての考え方など，礼儀作法書のさまざまな変化を取り上げる。たとえば，食卓で行われていた肉の切り分けは，調理場や店といった社交生活の舞台裏に移されていく。共同の鉢から共同の椀やひしゃくを使ってスープを飲んでいた状態から，一度使用したスプーンを鉢につけることが禁じられ，個別のスプーンや皿が使われるようになっていく。手や袖で洟をかむのではなくハンカチでかむようになり，洟をかんだあとハンカチを覗くことが戒められるようになっていく，といった具合である。

礼儀作法書を時系列的に眺めることで，エリアスは次のような人間の行動様式や感情の構造の長期的な変化を指摘する。エラスムスによる「礼儀」概念の形成と流行をはさんで確認できるのは，動物的・衝動的・攻撃的な振る舞いに

対する社会的な抑制の強まりや，そうした振る舞いに対する羞恥心や不快感の高まりである。人間の行動様式や感情の構造におけるこうした変化は，どのようにして起こってきたのか。エリアスが注目するのは，絶対王政期の宮廷社会の成立である。

宮廷社会と文明化の過程

自給自足的な領邦が多数存在する中世社会では，相対的に平和な空間でも支配者の恣意に依存する度合いが大きく，その外側には暴力がつねに存在していた。振れ幅が大きく予測困難な中世社会では，時と場合に応じて衝動に身をゆだね奔放な感情を表出することが必要であった。

やがて貨幣経済や都市の発達を通じて相互依存関係が広がり，度重なる闘争を経て暴力や租税の独占が生まれてくる。その周りに大規模な宮廷が作られ，宮廷社会はパリを中心にヨーロッパ全体へと広がっていく。宮廷社会の最上部に位置する各地の王も，相互依存の中では自由な振る舞いが困難になり，王個人と国家機構が徐々に分離していく。

エリアスによれば，11,12世紀頃からゆっくりと始まり17,18世紀頃に完成を見るこうした一連の変化が，人間の振る舞いに意図せざる変化をもたらす。宮廷社会を織りなす人々は，その身体技法や生活様式を通じて王への従属や自身の卓越性を表現する。その社交の演技の優劣をめぐって，際限ない自己評価や他者評価に取り憑かれる。礼儀作法を通じた絶えざる差異化の競争の中で，振る舞いの抑制はやがて自己抑制に変わっていく。なかば自動的に作動する羞恥心や不快感を通じて，動物的・衝動的・攻撃的な振る舞いが抑止されるようになっていく。

「文明化」の概念はこの絶対王政末期の宮廷社会で形成される。貴族と市民の接触が密であったフランスでは，宮廷的の伝統に基づきながらも社会的交際のいっそうの改革を求める運動が生じる。この運動の中で，「文明化された」という表現から，人間社会の進歩の法則を意味する名詞「文明化」が作られる。ミラボー伯爵が著作の中で示した「偽りの文明化と真の文明化」という二項対置はその代表的なものである。貴族と市民の壁が高かったドイツでは，政治的影響力をもたない市民により，宮廷的な礼儀作法をさす「文明化」と美徳や教養を意味する「文化」の対比が，思索の中で形成された。

フランス革命を経て「文明化」はフランスの国民的な自己表象となる。「未開／野蛮」の人々に対して進歩していると信じている振る舞いすべてをまとめた「文明化」概念は，対外拡張や植民地主義を正当化する表象となる。これに連動してドイツでも，社会内的な対立であった「文明化と文化」が，フランスやイギリスの物質的で浅薄な「文明化」とドイツ独自の精神的な深い「文化」という，国民的な対立命題になっていくのである。

受容と展開

　『文明化の過程』は，ユダヤ人としてドイツからの亡命を余儀なくされたエリアスが，「文明化」や「文化」の概念が飛び交う1939年に刊行した著書である。自明視されていた「文明化」概念を，「未開／野蛮」や「文化」といった概念と一緒になって織りなす自己‐他者表象という観点からとらえなおした『文明化の過程』は，同時代の進化論やナショナリズムへの批判でもあった。だが初版は日の目を見ず，知られるようになるのは1969年の第2版以降である。

　『文明化の過程』は，人間の微細な行動様式や感情の構造から，人間社会についての言説や表象，そして社会関係という，ミクロからマクロに及ぶ諸水準に目を向け，それらの意図せざる長期的発展を考察した。また重要な歴史的資料と見られていなかった礼儀作法集を資料として用いた。こうした考察の視点や素材といった点に関して，『文明化の過程』は文化に関わる社会学や歴史学などの広い分野に影響を与えた。

　エリアスの議論は国民国家形成に伴う直線的な「文明化」として理解されがちだが，『文明化の過程』にはより繊細な議論に開かれた多くの示唆が残されている（絶対王政期の「礼儀」概念の衰退と「上品さ」概念の上昇など）。『宮廷社会』や『ドイツ人論』といったエリアスの他の著作と組み合わせれば，「文明化」とその他者とされた「未開／野蛮」や「文化」との相互作用，「文明化」の両義性，文明化と暴力の関連といった論点も現れてくる。

　現代的視点からすれば，ヨーロッパ全域に広がる宮廷社会を扱った『文明化の過程』は，国民国家の内的な要因に限定されない社会学的分析を展開している点で魅力的である。諸社会の相互作用や「文明化」の移転といった論点は，現代のグローバル化の考察にとっても有効な視点である。　〔内海博文〕

69 情 報 化

　紙・活字・電子機器が順に登場するとともに，社会に流通し蓄積される情報の量は何世紀にもわたって増大してきた。こうした情報化は，新種の社会を生み出したというより，むしろ既存の仕組みを強化した。とくに国家による国民の管理や資本主義の発展に寄与し，その結果，個人の私生活を含む多くの領域が取引の対象として世界市場に接続された。

「情報社会」命題

　情報化によって社会はどのように変化するのか。この問題は現在も完全には解明されていないが，大きく分けて2つの考え方がある。1つは情報化によって新種の社会が生まれるというもので，もう1つは，むしろ社会の既存の仕組みが強化されるというものである。これらの考え方を順に見ていこう。

　まず言葉の定義として，情報という語は，すぐに役立つような知識のことをさす場合もあれば，知識を形作る材料になるような単なる事実のことをさす場合もある。いずれにしても情報は，文字だけでなく音声や映像などさまざまな形で伝達され，蓄積されていく。

　次にここで述べる情報化とは，情報通信技術が進歩し，社会に流通し蓄積される情報の量が増加することをさす。石板や粘土に文字を刻んでいた頃に比べれば，紙を使った印刷が普及してから，人々はより多くの文字に触れるようになった。さらに電子技術が登場・普及し，情報の量は間違いなく増加している。

　この情報化によって，私たちの生活は大きく変化した。たとえば日本では，1953年にテレビ放送が始まってしばらくの間，人々は街頭に設置されたテレビの前に集まってプロレスやボクシングの試合に熱狂した。1台の街頭テレビの前に何千人もの人が集まって，力道山の空手チョップに歓声を上げた。その後，低価格化したテレビは家庭のお茶の間に普及し，紅白歌合戦を家族で楽しむといった視聴スタイルが広がった。

　それがたとえば2010年代後半にまでなると，テレビを見ながらスマートフォン（スマホ）を利用する「ながら視聴」が増加している。スマホを通じて，

テレビ番組についての感想をインターネット上の人々と交換したり，関連情報を探したりしている。テレビの感想に限らず，身近な人との連絡や，見知らぬ人々との対話，ニュースの閲覧などが，スマホによっていつでもどこでも可能になった。かつては電車の座席で新聞を広げるための「領空争い」を目にすることもあったが，現在では多くの人が電車でもスマホを利用し，「領空」よりも電波の有無を気にかけている。

　こうした生活の変化を目の当たりにすれば，情報化によって新しい社会が生まれるという考えに行きつくことも，心情的には理解できる。1960年代以降，情報化によって新しい種類の社会である「情報社会」または「脱工業社会」が到来するという主張が数多くなされた。こうした主張のことを「情報社会」命題と呼ぼう。「情報社会」命題はそもそも未来の社会を予想するという難題に挑んでいたこともあって，いまから見れば科学的に厳密な主張とはいえない。それでも梅棹（1963）やベル（Bell 1973 [訳1975]）による初期の「情報社会」命題は，人々の注意をこの分野に引きつけて「情報社会ブーム」を起こし，結果的に社会の情報化を推進する役割を果たしたと評価できる（伊藤 1990）。

「既存の仕組みの強化」命題

　情報化によって，私たちの生活という表層的な部分は大きく変化した。だが，社会の基本的な仕組みについてはどうだろう。「情報社会」命題の中には，基本的な仕組みが変化するという主張もある。ただし，そうした主張は「この新技術で社会はこう変わる」という技術決定論の形をとりがちであった。

　技術決定論には大きな問題がある。本来は，技術にしても情報にしてもいろいろな使い方がありうる中で，私たちが使い方を選択している。新しい技術が普及するためには，その技術の開発と商品化に投資がなされ，多くの人々が採用・購入しなければならない。こうした社会による選択が働くので，新技術や情報が果たす役割は，長期にわたって確立してきた社会の仕組みに左右されるはずである。つまり技術決定論では，そうした社会による選択や，既存の社会との連続性が見落とされている（佐藤 2010; Webster 1995 [訳2001]）。

　社会における既存の仕組みと調和するような新技術が選択されるならば，新技術や情報の普及によって，既存の仕組みがいっそう強まることも考えられる。この議論を「既存の仕組みの強化」命題と呼ぼう。

国家による管理の強化

「既存の仕組みの強化」命題にもさまざまなものがある中で，ここでは国家に関するものと，資本主義に関するものとを紹介する。「既存の仕組みの強化」命題は，「情報化が社会をこう変えた」という形をとらない。そのため，こちらの命題においては，必ずしも情報化が議論の中心になるとは限らない。ギデンズの国家に関する議論においても，情報化の重要性がたしかに認められているが，議論の中心はあくまで国民国家にある（Giddens 1985［訳 1999］）。

国家は安全のために，内外の潜在的な脅威に対して，監視の目を光らせなくてはならない。実際に戦いが起こる前に，敵について少しでも多くの情報を集めることが重要である。いざ戦いが起きたときに，敵の中枢部分がどこかをあらかじめ知っていて，いち早く攻撃できれば有利になるだろう。

国家はまた，国民に義務を課し，権利を与えるためにも，徹底的な監視を必要とする。国民を効果的に徴用するためには，国民の数や状態を把握する国勢調査が必要になる。徴税をうまく行うためには，国民の収入や財産を調べ上げなければならない。こうした情報は，国民に権利やサービスを提供するためにも必要である。たとえば選挙権を保障するためには全国民の年齢を把握しなければならない。さらに生活保護のような福祉サービスの提供にあたっては，経済状態や健康状態などを詳しく調べる必要がある。

以上のように国家は，安全のために，そして国民の義務と権利を管理するために，膨大な量の情報を収集・蓄積している。この監視プロセスにおいて情報化が大きな役割を果たしており，「近現代の国家は……その発端からして『情報社会』であった」（Giddens 1985［訳 1999: 206]）とギデンズは指摘している。ただしこれは，情報化によって新しいものが生まれたという議論ではない。というのも「管理的権力の急激な増大は，電子コミュニケーションの発達に先立って達成され」（Giddens 1985［訳 1999: 206]）ている。情報化を活かした監視プロセスは，管理的権力という既存の仕組みから生まれ，その既存の仕組みを強化した。

資本主義の進展

国家は情報化を活用することで力を強めたものの，経済の分野では，一部で主導権を失いつつある。一つには多国籍企業がますます強大になったためだ。

かつて日本の自動車メーカーは国内で生産した車を輸出していたが，現在では海外各地での現地生産が盛んである。こうした多国籍企業がどこの国に属するのかはもはや曖昧で，「国益」という言葉は意味をなさなくなっている。さらに，世界市場が支持するような政策をとらなければ，国債や通貨が売り飛ばされ，投資が引き上げられるのではないかという懸念もある。利益追求のために世界規模で戦略を考える多国籍企業や投資家に対して，国家が自在に権力を振るうことは難しい。

多国籍企業や投資家といった資本主義的な勢力の発達に関しても，情報化が大きな役割を果たしてきた。多国籍企業が複数の国にまたがって活動するためには，各国間での素早い情報通信が不可欠である。よって新しい情報通信技術は大企業に対して売り込まれたし，一方では企業の資本によって成長・発展してきた。また，十分な情報なしに他の国で投資を行うことなどできない。そうした投資家のニーズを満たすために，株式価格や通貨・商品に関する情報は，非常に洗練された形で生産され流通している。つまり市場で「高く売れる」情報や技術が活発に生産・販売され，流通してきた。こうした点を振り返ると，「テクノロジーや情報の領域でも，市場経済の長期的な強制力が，決定的な力を持つ」（Schiller 1981: xii）というマルクス派の分析には説得力がある。

こうして資本主義という既存の仕組みが情報化を推し進めながら発展を続け，世界に広がるとともに，個人の私生活のような新たな領域にまで入り込んでいる。いまや食べものから子どもの世話，ひいては生身の僧侶による読経までインターネット通販で購入できる。私生活の領域も企業による取引や監視の対象となり，一方で，それが私たちの生活にいっそうの便利さをもたらしている。

新しい変化

情報化は新種の社会をもたらしたというより，たとえば国家や資本主義のような既存の仕組みを強化したと考えられる。もっとも，情報化によって新しい変化は何も起こっていないというわけではない。強調すべきは，新しい変化に注目する場合でも「技術的な可能性」を想像するだけではうまくいかないということだ。既存の社会との連続性に注意を払いつつ，実際に何が起きているのかを探るアプローチが有効なようである。

〔樋口耕一〕

70 個 人 化

個人が依拠する人間関係や社会集団の紐帯，個人が有するつながりの意識が弱体化・流動化し，自由ではあるが構造的に自己決定・自己責任の原則のもとに生きることをなかば強いられる社会状況が一般化する。結果として個人は，自らのアイデンティティや人生を，準拠するモデルが不在のまま，自らの手でたえず形作っていくことを余儀なくされる。

近代化と「個人析出 (individuation)」

個人化という概念は，その語感からすれば，けっして新しいものではない。たとえばかつて，政治学者の丸山真男は「個人析出」について論じた（丸山 [1968]1996）。工業化が進行し第一次産業から第二次産業へ，さらには第三次産業へと経済の重心が移行し，またこれと連動する形で地方から都市へと大量の人口が流入し都市化が進行する。その結果として，それまで地域の伝統的な共同体に拘束され暮らしていた人々がそこから解放され，個人として，主として都市部で生活を送るようになる。丸山が個人析出と呼んだこうした過程を個人化と呼ぶ場合もあるが，であるとすれば個人化は，とくに現代的な現象ということにはならないし，その歴史も近代化の進行が始まる 19 世紀，あるいはそれ以前から語りうるということになるだろう。

個人化の概念は，近年，ドイツの社会学者ベックやイギリスの社会学者バウマンが，現代社会を特徴づける一つの社会的傾向をさす語として用いたことで注目を集めた（Beck 1986［訳 1998］; Beck and Beck-Gernsheim 2002［訳 2022］; Bauman 2001a［訳 2008］）。現代的な現象としての個人化の本質をとらえるうえで，ベックやバウマンが，近代化を 2 段階に分けて考えていることが鍵となる。ベックの場合は，「第 1 の近代」から「第 2 の近代」へ，バウマンの場合は「ソリッド・モダニティ（堅固な近代）」から「リキッド・モダニティ（液状化した近代）」へ，という語を用いており，内容的には差異があるものの，両者ともこの後者の，近代化の高度化した段階を特徴づける現象の一つとして個人化をとらえている点が共通している。

近代化の初期段階，丸山が述べた「個人析出」の過程は，人々が伝統的な共同体の紐帯から解放されていく過程である。ただ，伝統的な共同体から解き放たれるとはいえ，人々がバラバラのまま放置されるというわけではない。日本社会のケースでいえば，個人析出の過程が本格的に進行したのは，高度経済成長期であった。家制度下での「家」や村落共同体から解き放たれた人々は，社会保障制度の整備を背景としつつ，一方で官僚制的組織としての企業，他方で近代家族へと組み込まれていく。日本的経営としてたびたび言及されるように，日本の企業は，典型的には，新卒一括採用からの終身雇用，年功序列，企業内福祉の整備といった特徴をもち，社員およびその家族を（企業年金などを考えれば）生涯にわたって保護する，共同体的な性質を帯びていた。ある意味では，衰退する伝統的な共同体を代替する役割を果たしたのが企業共同体であったとの見方もできる。そして，こうした企業で働く男性と，専業主婦となった女性が形作るのが，性別役割分業を基調とする近代家族であった。このように伝統的な共同体から離脱した人々が，企業や近代家族といった近代的な集団へと再編成されていく過程が，初期段階の近代化である。

高度近代化と「個人化（individualization）」

　引き続き日本社会のケースを念頭に置いて考えよう。オイルショックに見舞われつつも，高度経済成長は人々に豊かさをもたらした。カラーテレビなど主要な家電製品の世帯普及率も1970年代後半には100％近くに達し，人々の関心は，他者と同じものをそろえることから，自分らしいものを消費することへとシフトしていく。企業側も多様化する消費者のニーズに応えるべく，それまでの少品種大量生産から多品種少量生産へと重心を移行させる。また広告・CMを通じて新しさのイメージをつねに商品にまとわせながら，人々を消費へと際限なく誘惑することが必要となる。こうしたいわゆる「消費社会」的な傾向が，1980年代以降，日本でも高度化する。

　消費社会的傾向は，他人と同じではなく，むしろ他人とは違う自分を求める「差異化」への傾向を，消費という生活の基底となる営みを通じて人々の間に浸透させる。またバウマンは，たえず商品を更新する消費社会的な傾向が人々に「即席の満足」を求める傾向，すなわち，即座の満足を求めつつ満足できなくなればすぐに放棄し新しいものへと向かう傾向を浸透させると論じる。そし

て，そうした傾向は単に商品のみならず，人間関係にも拡張されると指摘している（Bauman 2001a［訳 2008］）。

1980 年代以降，このような消費社会的傾向の高度化とおそらく連動しつつ，家族ではなく個人を生活の基本単位とする考え方，また実際上の傾向が現れてくる。つまり，離婚や再婚，単身者の増大や未婚化といった傾向により，先に見たような従来の近代家族がスタンダードな生活の形ではもはやなくなり，むしろ個人が選択する一つのオプションにすぎなくなるという変化である。また 1990 年代以降，家族のみならず職場にも大きな変化が起こる。インターネットの普及を背景とした経済活動のグローバル化は，バブル崩壊を契機としつつ，競争力を維持するために，企業に構造転換を強いていく。企業は共同体としての性格を弱めていき，たとえば「リストラ」という言葉も，「リストラされる」といった用法で，人員削減により解雇されるという意味で使われ始める。大企業を中心に成果主義的な業績評価が導入され，また，企業内福祉が削減される。雇用者に占める非正規雇用労働者の割合も，政府の新自由主義的な規制緩和政策にも後押しされ，増大していく。

このように，近代化の初期段階で形成された企業・近代家族といった集団が人々を包摂する力を弱め，堅固なものから流動的なものへと変化していく過程が「個人化」である。とはいえもちろん，これによって企業共同体や近代家族が雲散霧消してしまうわけではない。ただ結果として人間関係の流動化の度合いが高まる中で，個々人は文字どおり「個人」として，生活やキャリア，そして自らのアイデンティティを形作っていくことを余儀なくされる。これが現代的な現象としての「個人化」の意味するところである。

自由と不安

個人化過程の社会的意味を論じる場合，一方で，それを肯定的に評価する論調がある。たとえば，日本で1980 年代に家族の個人化が論じられ始めた最初の段階では，個人化は，近代家族的な家族の形に縛られることなく，個人が自由に自分のライフスタイルを選択できる傾向の浸透として，むしろ肯定的に論じられた（し，現在でもそうした論調はある）。個人化に，個人の自由を促進するという側面があることは疑いない。これに関連していえば，1990 年代の日本では，さまざまな社会領域で「自己決定」という語が，おおむね肯定的な色調

で論じられる傾向が現れてきた。

　ただ，ベックやバウマンに端を発する多くの個人化論に共有されているのは，この過程を批判的文脈においてとらえる視点である。端的にいえば，個人化には（社会的領域ごとにその様相は異なるものの），自己決定を「強いられる」という側面がある。つまり，社会変動や社会状況の変化によって構造的に生み出されてくる問題が，それを構造的に解決することが困難であるがゆえに，個人の自己決定にゆだねられるという傾向である。ベックの言葉を借りれば，このような状況において人生を営むことは，社会システムの中で構造的に生み出される問題や矛盾を，個々人が個々の人生の中で解決していく営みとなる（Beck 1986［訳 1998］）。そして，その営みが成功しても，そして失敗しても，その結果は個人がまさしく個人的に受けとめていくべきもの，「自己責任」で受けとめていくべきものとなる。また，個々人の人生において，仕事や暮らしの状況に関して恵まれた者と恵まれない者の間に格差が拡がるとしても，それは突き詰めれば個々人の「努力」の大小の結果であり，受け入れてしかるべきものとなってしまう。

　このように個人化は，人々の生活に，自由とともに，ある種の寄る辺なさ，不安定さをもたらす。個人化の過程が進行する中で顕著になるのは，日々の暮らしや仕事の中で人々が直面する問題や苦境が，多くの場合「共通」のものであったとしても，それを「共有」することが難しくなるという傾向である。なぜなら個人化とは，まさしくこうした共有へと向かうベクトルを反転させて，「自立」した個人の「自助努力」に問題を一任する傾向を強化する過程という側面を有しているからである。こうした状況によって，人々が日々感じる不安が増大することは想像に難くない。こうした不安は，企業などの「集団」に自分が受け入れられているか，家族や友人など身近な他者との「関係」の中で自分が承認されているか，といった疑念に伴う不安ではすでになく，むしろ，そもそも自分を包摂し承認してくれる「集団」や「関係」自体がもはや存在しないのではないか，という不安，言い換えれば，頼れるものなどなく，自分独り，社会から取り残され，置き去りにされてしまっているのではないか，という不安である。そして，個人化が進行する社会では，こうした不安もまた，個人的に処理されるしかないものとなるのである（澤井 2011）。　　　　　　〔澤井敦〕

71　リスク社会

> リスク社会では，補償不能・限定不能・知覚不能といった特徴をもつリスクが
> 顕在化し，社会の変化を生み出す原動力となる。社会は，社会の内部で生成す
> るリスクに関わる諸問題を処理・克服する必要に迫られ，産業社会の基盤の解
> 体とサブ政治の活性化が進行する。

リスクと社会変容

　どのような社会においても，危険やリスクといった望ましくない出来事に，
人々は直面してきた。しかし，そうした出来事に対する向き合い方は，それぞ
れの社会に特有の形式が存在するといえよう。前近代社会においては，災害，
疫病，飢饉といった危険に対して，人々はなすすべがなく，それらは伝統的・
宗教的枠組みから個人を超えた存在という意味づけがなされていた。

　しかし，産業社会が出現する頃より，新たな危険との向き合い方が一般的な
ものになっていく。そこでは，医学の進歩が乳児死亡率を飛躍的に減少させた
ように，科学技術の発展は数多くの危険を排除していった。危険はもはや個人
を超越した統制不可能な事柄ではなく，人間の力によって克服可能なもの，す
なわち「リスク」として人々に認識されるようになったのである。

　逆説的なことに，このような近代特有のリスクに対する向き合い方が変化す
るきっかけは，産業社会の「失敗」ではなく，その「成功」であった。科学技
術の発展は，補償不能・限定不能・知覚不能といった新たな特徴をもつリスク
を次々に生み出していった。そうしたリスクは，かつてのように社会の外側に
あって統制可能で克服可能なものではなく，社会の内側から社会の変化を駆動
し始めたのである。

　このように産業社会の成功によって生み出されたリスクが産業社会の基盤を
切り崩し，新たな社会が現れつつあると唱えるのが，ベックの『リスク社会』
である（Beck 1986 [訳 1998]）。それは，「リスク」や「再帰性」を切り口に，
産業社会以降の社会像を描出することを試みた社会学理論であるとともに，リ
スクを前に危機に陥る現代社会に警鐘を鳴らす書でもある。

産業社会からリスク社会へ

ベックによれば，産業社会の成功が生み出した新たなリスクは，以下のような特徴を有す（Beck 1986 [訳 1998]）。第1に，原発事故による放射能汚染のように，リスクの被害は一度生起してしまえば，人間や自然に与える影響は甚大であり，その補償は困難である（補償不能）。第2に，被害の影響は，一地域の一定期間に限定できず，空間や時間を超える可能性を有す（限定不能）。第3に，豊かな人々も権力を有する人々もリスクを前に安全ではなく，誰もが平等にリスクの被害にさらされる（普遍性）。第4に，たとえば食品に含まれる有害物質などのリスクは，目に見えず，味もしないという意味で，直接知覚できない（知覚不能）。第5に，知覚できないリスクは科学的な測定器具や理論，知識を用いることではじめて認識可能になる。ゆえに，リスクは知識の中で加工・縮小・誇張される（知識依存性）。第6に，リスクは，いまだ生起していなくても，将来生起しうる被害として予見，認識され，それは現在の行動に影響を与える（予見的被害）。

このような特徴をもつリスクが顕在化し，社会的ダイナミズムを生成させる状況が「リスク社会」である。そこでは，人々の志向や行動原理が産業社会とは根本的に異なるものへと変化する。かつての産業社会では，階級による貧富の格差が自明であり，豊かさの獲得や貧困の克服が社会的目標として共有されていた。しかし，リスク社会では，リスクを避けることが人々にとってもっとも重要な関心事となる。そこでは社会を駆動する運動エネルギーは「不安」であり，不安から連帯やコンフリクトが生まれるのである。

産業社会からリスク社会への移行を促進する構造要因は，上述のような科学技術の発展による新たなリスクの出現，あるいはグローバル化だけではない。人生や文化におけるリスクと不確実性が増大したことが，リスク社会への移行を加速させる。福祉国家の成立，教育の普及，ジェンダー革命，雇用システムの変化などに伴って，個人化が進行していく。そこでは，人々はさまざまなリスクと，そこから生じる不安や不確実性を，集団ではなく個人で処理・克服しなければならない。これらの構造要因が複合的に重なり合うことで，リスクの政治的原動力はさらに大きなものになり，社会で生成したリスクが社会それ自体を問い直す再帰的な状況が現れるのである。

科学と政治の変容

ベックは，リスク社会では科学と政治のあり方が変化するという。科学については，その副作用が繰り返しあらわになることで，人々がリスクに翻弄される状況が一般化し，政治や経済に深刻な影響を与える事態が頻発する。また，科学が高度に専門分化することで，科学者同士の意見の相違・対立・矛盾が大衆の目にさらされ，真理の探究や進歩といった科学の基盤が崩れていく。科学は，もはや内部の論理のみに従って進むことができず，政治，経済，大衆といった科学の外側との相互作用の中で知識を生産し，発展していくことになる。

政治のあり方も変化する。産業社会では，企業や科学は自由な活動を担保される一方で，議会や行政は経済成長や富の分配を進めるというように，技術経済システムと政治行政システムはそれぞれの役割を果たし，うまく機能していた。しかし，技術経済システムの飛躍的発展と政治の停滞の中で，政治行政システムの力が衰えていく。たとえば，原発事故による放射能汚染や世界的な金融危機といった問題に対して，一国の議会や行政府だけでその被害を統制することはほとんど不可能だといえる。

このように弱体化する議会や行政府に代わって新たに政治的機能を果たすのが「サブ政治」である。サブ政治とは，「国民国家の政治システムがもつ代表制度の外部の，代表制度を超えた政治」をさす（Beck 1999［訳 2014: 66］）。それは，諸アクターが自ら意図的に政治的活動を行う「能動的サブ政治」と，諸アクターの非政治的活動が結果として政治性を有する「受動的サブ政治」に区分できる（Sørensen and Christiansen 2012）。前者は，メディアや大衆，司法，市民運動，新たな社会運動をさし，議会や行政府とは異なる経路から，リスクに関わる諸問題を定義づけ，批判，対応，解決を試みる政治文化である。後者は，生殖医療技術やグローバル資本主義の発展のように，技術経済システムの展開がなし崩し的に人々の生活や社会を変化させていく状況をさす。

ベックによれば，リスク社会で生起する諸問題を克服する手がかりは，このサブ政治にある。人々の社会生活の基盤を変化させているサブ政治の影響力を育て，法的に保障することで，あるいは技術経済システムの決定形成過程をより開かれたものにすることで，リスクの定義づけや合意形成，新たな結合が可能な場を創り出すことに希望を託すのである（Beck 1999［訳 2014］）。

現代的意義

　チェルノブイリ原発事故が起きた1986年に『リスク社会』が出版されてから，すでに数十年の時が経過したが，リスク社会論はますます説得的なものになっているといえるだろう。グローバル都市を標的としたテロリズム，世界的な金融危機，国境を越えて広がる感染症，再び起きた大規模な原発事故，これらの展開を見ればわかるように，一国家の議会や行政府を超えて，サブ政治が活性化し，リスクをめぐるコンフリクトや連帯が次々と生じている。また，法分野における予防原則の浮上，犯罪分野でのセキュリティ意識の高まりと厳罰化，雇用領域におけるフレキシブル化の進行など，さまざまな領域でリスクをめぐる諸問題が生起している。このように多様に展開しつつあるリスク問題を社会学的に分析する際，リスク社会論は必要不可欠なツールといえるだろう。

　また，リスク社会論は，産業社会の諸前提を根本的に問い直す視座を有しており，それは，私たちが産業社会以降の社会のあり方を構想するうえで，多くのヒントを与えてくれる。ベックの主張は，リスクを前に産業社会を支えてきた諸システムの基盤が揺らぎ，変化し，再構築が必要になるというものである。そこには，「既存の諸システムはリスクをどのように管理・処理し，問題解決を図ろうとしているか」，「その際の諸システムの限界とはいかなるものか」，「その限界を乗り越える新たなシステムのあり方，集団や個人のあり方はどのようなものか」，という問いが存在する。すでに環境社会学，社会運動論，科学社会学などの領域では，こうした問いから研究が進められているが，リスク社会論は，これら個別の領域を超えて，社会のあり方を問い直す視座を提供するという点で意義があると考えられる。

　なお，こうした視座は，ベックの著作以外の活動からもうかがうことができる。たとえば，ドイツでは，福島第一原発事故を受けて発足した「安全なエネルギー供給に関する倫理委員会」が「脱原発への転換」を提言し，その後の政治的決定を強く後押ししたが，ベックはその倫理委員会のメンバーでもあった。

　21世紀は，ベックの唱える「産業社会からリスク社会への移行」が着実により徹底された形で進行する時代になると予想される。リスクを前に翻弄される社会の姿を明確にとらえ，その限界を探り，新たな社会のあり方を構想する際に，ベックのリスク社会論は多くの示唆を与えてくれるだろう。〔阪口祐介〕

72 再帰的近代化

近代化は伝統社会から単純な近代へ，そして単純な近代から再帰的な近代へという2段階で展開してきた。再帰的近代の段階では，社会活動全般が，それに関して新たに得られた情報や知識によって絶えず検討・改善され，その結果として当の営みがそれ自体，大きな変貌を遂げることになる。

近代化の近代化

合理化，機能主義化という意味での近代化の力強さが堅く信じられていた時代がたしかにあった。そもそも社会学は，その意味での近代化に伴って社会がどのように変貌していくのかを探究するため，新たに開発された学問であるといっても過言ではない。機能的合理化には，未来の見通しをよくし，効率性を高めながら自由と平等を拡張するというポジティヴな側面がある。またその反面，手段的な便益の側面ばかりが強調されると，自由も平等も低減しかねないというネガティヴな側面も認められよう。ただ，古典的な社会学は，このいずれの側面に注目するにせよ，合理主義や機能主義を近代社会の堅固な原理と考えるという点では共通していた。

ところが合理化ないし機能主義化の力はあまりにも強すぎるため，それが先鋭化すると，いつしかその矛先が近代の基盤たる合理性や機能に，すなわち自ら自身へと向かってくることになる。ここに生起するのが再帰的近代化という事態にほかならない。近代人は伝統や呪術や神の掟から自らを解き放ち，合理的な思考をめぐらせて機能的に社会を編成し直してきた。そこで礎となっていたのが近代的な理性である。では理性それ自体が合理化され，近代的なるものがさらに近代化されると，いったいどのようなことになるのであろうか。この新しい課題に精力的に取り組んだ代表的な社会学者が，ベックやギデンズだ。

単純な近代から再帰的な近代へ

ベックは近代化の過程を伝統社会から産業社会へ，そして産業社会からリスク社会へという2段階でとらえる（Beck 1986［訳 1998］）。初期の単純な近代化は，なるほど人々を旧来型の地縁や血縁をもとにした諸々の制度から解き放

ったが，新たに近代社会を支えることになった階級にせよ核家族にせよ職業労働にせよ，そこには伝統的な要素がかなり混入しているとベックは見る。そしてそれをさらに近代化するというのが，次なる時代の流れだ。この近代化の徹底によって，近代産業社会の基盤たる階級的，核家族的，職業労働的な集合性は大きく揺らぎ，そこから伝統によっても産業によっても守られる保障のない個人が析出してくる。家庭や会社に縛られる可能性が低くなるということでいえば，この個人化の過程はある種の解放にほかならないが，他方，個人として離婚や失業のリスクをつねに感得せざるをえないような状況になったということで見ると，それは人々に独特の緊張を強い，また相当な重圧を課すものともいえる。脱近代なるものがもっぱら明るいイメージで語られていた1980年代半ばの時点で，離婚に伴うリスクや雇用の流動化の問題点などに関して鋭い洞察をめぐらせたベックの議論は，きわめて先進的なものであった。

　ところで，ベックは初期の産業社会を単純な近代とみなし，またその後のリスク社会を再帰的近代の段階と見ているわけだが，後者においてただ単に産業社会にも残存していた伝統的な諸要素が払拭されたというだけなら，それは近代化がさらに進展したというにすぎず，再帰性という概念をあえて持ち出す必要はない。ではベックが再帰的近代という言い方をするとき，そこにはどのような意味が込められているのであろうか。ベックによれば，近代化が進むことで，意図しないまま近代化それ自体に起因する新たな問題が現出する。雇用問題も環境問題も核廃棄物問題も近代固有の課題にほかならない。近代化は伝統社会を切り崩すとともに，自ら自身をも近代化するという意味で再帰的な作用を見せる。そしてこれにより社会的な枠組みは大きく転換し，思いもよらなかった問題の数々が噴出することになったわけである。

再帰性の徹底

　近代を2つの段階に分けてとらえるのはギデンズの場合も同様である（Giddens 1990［訳1993]）。近代初期においては伝統性や宗教性が理性によって打破されていったが，人々はまさにその理性の存在とその力を確信することができた。ところが理性それ自体を合理化する再帰的な力が見境もなく働くと，因習・習俗・教理といったものだけでなく科学的な知識さえもが特権的な立場を失い，あらゆるものが疑義や吟味や修正の対象となってくる。こうして前近

代にも近代初期にも健在であった基礎づけ志向は極端に衰微し，また歴史の進歩イメージも大きく揺らぐことになった。だが，この新たな時代の位相を脱近代と呼ぶことに，ギデンズは強く反対する。近代とはまったく異質な時代が立ち現れたというわけではなく，むしろ近代的な合理化の作用が再帰的に徹底するような時代になったという点に着目したギデンズは，これをもっぱらハイ・モダニティという言葉で表現している。

　ギデンズの論じるハイ・モダニティにおいて再帰性というのは非常に重要な概念だが，それは行為の水準でも制度の水準でも用いられうる。また再帰的な営みは，散発的な出来事にとどまる場合もあれば執拗に繰り返される場合もあろう。人が自らの振る舞いを反省的に構築・再構築するということであれば——これをギデンズは「行為の再帰的モニタリング」と呼ぶ——，それは時代や文化を超え，あらゆる行為に認めることができる。これに対し，とりわけ近代に特徴的なのは，そうした再帰性が徹底的に作用し，それゆえ社会活動全般が再帰的なとらえかえしの対象となってくる点にほかならない。ここでは社会的な営みが，それに関して新たに得られた情報や知識によって絶えず検討・改善され，その結果として当の営みがそれ自体，大きな変貌を遂げることになる。

　ギデンズはモダニティのダイナミズムの特徴として，①時間と空間の分離，②脱埋め込みのメカニズム，③制度的な再帰性の3つを挙げた（Giddens 1990［訳 1993］; 1991［訳 2005］）。まず時間と空間が特定の状況に依存しながら結びついていた伝統社会とは違って，近代社会においてはこの2つが分離し，それぞれ標準化された様相を呈するようになる。第2に近代社会は，象徴的通標や専門家システムといった抽象的なシステムを展開することで，相互行為をローカルな文脈から切り離す。そして第3に，社会生活の組織化と変容のために情報と知識を再帰的に用いることが制度化され，これによって近代社会ではいかなる事象も固定的にとらえることができないようになってきた。

　この第3の点に関してとくに重要なのは，ハイ・モダニティにおいて重視されている情報や知識が確固たるものとしては存在していない，ということである。近代も初期の段階では理性の存在が確実なものとして信じられていた。ところが再帰性が徹底することで知識の確実性は掘り崩されてしまう。現代社会では情報や知識がきわめて大きな役割を果たすが，それは日々刷新されてお

り，その意味で社会的意味世界を支える固定的な礎とはなりえないのである。

自己と関係性の再帰的とらえかえし

このようにハイ・モダンの時代にあって再帰的な合理化の力はきわめて強力だが，その作用は自己や関係性といった身近な領域にまで及ぶ（Giddens 1991 ［訳 2005］; 1992 ［訳 1995］）。ギデンズによれば自己アイデンティティは，生活史の観点から当人自身によって再帰的に理解された自己のことだ。そしてその自己は，自身がそのありようについて責任をもち，また自らで構成・再構成していくという意味で「再帰的なプロジェクト」となる。自分探し，自己実現，心理療法，セクシュアリティ，ダイエット，拒食症など，いずれも今日における心理的・身体的な自己の再帰性の問題としてとらえることができよう。

またギデンズのいう「純粋な関係性」とは，既存の制度や組織に頼ることなく，ひたすら関与者自身の真正な思いのみによって成立するもので，次のような特徴をもつとされる。①社会的・経済的生活の外的諸条件に依存しない，②関与者たちの関心のためにのみ維持される，③反省的（再帰的）かつ開放的な形で組織化される，④外的な絆ではなくコミットメントが重要となる，⑤親密性に焦点が当てられる，⑥獲得的な相互の信頼が基盤となる，⑦アイデンティティは親密性の発展の中で彫琢されていく。つまり今日的な「純粋な関係性」は，当事者たち自身による絶え間ない検証と修正にさらされ，そこにおいて真正と認められる場合に限って存続するものである。そこには再帰的な働きの極致を見ることができよう。

再帰的近代化の議論には，自己や関係性に関するギデンズの探究のように，知的な反省的とらえかえしの過程を主たる対象に含み込むものもあれば，ベックのようにそれを認めず，近代化それ自体の近代化によって生じる意図せざる自己解体や自己危害の問題に焦点を絞るものもある。また，スラム街の母親にとってその生活はどの程度構造から解放されているか——つまりどれほど再帰的か——，というスコット・ラッシュが提起した疑義も，再帰的近代化論が見落としてはならない大切なポイントに違いない（Beck, Giddens, and Lash 1994 ［訳 1997］）。今日的な再帰性のありようを多面的に読み解いていくことは，社会学的現代社会論にとってきわめて挑戦しがいのある課題ということができよう。

〔山田真茂留〕

73 液 状 化

近代化は堅固なものを融解する過程である。しかし近代の初期になされたのは，伝統的な文化による束縛からの解放であり，これに代わった近代的な秩序それ自体は堅固なものであった。ところが今日，さらなる液状化が進み，アイデンティティ，生活規範，親密性，雇用関係などさまざまな事柄が短期的で流動的なものと化しつつある。

液状化する社会

近代化によって自由化と平等化が進むと，諸個人が地域間ならびに階層間を移動する可能性はしだいに高まっていく。その意味で近代社会ははじめからある種の流動性を前提にしていたといっていい。しかし近代の初期においては，自由と平等を保障する近代社会それ自体の信憑性は堅固なものであった。ところがそうした信頼が揺らぎ，文化や社会の構造が液状化に見舞われるような時代が到来した。そして，この現代社会に特有の流動性を深く抉ったのが，バウマンによるリキッド・モダニティの議論である（Bauman 2000［訳 2001］）。

バウマンによれば，近代初期には前近代的な固さを解きほぐそうとする動きはあったものの，それは信頼に足る新しい堅固な制度の創出を伴っており，すべてを流動化してしまうようなものではなかった。たとえば典型的な産業社会において，資本も労働もともに特定の時空に縛りつけられていたということを見過ごすわけにはいかない。資本はたいてい重厚な設備のそばにあり，また労働も主としてその場に定着することが求められていたのである。また，前近代的な身分の力は弱まったにしても，それに代わって近代的な階級やジェンダーによる制約が諸個人の自由な動きを鈍らせてしまっている，というのも否定しえない事実だろう。

ところがベックやギデンズの論じる再帰的近代の時代に突入し，また個人化がいっそう進展すると，資本にせよ労働にせよ一つの所に一緒にとどまるといったことは普通ではなくなってくる。いまや資本をグローバルに移動させたり，労働力に柔軟性をもたせたりすることのほうが，よほど一般的に違いない。ま

た人は，公的生活だけでなく私的生活においても個人化と液状化の趨勢にさらされており，確固たる居場所をもちにくくなってしまった。こうして時代は重い近代から軽い近代へ，またソリッド（固体的）な近代からリキッド（流体的）な近代へと移り変わっていく。

身軽になった個人

バウマンは新たな段階に達した近代に固有の特徴として，①社会は進歩し続けるだろうとする信念が衰微したこと，ならびに②近代的な目標や義務が規制緩和され民営化されたことの2点を挙げている（Bauman 2000［訳2001］）。これは社会的なるもの，ないしは公的なるものが後景に退き，個人的な才覚や手腕にいっそうの重きが置かれるようになったということを意味していよう。今日，アイデンティティ，生活規範，親密性，雇用関係などさまざまな事柄が短期的で流動的なものと化しつつあるが，人々はそれらを日々，個人的に再構築する必要性に迫られている。

バウマンによれば昨今，短期的な精神構造ばかりが主流となり，敏捷に動くことのできる人間像こそが支配的となった。それは仕事の領域にも私生活の領域にも当てはまる。労働市場においては短期契約型の雇用が増え，全体的に仕事はエピソード的なものと化しつつある。また私的で親密な関係性にしても，そこでのパートナーシップは一時的なものが目立つようになってきた。現代社会において，諸個人は総じて身軽になったのである。

社会性や公共性による圧力が減じるというのは，個人にとってはもちろん一つの解放ではある。しかしバウマンが注意を向けるのは，主としてそのネガティヴな側面のほうだ。個人化した視座に立って短期的なことばかりを志向する場合，信用，信頼，連帯，協力といったものの意味は相当に減じてしまう。「関係への関与を，いつ手を引いてもかまわない，一時的なものだとしか認識していない人間は，ひととの関係に関与しているのではなく，自分自身の行為に関与しているにすぎない」のである（Bauman 2000［訳2001: 213]）。

ここで大きな憂慮の対象となっているのは，個人的ないし私的な領域の異常増殖にほかならない。グローバルに資本を移動し，また自らも特定の場所に定住しない遊牧型のグローバル・エリートの存在は，個人化し液状化した現代人の典型ということができる。バウマンが問題視したのは，ハーバマスによる警

告とは正反対の事柄，すなわち私的領域による公的領域の植民地化であった。

アイデンティティとコミュニティの希求

　個人化ならびに液状化によってダメージを被るのは，社会性や公共性だけでなく，身軽になったはずの諸個人自身でもある。人々はかつてよりも自由度の高い生活を謳歌する一方，集合的で確からしい拠り所を見失い，茫漠とした不安に苛まれるようにもなった。そして，そうした不安定さから少しでも逃れたい一心から熱心に追い求められるのが，アイデンティティやコミュニティといったものである。

　バウマンが繰り返し強調するように，アイデンティティというものが問題となり始めたのは，それが危機にさらされる時代になってからのことだ（Bauman 2004［訳2007］）。社会像だけでなく自己像も揺らいでしまうような現代社会において，それでも何とか自分の姿を確固たるものにしようと人々は日々格闘している。しかし激変する環境への適応のことを思えば，追求されるべきアイデンティティはかなりの柔軟性を具備していなければならない。確実なアイデンティティを求めているのに，そこにある種の流動性が要請されてしまうということ。これは相当な難問に違いない。その意味で，アイデンティティは現代人にとって頼りになる解答ではありえず，つねに取り組むべき課題であり続けている。

　また，各人に固有のアイデンティティを真摯に追い求めるというのではなく，大勢に共通するカテゴリカルなアイデンティティに安直に依拠してしまう傾向が目立つようになってきたのも，きわめて今日的な大問題ということができる。そしてこの共通のアイデンティティは，しばしばコミュニティという言葉で表される。旧来型のコミュニティが揺らぐことによって脚光を浴びるようになったアイデンティティは，その意味で「コミュニティの代用物」でありながら，新たなタイプの集合的な拠り所になりうるということで，自らが放逐したはずの「同一不変のコミュニティという亡霊を呼び出す」ことになった（Bauman 2001a［訳2008: 207］）。コミュニティは今日，「アイデンティティの別名」として強く希求されているのである（Bauman 2000［訳2001: 221］）。

普遍主義の理念

　現代社会におけるアイデンティティのありようを問題にする際，なぜか当た

り前のように属性的なものに話を限定してしまっている議論が少なくない。そ
れらにあってはアイデンティティとはすなわち文化的なそれであり，また文化
的なアイデンティティとはほとんど人種的・民族的・階級的・性的なそれに等
しいということになる（山田 2013）。こうした現状を見据えるバウマンの批判
的なまなざしは鋭い。個人化し液状化する今日的状況に抗うあまり，民族や階
級などといった集合的アイデンティティに安易に頼ってしまえば，諸々のコミ
ュニティの間に大きな壁がそびえ立つことになろう。アイデンティティやコミ
ュニティの賞揚は，諸個人間ないし諸集団間の分断や抗争へと容易につながっ
ていく危険性を秘めているのである。

　人種や民族にばかりこだわり，過激なナショナリズムを奉じること，民族や
階級ごとに色合いの異なる街区に住まい，街路や公園から異邦人や低階層者を
排除しようと躍起になること，24 時間警備され居住者以外が許可なく入って
こられないようになっているゲイティド・コミュニティに居を構え，異質な他
者との交流を自ら断ってしまうこと。これらはいずれもアイデンティティやコ
ミュニティへの執着がもたらす負の側面にほかならない。

　また，一見したかぎり自由と平等の現れのようにも映じる多文化主義も，実
のところ閉鎖的な自集団中心主義に陥る可能性が相当にある。バウマンは，異
なる文化間の自由で闊達な対話を可能にする多文化主義の理念を賞揚する一方
（Bauman 1999［訳 2002]），相互の寛容という名のもとで実際には相互の無関
心や対立ばかりが目立っている多文化主義の現実を痛烈に批判した（Bauman
2001b［訳 2008]）。

　現代社会の病理を抉るバウマンの視角は非常に鋭利で，しかも幅広い。彼の
批判の矛先は，ネオリベラリズムだけではなくコミュニタリアニズムに対して
も，また浮遊するグローバル・エリートだけではなく狭量なナショナリストに
対しても向けられる。しかし彼がそうした批判の数々を繰り広げているのは，
個人間・集団間・文化間の差異を認め合うことができ，またそれらの間に意義
深い交流をもたらすことが可能な真の普遍主義という，確固たる理念を保持し
ているからだ（Bauman 1999［訳 2002]）。バウマンの社会思想における幾多の
批判の先には有意な社会の構想が確実に存在している，ということを見過ごす
わけにはいくまい。

〔山田真茂留〕

74 ハイブリッド・モダンとグローバル化

西欧ではじめて姿を現したモダニティは，非西欧圏への空間上の移動により，異なる文化間の大規模な混淆（ハイブリッド化）を引き起こした。非西欧圏における外発的な近代化の帰結を「ハイブリッド・モダン」と呼ぶことができる。グローバル化とは，洋の東西を問わず，世界的規模でハイブリッド・モダン化が推し進められていく過程である。

グローバル化とハイブリディティ

1990年代以降，グローバル化が社会変動の新しいトレンドを表す言葉になる。そこで強調された現代社会の主な特徴が，人・モノ・資金・情報などの国境を越えた移動である。ここに次の問いが現れる。国境を越えたグローバルな相互作用によって世界は一元化するのか。一元化の傾向に注目する人々は，きたるべきグローバルな経済や文化への礼賛や批判を展開してきた。一元化という未来に懐疑的な人々が注目してきたのが，ハイブリディティ（異種混淆性）の概念である。

異なるものの混合を意味するハイブリディティ概念は，1980年代以降，文化やアイデンティティの分析に用いられてきた。牽引役はポストコロニアリズムやカルチュラル・スタディーズである。世界の一元化に懐疑的な人々は，このハイブリディティ概念をグローバル化の分析に拡張してきた。ニーダーヴェン・ピーターセは，グローバル化とはモダニティと伝統のハイブリッド化であるとした（Nederveen Pieterse 2015）。ハイブリディティ概念を用いずとも，同様の見方を示す論者は少なくない。

厚東洋輔（2006; 2011）のハイブリッド・モダン論とそれに基づくグローバル化論も，近年のハイブリディティ論の系譜に連なるものである。厚東の議論を整理するために，以下ではまず人類学のハイブリディティ論に触れておく。

人類学のハイブリディティ論

人類学は，「文明化」という普遍的な時間の中に諸文化を序列的に配置する通時的な進化論的発想から，あらゆる文化を同じ価値をもったものとみなす共

時的な相対主義的発想に移行してきた。だがそこには共通点もある。自文化と調査対象との隔たり（通時的関心では「文明化」の程度の差異，共時的関心では多文化主義的な差異）を前提に，対象を自己完結的な文化として記述するスタンスである。

20世紀末以降，人類学はハイブリディティ概念を取り入れる。ガルシア＝カンクリーニをはじめとして，それは文化を自己完結的にとらえずに，他文化との不平等な関係性の中で形作られてきた，異質な諸要素の接合ととらえるメタファーとして理論化されてきた（García Canclini 1989; 古谷 2001）。

人類学でのハイブリディティ概念の浸透は，グローバル化という普遍的とみなされた時間の中に諸文化を押し込める，現代の進化論的発想への批判的視点を示す。だがその批判的視点は，普遍的とされがちなグローバル化に個別の文化を対置する，多文化主義的発想とも異なる。ハイブリディティ概念を通じて人類学が模索しているのは，諸文化間の不均等な政治経済的関係に鋭敏でありつつも文化的差異を固定化しない，文化への新しいアプローチである。

人類学のハイブリディティ論に，社会学において対応するのが厚東のハイブリッド・モダン論である。それに基づく厚東のグローバル化論の特徴は，文化のハイブリディティから社会のハイブリディティへと重心を移すところにある。

ハイブリッド・モダン

厚東のハイブリッド・モダン論の素材は近代日本であるが，その分析において依拠するのは，ポストコロニアリズム等ではなく，ヴェーバーの学説である。ヴェーバーが問うたのは，「普遍的な意義と妥当性」をもったモダニティが西欧で自生的に発展してきたメカニズムである。諸社会内部の客観的・主体的諸条件を検討し，最終的に宗教に基づく生活態度の形成に注目した。文化に基づく人間の主体的要因に関心を絞ることで，ヴェーバーの内発的発展論は同時代の進化論を批判し，人類史が多様な発展に開かれていることを示した。

ヴェーバーはモダニティの外発的な発展を問わなかった。そしてヴェーバーを継承した20世紀の近代化論は，外発的発展を内発的発展よりも劣ったものとみなした。日本の外発的近代化は，西欧の内発的近代化からの逸脱的形態として，その遅れや歪みが指摘された。

厚東はヴェーバーの学説を継承しながら，ヴェーバーが取り組まなかったモ

ダニティの外発的発展を問う。この考察において厚東は，ヴェーバーのいうモダニティの「普遍的な意義と妥当性」を高度の移転可能性と読み替える。モダニティが生まれ故郷から離れて別の場所に移転しても有効に作動しうることである。異なる文脈でもモダニティが円滑に作動するには，モダニティは移転先の土着的伝統と結合して新たに変容できなければならず，土着的伝統もモダニティとの結合によって新たに変容できなければならない。モダニティと土着的伝統の相互作用の中で，それらがともに創発的に再編されるプロセスを，厚東はハイブリッド化と呼ぶ。西欧を生まれ故郷とするモダニティが世界の隅々まで広がることができたのは，ハイブリッド化を通じてである。

ヴェーバーのいう「普遍的な意義と妥当性」をハイブリッド化という観点から理解すれば，外発的発展を通じたモダニティの変容は，内発的発展からの逸脱というよりも，モダニティ発展の重要な別側面としてとらえられる。ハイブリッド化を通じたモダニティの発展を，厚東はハイブリッド・モダンと名づける。日本の近代化はハイブリッド・モダンの一事例である。

マクロ・インタラクショニズム

ハイブリッド・モダン論に基づけば，グローバル化とは内発的発展を外発的なハイブリッド・モダンが圧倒するモダニティの現代的展開である。世界規模でハイブリッド・モダン化が推し進められていく過程が，グローバル化である。だがハイブリッド・モダン論の展開に時間を要したことが示すように，社会学にとってグローバル化の分析は容易ではない。厚東によれば，その原因は自己充足性（自給自足性）に基づく社会学的な社会概念にある。

社会学は，社会を自給自足的な「全体社会」とみなすことで，社会の内生変数に着目する比較論を展開し，各社会を独自の閉鎖的実体として構成してきた。「全体社会」概念に基づくかぎり，従来どおり国民国家を分析単位とするかグローバル社会を分析単位とするしかない。いずれもグローバルな相互作用の分析には不向きである。グローバル化の分析には新しい社会概念が必要である。

外部に閉ざされた「全体社会」に代わって厚東が提示するのが，諸社会同士の相互作用に開かれた「マクロ社会」概念である。この社会概念の修正に伴って，社会構造の概念もまた，整合性を特徴とし規則を中心に据えたものからハイブリディティを中核とする内容へと変更される。ハイブリッド化がモダニテ

ィと土着的伝統の接触と創発を表す時間的メタファーだとすれば，ハイブリディティはハイブリッド化を生み出す社会構造の異質性と統一性を表す空間的メタファーである。

　ハイブリディティを構造の内実とするマクロ社会の経験的な指示対象物は，2つある。1つは，国民国家である。マクロ社会としての国民国家は他社会との多元的な相互作用の中で創発的に再編されるモダニティや伝統を1つにまとめあげるところに成立している。もう1つは，個々の国民国家を超えたトランスナショナルなマクロ社会である。これは，国民国家をその1つとして含む諸社会間の多元的な相互作用から生み出される。

　マクロ社会を構成する相互作用に注目するこの理論的立場を，厚東はマクロ・インタラクショニズムと命名する。ハイブリディティ概念を社会学化するマクロ・インタラクショニズムは，グローバル化に伴って増殖する文化的ハイブリディティを，社会との結びつきの中で認識する道を切り開く。

グローバル化の中の文化と社会

　厚東によれば，グローバル化がもたらす問いは，社会学の誕生した19世紀後半に酷似する。草創期の社会学者は，弱肉強食の市場経済とそれを制御する意志や能力に乏しい政治権力が跋扈する同時代社会を分析し，それらの空隙で展開する，個人では回避できないリスクに対処するための集合的な「社会的なもの」に注目した。グローバル化は，初期の社会学者たちと同様の問いに誘う。

　現代が19世紀後半と異なるのは「文化的なもの」の様相である。規模と速度を増す文化のグローバルな相互作用の中で，自己完結性にこだわるのでも異種混淆の賞揚に陥るのでもない，新しい文化のとらえ方が必要になる。だが文化の再考だけでは不十分である。文化のグローバルな相互作用を生じさせている社会の分析も，深化させる必要がある。厚東のマクロ・インタラクショニズムはそうした試みの一つである。

　いかなる相互作用からなる異質的な社会が，どのようにして一体にまとめあげられるのか。一体となることで，異質な諸要素はどのようなパフォーマンスを発揮するのか。こうした社会の分析を積み重ねる中で，「経済的なもの」と「政治的なもの」と「社会的なもの」の新しい組み合わせを模索することが，21世紀の社会学の課題である。

〔内海博文〕

75 モビリティーズ

ポスト移動研究のさきがけをなすモビリティーズ・スタディーズは，グローバル化社会の臨界局面＝ポストグローバル化段階に特有のものであり，それ自体，すぐれてモビリティーズのありように照準を合わせている。

ポスト移動研究のさきがけ

モビリティーズに対応する日本語は「移動」である。これまで移動研究として累積されてきたものを見ると，その中心に位置するのは，職業，収入，教育などをめぐる階層移動に照準を合わせてきたものである。そこで，モビリティーズ・スタディーズとの違いを意識して，階層移動研究の特徴を指摘すると，一つは同質的な社会階層を任意に仮定して，その上昇・下降をナショナルな次元で構成された職業分類や家族類型に基づいて研究するという点にある。そしていま一つは移動する人を合理的な選択を行う個人ととらえたうえで，移動を線形的なものとみなす点にある。他方，モビリティーズ・スタディーズでは，階層移動研究が大枠として措定するナショナルなものを必ずしも前提としない。そして移動を線形的なものに還元できない可動性あるいは流動性に焦点を据えるモビリティーズとしてとらえる。

こうした特徴は，明らかに，グローバルなフローとネットワークとともに，空間の均質化と場所の揺らぎの中で生じているローカリティの変容を理論的射程におさめたグローバリゼーション・スタディーズの枠内にある。つまり，モビリティーズ・スタディーズは，グローバリゼーション・スタディーズの衣鉢を継ぎながら，ポスト移動研究のさきがけとして登場している。

空間論的転回，そして移動論的転回

さて，グローバリゼーション・スタディーズ，さらにその影響下に立ち現れたモビリティーズ・スタディーズの展開にとって底流をなすのは，1970年前後から社会理論領域において見られるようになった「空間論的転回（spatial turn）」であり，それに続いて2000年代になって立ち現れた「移動論的転回（mobilities turn）」である。その始まりは，ルフェーヴルの『空間の生産』の英

語版の刊行（Lefebvre 1974［訳2000］）を契機に，ギデンズ，ハーヴェイ，ソジャなどのいわゆる批判派と称される社会学者や地理学者を巻き込んで表出した空間論的ルネサンスという状況であった。そこでは，近代の知を席捲してきた空間表象と場所のありようをすでにあるものとして受容するのではなく，「動きつつあるもの（on the move）」「関係的なもの」としてとらえかえすことが基調をなしていた。

　この空間論的転回はその後，移動論的転回へと発展することになったが，それを先導するとともにキープレイヤーとしての役割を果たしたのがアーリである。アーリは『社会を越える社会学』および『グローバルな複雑性』（Urry 2000［訳2006］，Urry 2002［訳2014］）で空間論的転回の動きをあとづけるとともに，複雑性科学をベースに据える『モビリティーズ』（Urry 2007［訳2015］）で移動論的転回の礎を築くことになった。そしてその一環として，ハンナンやシェラーなどと *Mobilities* 誌の創刊に関わった。また特別教授（distinguished professor）として在籍したランカスター大学をモビリティーズ・スタディーズの拠点にしたてあげた。

　ところで，グローバリゼーション・スタディーズに立ち返ることで浮かび上がる空間論的転回の中心的論点は，社会／「社会的なもの」を「一つのまとまりのあるもの」，すなわち「境界のあるもの」「仕切りのあるもの」とみなすことから離脱すること，つまり「空間の物神性」から抜け出すこと，そしてその結果，社会の脱領域化，脱場所化の動きに照準を合わせることであった。

　他方，移動論的転回では，上記の脱領域化，脱場所化に伴って生じるモビリティーズを「非線形的なもの」「経路依存的なもの」「相互連関的なもの」としてとらえることが中心的な論点となっている。同時に，そこではポストグローバル化への移行が強く意識されており，ひるがえって社会の再領域化，再場所化の動きをどうとらえるかが新たな論点を構成することになった。

　こうして見ると，移動論的転回はたしかにグローバリゼーション・スタディーズの基本的方向を踏襲するものであったにしても，それに対する通説的理解，すなわちグローバリゼーション・スタディーズは国民国家やネーションに関わる議論において，一貫してそれらの閉鎖性やボーダー（境界）の恣意性を批判する立場に立っているという理解には必ずしも与するものではないことがわか

る。その点をいっそう明らかにするには，移動論的転回に根差すモビリティーズ・スタディーズの基本的立場を示すことによって，それがまさにポスト移動研究のさきがけとなっていることを立証する必要がある。

モビリティーズ・スタディーズの基本的論点

　そのためにアーリが何よりも着目するのは，ウォーラーステインがかつて『脱＝社会科学』において，「もう一つの社会科学」を達成するために提示した3つの要件である（Wallerstein 1991［訳1993]）。アーリの整理によると，それは「仕切られ，線引きされ，互いに相容れない『学問分野』という明確な『領域』ないし『要塞』のなかで編成されてきた社会科学」を再検討すること，「分野別の学問体系を横断ないし超える新たなパラダイム」を樹立すること，そして「移動の『レンズ』を通した思考」によって導かれた「これまでとは一線を画す社会科学」を確立すること，である（Urry 2007［訳2015: 32-33]）。モビリティーズ・スタディーズは，まさにこの3つの要件を満たす「もう一つの社会科学」として立ち現れている。

　それでは，「もう一つの社会科学」としてのモビリティーズ・スタディーズはどのような論点を中軸に据えるのであろうか。それは一つは「複雑性への転回（complexity turn）」をめぐるものであり，そしていま一つは流動性とノマド（移動する民）のメタファーをめぐるものである。ちなみに，前者では状況依存的な秩序形成，階層構造からネットワークへの組織化形態の転換，ネットワークのオートポイエーティックで「平衡から遠く離れた」自己再生産，「グローバルなミクロ構造」の創発，社会諸関係とモノからなるハイブリッド・システム，予測不可能でまったくコントロールできない，予期せぬ不均衡を伴うモノとコトの生産，そして以上とともに立ち現れる人間関係，家庭，社会におけるさまざまな「非線形的変化」とそれらの「あいだ」でしるされる「分岐点／転換点（tipping point）」，のありようが論じられる。他方，後者では多重的な移動のモビリティーズのコノテーション（含意）とメタファーとしての流動性の内実が問われる（吉原 2022）。こうしてモビリティーズ・スタディーズは，「非動的（ア・モバイル）な社会科学」から「動的（モバイル）な社会科学」へのパラダイム・シフトの上に自らを位置づけることになるのである。

社会学知の再審

　さて，こうして見ると，モビリティーズ・スタディーズは明らかに空間をめぐる知の地殻変動に根差すものであることがわかる。そこからは，より広い視野に立ってモダニティのありようを自覚的に問い直すという認識とともに，通常科学といわれてきたものに潜む思考様式と方法的態度を根源から吟味するという理論的方向が見えてくる。

　今日，モビリティーズ・スタディーズの理論的射程は驚くほど広がっており，適用範囲も移民研究，ツーリズム，オートモビリティ，デジタル化などに及んでいる。とはいえ，仮にアーリのようにモビリティーズ・スタディーズに「新しい社会学的方法の基準」を求めようとするなら，人々が自分たちの社会生活がモビリティーズと隣り合わせであり，その中でヒト，モノ，コトの「あいだ」を意識せざるをえなくなっているという現実を踏まえながら，見てきたような空間論的転回，そして移動論的転回において既存の社会学知がどのような形で「水脈」をなしてきたのか，あるいはそうならなかったのかを検討する必要がある。

　その点でいうと，このところ一連のテキスト解読によって，ルフェーヴルの『空間の生産』『リズム分析』など（Lefebvre 1992）に見られる社会空間論が，人々の空間認識，身体，映像，記号，言説，象徴などを含み込むことで，「領域」や「領域性」に閉じていかない空間性（spatiality）や社会性（sociality）の内実に分け入り，空間論的転回の主旋律となっていること，またジンメルの「大都市と精神生活」に代表される都市論が，個人的自由をめぐる「統合と分化」のプロセスに多様な自我の転成／変容のプロセスを重ね合わせることによって，たえず重なり合い，流動する非線形的変化のフェイズ（相）を浮き彫りにし，複雑性科学，ひいては移動論的転回のさきがけとなっていることが明らかにされているのは，注目に値する。

　また，冒頭で線形科学に陥っているとして，モビリティーズ・スタディーズとは異なるものと見なした階層移動研究が，具体的な分析において先に見たようなモビリティーズ・スタディーズの基本的論点を共有することによって，結果的にポスト移動研究に厚みを加えるようになっていることも見逃せない。いずれにせよ，先に記したような「もう一つの社会科学」を打ち立てるためにも，既存の社会学知の再審が避けられない。

〔吉原直樹〕

引用文献

Acemoglu, D. and J. A. Robinson, 2012, *Why Nations Fail: The Origins of Power, Prosperity, and Poverty*, Crown Business.（鬼澤忍訳，2013，『国家はなぜ衰退するのか——権力・繁栄・貧困の起源』上・下，早川書房）

Anderson, B., [1983] 2006, 2016, *Imagined Communities: Reflections on the Origin and Spread of Nationalism* [revised edition], Verso.（白石隆・白石さや訳，2007，『定本 想像の共同体——ナショナリズムの起源と流行』書籍工房早山）

Arendt, H., 1958, *The Human Condition*, Univ. of Cicago Press.（志水速雄訳，1994，『人間の条件』筑摩書房）

Arendt, H., 1962, *Elemente und Ursprünge totaler Herrschaft*, Europäische Verlagsanstalt.（大久保和郎・大島通義・大島かおり訳，1972-74，『全体主義の起原』全3巻，みすず書房）

Ariès, P., 1960, *L'enfant et la vie familiale sous l'Ancien Régime*, Seuil.（杉山光信・杉山恵美子訳，1980，『〈子供〉の誕生——アンシァン・レジーム期の子供と家族生活』みすず書房）

Aristotle, 1894 (ed. by Ingram Bywater), *Ethica Nicomachea*, E Typographeo Clarendoniano.（高田三郎訳, 1971-73, 『ニコマコス倫理学』上・下，岩波書店）

Arrow, K. J., 2000, "Observations on Social Capital," P. Dasgupta and I. Serageldin eds., *Social Capital: A Multifaceted Perspective*, World Bank.

Atkinson, J. M., 1978, *Discovering Suicide: Studies in the Social Organization of Sudden Death*, Palgrave Macmillan.

Austin, J. L., 1962, *How to Do Things with Words*, Clarendon Press.（坂本百大訳, 1978, 『言語と行為』大修館書店）

Axelrod, R. M., 1997, *The Complexity of Cooperation: Agent-Based Models of Competition and Collaboration*, Princeton Univ. Press.（寺野隆雄訳，2003，『対立と協調の科学——エージェント・ベース・モデルによる複雑系の解明』ダイヤモンド社）

Badinter, É., 1980, *L'amour en plus: Histoire de l'amour maternel*, Flammarion.（鈴木晶訳，1991，『母性という神話』筑摩書房）

Baker, W. E., 2000, *Achieving Success Through Social Capital: Tapping the Hidden Resources in Your Personal and Business Networks*, Jossey-Bass.（中島豊訳，2001，『ソーシャル・キャピタル——人と組織の間にある「見えざる資産」を活用する』ダイヤモンド社）

Barnard, C. I., 1938, *The Functions of the Executive*, Harvard Univ. Press.（山本安次郎・田杉競・飯野春樹訳，1968，『新訳 経営者の役割』ダイヤモンド社）

Baudrillard, J., 1970, *La société de consommation: Ses mythes, ses structures*, Gallimard.（今村仁司・塚原史訳，1979，『消費社会の神話と構造』紀伊國屋書店）

Bauman, Z., 1999, *In Search of Politics*, Polity Press.（中道寿一訳，2002，『政治の発見』日本経済評論社）

Bauman, Z., 2000, *Liquid Modernity*, Polity Press.（森田典正訳, 2001,『リキッド・モダニティ──液状化する社会』大月書店）

Bauman, Z., 2001a, *The Individualized Society*, Polity Press.（澤井敦・菅野博史・鈴木智之訳, 2008,『個人化社会』青弓社）

Bauman, Z., 2001b, *Community: Seeking Safety in an Insecure World*, Polity Press.（奥井智之訳, 2008,『コミュニティ──安全と自由の戦場』筑摩書房）

Bauman, Z., 2004, *Identity: Conversations with Benedetto Vecchi*, Polity Press.（伊藤茂訳, 2007,『アイデンティティ』日本経済評論社）

Beck, U., 1986, *Risikogesellschaft: Auf dem Weg in eine andere Moderne*, Suhrkamp.（東廉・伊藤美登里訳, 1998,『危険社会──新しい近代への道』法政大学出版局）

Beck, U., 1999, *World Risk Society*, Polity Press.（山本啓訳, 2014,『世界リスク社会』法政大学出版局）

Beck, U., A. Giddens, and S. Lash, 1994, *Reflexive Modernization: Politics, Tradition and Aesthetics in the Modern Social Order*, Polity Press.（松尾精文・小幡正敏・叶堂隆三訳, 1997,『再帰的近代化──近現代における政治, 伝統, 美的原理』而立書房）

Beck, U. and E. Beck-Gernsheim, 2002, *Individualization: Institutionalized Individualism and its Social and Political Consequences*, Sage.（中村好孝・萩野達史・川北稔・工藤宏司・高山龍太郎・吉田竜司・玉本拓郎・有本尚央訳, 2022,『個人化の社会学』ミネルヴァ書房）

Becker, H. S., 1963, *Outsiders: Studies in the Sociology of Deviance*, Free Press.（村上直之訳, 2011,『完訳 アウトサイダーズ──ラベリング理論再考』新泉社）

Bell, D., 1973, *The Coming of Post-Industrial Society: A Venture in Social Forecasting*, Basic Books.（内田忠夫・嘉治元郎・城塚登・馬場修一・村上泰亮・谷嶋喬四郎訳, 1975,『脱工業社会の到来──社会予測の一つの試み』上・下, ダイヤモンド社）

Bellah, R. N., 1957, *Tokugawa Religion: The Values of Pre-Industrial Japan*, Falcon.（堀一郎・池田昭訳, 1962,『日本近代化と宗教倫理──日本近世宗教論』未来社）

Bendix, R., 1960, *Max Weber: An Intellectual Portrait,* Doubleday.（折原浩訳, 1987, 1988,『マックス・ウェーバー──その学問の包括的一肖像』上・下, 三一書房）

Berger, P. L., 1967, *The Sacred Canopy: Elements of a Sociological Theory of Religion*, Doubleday.（薗田稔訳, 1979,『聖なる天蓋──神聖世界の社会学』新曜社）

Berger, P. L. ed., 1999, *The Desecularization of the World: Resurgent Religion and World Politics*, W. B. Eerdmans.

Berger, P. L. and T. Luckmann, 1966, *The Social Construction of Reality: A Treatise in the Sociology of Knowledge*, Doubleday.（山口節郎訳, 2003,『現実の社会的構成──知識社会学論考』新曜社）

Bernstein, W. J., 2004, *The Birth of Plenty: How the Prosperity of the Modern World was Created*, McGraw Hill.（徳川家広訳, 2006,『「豊かさ」の誕生──成長と発展の文明史』日本経済新聞社）

Boudon, R., 1973, *L'inégalité des chances: La mobilité sociale dans les sociétés industrielles*, Armand Colin.（杉本一郎・山本剛郎・草壁八郎訳, 1983,『機会の不平等──産業社会における教育と社会移動』新曜社）

Boudon, R., 1996, "The 'Cognitivist Model': A Generalized 'Rational-Choice Model'," *Rationality and Society*, 8(2).

Bourdieu, P., 1979, *La distinction: Critique sociale du jugement*, Éditions de Minuit. (石井洋二郎訳, 1990, 『ディスタンクシオン——社会的判断力批判』I・II, 藤原書店)

Bourdieu, P., 1989, *La noblesse d'État: Grandes écoles et esprit de corps*, Éditions de Minuit. (立花英裕訳, 2012, 『国家貴族——エリート教育と支配階級の再生産』I・II, 藤原書店)

Bourdieu, P. et J.-C. Passeron, 1970, *La reproduction: Éléments pour une théorie du système d'enseignement*, Éditions de Minuit. (宮島喬訳, 1991, 『再生産——教育・社会・文化』藤原書店)

Bourgeois, L., 1896, *Solidarité*, Armand Colin.

Brown, W., 2001, "Reflections on Tolerance in the Age of Identity," A. Botwinick and W. E. Connolly eds., *Democracy and Vision: Sheldon Wolin and the Vicissitudes of the Political*, Princeton Univ. Press.

Brown, W., 2006, *Regulating Aversion: Tolerance in the Age of Identity and Empire*, Princeton Univ. Press. (向山恭一訳, 2010, 『寛容の帝国——現代リベラリズム批判』法政大学出版局)

Brown, W., 2015, "Tolerance as Such Does Not Exist," *Contemporary Political Theory*, 14(2).

Bruce, S., 2002, *God is Dead: Secularization in the West*, Blackwell.

Burt, R. S., 2001, "Structural Holes versus Network Closure as Social Capital," N. Lin, K. S. Cook, and R. S. Burt eds., *Social Capital: Theory and Research*, Aldine de Gruyter. (金光淳訳, 2006, 「社会関係資本をもたらすのは構造的隙間かネットワーク閉鎖性か」野沢慎司編・監訳『リーディングス ネットワーク論——家族・コミュニティ・社会関係資本』勁草書房)

Butler, J., 1990, *Gender Trouble: Feminism and the Subversion of Identity*, Routledge. (竹村和子訳, 1999, 『ジェンダー・トラブル——フェミニズムとアイデンティティの攪乱』青土社)

Cardoso, F. H. y E. Faletto, 1969, *Dependencia y Desarrollo en América Latina*, SigloXXI. (鈴木茂・受田宏之・宮地隆廣訳, 2012, 『ラテンアメリカにおける従属と発展——グローバリゼーションの歴史社会学』東京外国語大学出版会)

Casanova, J., 1994, *Public Religions in the Modern World*, Univ. of Chicago Press. (津城寛文訳, 1997, 『近代世界の公共宗教』玉川大学出版部)

Coleman, J. S., 1988, "Social Capital in the Creation of Human Capital," *American Journal of Sociology*, 94. (金光淳訳, 2006, 「人的資本の形成における社会関係資本」野沢慎司編・監訳『リーディングス ネットワーク論——家族・コミュニティ・社会関係資本』勁草書房)

Coleman, J. S., 1990, *Foundations of Social Theory*, Belknap Press. (久慈利武監訳, 2004, 2006, 『社会理論の基礎』上・下, 青木書店)

Collins, R., 1994, *Four Sociological Traditions*, Oxford Univ. Press. (友枝敏雄訳者代表, 1997, 『ランドル・コリンズが語る社会学の歴史』有斐閣)

Cooley, C. H., 1909, *Social Organization: A Study of the Larger Mind*, Charles Scribner's

Sons.（大橋幸・菊池美代志訳，1970，『社会組織論——拡大する意識の研究』青木書店）

Coulter, J., 1979, *The Social Construction of Mind: Studies in Ethnomethodology and Linguistic Philosophy*, Macmillan.（西阪仰訳，1998，『心の社会的構成——ヴィトゲンシュタイン派エスノメソドロジーの視点』新曜社）

Crothers, C., 1987, *Robert K. Merton*, Ellis Horwood Limited and Tavistock Publications Limited.（中野正大・金子雅彦訳，1993，『マートンの社会学』世界思想社）

de Vries, J. and Ad van der Woude, 1997, *The First Modern Economy: Success, Failure, and Perseverance of the Dutch Economy, 1500-1815*, Cambridge Univ. Press.（大西吉之・杉浦未樹訳，2009，『最初の近代経済——オランダ経済の成功・失敗と持続力 1500〜1815』名古屋大学出版会）

出口剛司，2002，『エーリッヒ・フロム——希望なき時代の希望』新曜社。

出口剛司，2013，「文化産業論再考——ミメーシスと大衆欺瞞のはざまで」日本社会学史学会『社会学史研究』35 号。

DiMaggio, P. J. and W. W. Powell, 1983, "The Iron Cage Revisited: Institutional Isomorphism and Collective Rationality in Organizational Fields," *American Sociological Review*, 48(2).

DiMaggio, P. J. and W. W. Powell, 1991, "Introduction," W. W. Powell and P. J. DiMaggio eds., *The New Institutionalism in Organizational Analysis*, The Univ. of Chicago Press.

Dobbernack, J. and T. Modood eds., 2013, *Tolerance, Intolerance and Respect: Hard to Accept?* Palgrave Macmillan.

Drobisch, M. W., 1867, *Die moralische Statistik und die menschliche Willensfreiheit*, Leopold Voss.（森戸辰男訳，1943，『道徳統計と人間の意志自由』栗田書店）

Du Gay, P., 1996, "Organizing Identity: Entrepreneurial Governance and Public Management," S. Hall and P. du Gay eds., *Questions of Cultural Identity*, Sage.（宇波彰監訳，2001，『カルチュラル・アイデンティティの諸問題——誰がアイデンティティを必要とするのか?』大村書店，第 9 章）

Du Gay, P., 2000, *In Praise of Bureaucracy: Weber, Organization, Ethics*, Sage.

Dugan, L. and E. Chenoweth, 2012, "Moving Beyond Deterrence: The Effectiveness of Raising the Expected Utility of Abstaining from Terrorism in Israel," *American Sociological Review*, 77(4).

Durkheim, É., 1893, *De la division du travail social: Étude sur l'organisation des sociétés supérieures*, Félix Alcan.（田原音和訳，1971，『社会分業論』青木書店；2017，『社会分業論』筑摩書房）

Durkheim, É., 1895, *Les règles de la méthode sociologique*, Félix Alcan.
（宮島喬訳，1978，『社会学的方法の規準』岩波書店）
（菊谷和宏訳，2018，『社会学的方法の規準』講談社）

Durkheim, É., 1897, *Le suicide: Étude de sociologie*, Félix Alcan.（宮島喬訳，1985，『自殺論』中央公論社；2018，『自殺論』（改版）中央公論新社）

Durkheim, É., 1912, *Les formes élémentaires de la vie religieuse: Le système totémique en Australie*, Félix Alcan.
（古野清人訳，1975，『宗教生活の原初形態』上・下，岩波書店）

（山崎亮訳，2014，『宗教生活の基本形態』上・下，筑摩書房）

Dworkin, A., [1979] 1989, *Pornography: Men Possessing Women*, E.P. Dutton.（寺沢みづ
ほ訳，1991，『ポルノグラフィ——女を所有する男たち』青土社）

Elias, N., [1939a] 1969a, *Über den Prozeß der Zivilisation, Soziogenetische und psycho-
genetische Untersuchungen, Band 1: Wandlungen des Verhaltens in den weltlichen Ober-
schichten des Abendlandes*, Francke Verlag.（赤井慧爾・中村元保・吉田正勝訳，1977，『文
明化の過程——ヨーロッパ上流階層の風俗の変遷』上，法政大学出版局）

Elias, N., [1939b] 1969b, *Über den Prozeß der Zivilisation, Soziogenetische und
psychogenetische Untersuchungen, Band 2: Wandlungen der Gesellschaft: Entwurf zu
einer Theorie der Zivilisation*, Francke Verlag.（波田節夫・溝辺敬一・羽田洋・藤平浩之訳，
1978，『文明化の過程——社会の変遷／文明化の理論のための見取図』下，法政大学出版
局）

Elster, J., 1989, *Nuts and Bolts for the Social Sciences*, Cambridge Univ. Press.（海野道郎訳，
1997，『社会科学の道具箱——合理的選択理論入門』ハーベスト社）

遠藤知巳，2006，「言説分析とその困難（改訂版）——全体性／全域性の現在的位相をめぐっ
て」佐藤俊樹・友枝敏雄編『言説分析の可能性——社会学的方法の迷宮から』東信堂。

遠藤知巳，2016，『情念・感情・顔——「コミュニケーション」のメタヒストリー』以文社。

Erikson, E. H., 1968, *Identity: Youth and Crisis*, Norton.（岩瀬庸理訳，1973，『アイデンテ
ィティ——青年と危機』金沢文庫）

Erikson, R. and J. H. Goldthorpe, 1992, *The Constant Flux: A Study of Class Mobility in
Industrial Societies*, Oxford Univ. Press.

Evans, P., D. Rueschemeyer, and T. Skocpol eds., 1985, *Bringing the State Back in*,
Cambridge Univ. Press.

Festinger, L., 1957, *A Theory of Cognitive Dissonance*, Row, Peterson & Company.（末永俊
郎監訳，1965，『認知的不協和の理論——社会心理学序説』誠信書房）

Festinger, L., W. Riecken, and S. Schachter, 1956, *When Prophecy Fails: An Account of
Modern Group that Predicted the Destruction of the World*, Univ. of Minnesota Press.（水
野博介訳，1995，『予言がはずれるとき——この世の破滅を予知した現代のある集団を解明
する』勁草書房）

Festinger, L. and J. M. Carlsmith, 1959, "Cognitive Consequences of Forced Compliance,"
Journal of Abnormal and Social Psychology, 58(2).

Forst, R., 2003, *Toleranz im Konflikt: Geschichte, Gehalt und Gegenwart eines umstrittenen
Begriffs*, Suhrkamp.（translated by C. Cronin, 2013, *Toleration in Conflict: Past and
Present*, Cambridge Univ. Press.）

Forst, R., 2008, "Toleration and Truth: Comments on Steven D. Smith," M. S. Williams and
J. Waldron eds., *Toleration and Its Limits*, New York Univ. Press.

Forst, R., 2014, "Toleration and Democracy," *Journal of Social Philosophy*, 45(1).

Forst, R., 2015, "Between Social Domination and Democratic Reason: The Concept of
Toleration,"（translated from the German by C. Cronin）*Contemporary Political Theory*,
14(2).

Foucault, M., 1969, *L'archéologie du savoir*, Gallimard.（慎改康之訳，2012，『知の考古学』

河出書房新社）

Foucault, M., 1976, *Histoire de la sexualité I : La volonté de savoir*, Gallimard.（渡辺守章訳，1986,『性の歴史 I ——知への意志』新潮社。

Frank, A. G., 1969, *Latin America: Underdevelopment or Revolution*, Monthly Review Press.（大崎正治訳，1979,『世界資本主義と低開発——収奪の〈中枢 - 衛星〉構造』柘植書房）

Fraser, N. and A. Honneth, 2003, *Umverteilung oder Anerkennung?: Eine politisch-Philosophische Kontroverse*, Suhrkamp.（加藤泰史監訳，2012,『再配分か承認か？——政治・哲学論争』法政大学出版局）

Fröbel, F., J. Heinrichs, and O. Kreye, 1981, *The New International Division of Labor: Structual Unemployment in Industrialized Coutries and Industrialization of Developing Countries*, Cambridge Univ. Press.

Fromm E., 1941, *Escape from Freedom*, Rinehart.（日高六郎訳，1951,『自由からの逃走』東京創元社）

福武直・日高六郎・高橋徹編，1957,『講座社会学 7 大衆社会』東京大学出版会。

舩橋晴俊，2001,「環境問題の社会学的研究」飯島伸子・鳥越皓之・長谷川公一・舩橋晴俊編『環境社会学の視点』（講座環境社会学 1）有斐閣。

舩橋晴俊，2012,『現代社会学ライブラリー 2 社会学をいかに学ぶか』弘文堂。

舩橋晴俊編，2011,『環境社会学』弘文堂。

舩橋晴俊・長谷川公一・畠中宗一・勝田晴美，1985,『新幹線公害——高速文明の社会問題』有斐閣。

舩橋晴俊・長谷川公一・畠中宗一・梶田孝道，1988,『高速文明の地域問題——東北新幹線の建設・紛争と社会的影響』有斐閣。

古谷嘉章，2001,『異種混淆の近代と人類学——ラテンアメリカのコンタクト・ゾーンから』人文書院。

García Canclini, N., 1989, *Culturas híbridas: Estrategias para entrar y salir de la modernidad*, Editorial Grijalbo.

Garfinkel, H., 1964, "Studies of the Routine Grounds of Everyday Activities," *Social Problems*, 11(3).（北澤裕・西阪仰訳，1989,「日常活動の基盤——当り前を見る」『日常性の解剖学——知と会話』マルジュ社）

Garfinkel, H., 1974, "The Origins of the Term 'Ethnomethodology'," R. Turner ed., *Ethnomethodology*, Penguin.（山田富秋・好井裕明・山崎敬一訳，1987,「エスノメソドロジー命名の由来」『エスノメソドロジー——社会学的思考の解体』せりか書房）

Garfinkel, H. and D. L. Wieder, 1992, "Two Incommensurable, Asymmetrically Alternate Technologies of Social Analysis," G. Watson and R. M. Seiler eds., *Text in Context: Contributions to Ethnomethodology*, Sage.

Geertz, C., 1973, *The Interpretation of Cultures*, Basic Books.（吉田禎吾・中牧弘允・柳川啓一・板橋作美訳，1987,『文化の解釈学』II, 岩波書店）

Gellner, E., 1964, *Thought and Change*, Weidenfeld & Nicolson.

Gellner, E., 1983, *Nations and Nationalism*, Cornell Univ. Press.（加藤節監訳，2000,『民族とナショナリズム』岩波書店）

Gereffi, G. and M. Korzeniewicz eds., 1993, *Commodity Chains and Global Capitalism*, Praeger.

Giddens, A., 1979, *Central Problems in Social Theory: Action, Structure, and Contradiction in Social Analysis*, Macmillan. (友枝敏雄・今田高俊・森重雄訳, 1989, 『社会理論の最前線』ハーベスト社)

Giddens, A., 1984, *The Constitution of Society: Outline of the Theory of Structuration*, Polity Press. (門田健一訳, 2015, 『社会の構成』勁草書房)

Giddens, A., 1985, *The Nation-State and Violence*, Polity Press. (松尾精文・小幡正敏訳, 1999, 『国民国家と暴力』而立書房)

Giddens, A., 1990, *The Consequences of Modernity*, Polity Press. (松尾精文・小幡正敏訳, 1993, 『近代とはいかなる時代か?——モダニティの帰結』而立書房)

Giddens, A., 1991, *Modernity and Self-Identity: Self and Society in the Late Modern Age*, Polity Press. (秋吉美都・安藤太郎・筒井淳也訳, 2005, 『モダニティと自己アイデンティティ——後期近代における自己と社会』ハーベスト社)

Giddens, A., 1992, *The Transformation of Intimacy: Sexuality, Love and Eroticism in Modern Societies*, Polity Press. (松尾精文・松川昭子訳, 1995, 『親密性の変容——近代社会におけるセクシュアリティ, 愛情, エロティシズム』而立書房)

Gilligan, C., 1982, *In a Different Voice: Psychological Theory and Women's Development*, Harvard Univ. Press. (生田久美子・並木美智子訳, 岩男寿美子監訳, 1986, 『もうひとつの声——男女の道徳観のちがいと女性のアイデンティティ』川島書店)
(注) 翻訳では, care は「思いやり」もしくは「心づかい」と訳されているが, 本書 42 では「ケア」と訳すことにした。

Goffman, E., 1959, *The Presentation of Self in Everyday Life*, Doubleday. (石黒毅訳, 1974, 『行為と演技——日常生活における自己呈示』誠信書房)

Goffman, E., 1961a, *Encounters: Two Studies in the Sociology of Interaction*, Bobbs-Merrill. (佐藤毅・折橋徹彦訳, 1985, 『出会い——相互行為の社会学』誠信書房)

Goffman, E., 1961b, *Asylums: Essays on the Social Situation of Mental Patients and Other Inmates*, Doubleday. (石黒毅訳, 1984, 『アサイラム』誠信書房)

Goffman, E., 1963, *Behavior in Public Places: Notes on the Social Organization of Gatherings*, Free Press. (丸木恵祐・本名信行訳, 1980, 『集まりの構造——新しい日常行動論を求めて』誠信書房)

Goffman, E., 1967, *Interaction Ritual: Essays on Face-to-Face Behaviour*, Doubleday. (広瀬英彦・安江孝司訳, 1986, 『儀礼としての相互行為——対面行動の社会学』法政大学出版局)

Goffman, E., 1974, *Frame Analysis: An Essay on the Organization of Experience*, Harper & Row.

後藤玲子, 2002, 「〈合理的な愚か者〉を越えて——選好構造の多層化」佐々木毅・金泰昌編『21 世紀公共哲学の地平』東京大学出版会。

Gove, W. R. ed., 1975, *The Labelling of Deviance: Evaluating a Perspective*, John Wiley & Sons.

Granovetter, M., 1973, "The Strength of Weak Ties," *American Journal of Sociology*, 78(6). (大岡栄美訳, 2006, 「弱い紐帯の強さ」野沢慎司編・監訳『リーディングス ネットワーク

論——家族・コミュニティ・社会関係資本』勁草書房）

Greif, A., 2006, *Institutions and the Path to the Modern Economy: Lessons from Medieval Trade*, Cambridge Univ. Press.（岡崎哲二・神取道宏監訳，2009，『比較歴史制度分析』NTT 出版）

Habermas, J., 1962, 1990, *Strukturwandel der Öffentlichkeit:Untersuchungen zu einer Kategorie der bürgerlichen Gesellschaft*, Luchterhand.（細谷貞雄・山田正行訳，1994，『公共性の構造転換——市民社会の一カテゴリーについての探究』未来社）

Habermas, J., 1981, *Theorie des kommunikativen Handelns*, 2 Bde, Suhrkamp.（河上倫逸・M. フーブリヒト・平井俊彦・藤沢賢一郎・岩倉正博・德永恂・平野嘉彦・山口節郎・丸山高司・丸山徳次・厚東洋輔・森田数実・馬場孚瑳江・脇圭平訳，1985-87，『コミュニケイション的行為の理論』全 3 巻，未来社）

Habermas, J., 1992, *Faktizität und Geltung:Beiträge zur Diskurstheorie des Rechts und des demokratischen Rechtsstaats*, Suhrkamp.（河上倫逸・耳野健二訳，2002，2003，『事実性と妥当性』上・下，未来社）

Habermas, J. und N. Luhmann, 1971, *Theorie der Gesellschaft oder Sozialtechnologie*, Suhrkamp.（佐藤嘉一・山口節郎・藤沢賢一郎訳，1987，『批判理論と社会システム理論——ハーバーマス＝ルーマン論争』木鐸社）

Halbwachs, M., 1925, *Les Cadres sociaux de la mémoire*, Librairie Alcan［→ 1994, Albin Michel］（鈴木智之訳，2018，『記憶の社会的枠組み』青弓社）

Halbwachs, M., 1950, *La Mémoire collective*, PUF.（小関藤一郎訳，1989，『集合的記憶』行路社）

羽入辰郎，2002，『マックス・ヴェーバーの犯罪——『倫理』論文における資料操作の詐術と「知的誠実性」の崩壊』ミネルヴァ書房。

原純輔・盛山和夫，1999，『社会階層——豊かさの中の不平等』東京大学出版会。

Hardin, G., 1968, "The Tragedy of the Commons," *Science*, 162（3859）.

橋爪大三郎・志田基与師・恒松直幸，1984，「危機に立つ構造＝機能理論——わが国における展開とその問題点」『社会学評論』35(1)。

Hechter, M., 1987, *Principles of Group Solidarity*, Univ. of California Press.（小林淳一・木村邦博・平田暢訳，2003，『連帯の条件——合理的選択理論によるアプローチ』ミネルヴァ書房）

Hechter, M. and S. Kanazawa, 1997, "Sociological Rational Choice Theory," *Annual Review of Sociology*, 23.

Heckathorn, D. D., 1988, "Collective Sanctions and the Creation of Prisoner's Dilemma Norms," *American Journal of Sociology*, 94(3).

Hobbes, T., ［1651］1992, (The Collected Works of Thomas Hobbes), *Leviathan*, Routledge Thoemmes Press.（永井道雄・宗方邦義訳，1971，『世界の名著 23 リヴァイアサン』中央公論社）

Hobsbawm, E. and T. Ranger eds., 1983, *The Invention of Tradition*, Cambridge Univ. Press.（前川啓治・梶原景昭ほか訳，1992，『創られた伝統』紀伊國屋書店）

Hochschild, A. R., 1983, *The Managed Heart: Commercialization of Human Feeling*, Univ. of California Press.（石川准・室伏亜希訳，2000，『管理される心——感情が商品になると

き』世界思想社）

Homans, G. C., 1951, *The Human Group*, Routledge & K. Paul. （馬場明男・早川浩一訳，1959，『ヒューマン・グループ』誠信書房）

本田由紀，2005，『多元化する「能力」と日本社会——ハイパー・メリトクラシーのなかで』NTT 出版。

Honneth, A., 1992, *Kampf um Anerkennung: Zur moralischen Grammatik sozialer Konflikte*, Suhrkamp. （山本啓・直江清隆訳，2014，『承認をめぐる闘争——社会的コンフリクトの道徳的文法』増補版，法政大学出版局）

Honneth, A., 2000, *Das Andere der Gerechtigkeit: Aufsätze zur praktischen Philosophie*, Suhrkamp. （加藤泰史・日暮雅夫ほか訳，2005，『正義の他者——実践哲学論集』法政大学出版局）

Honneth, A., 2010, *Das Ich im Wir: Studien zur Anerkennungstheorie*, Suhrkamp. （日暮雅夫・三崎和志・出口剛司・庄司信・宮本真也訳，2017，『私たちのなかの私——承認論研究』法政大学出版局）

堀川三郎，1999，「戦後日本の社会学的環境問題研究の軌跡——環境社会学の制度化と今後の課題」『環境社会学研究』5。

堀川三郎，2012，「環境社会学にとって『被害』とは何か——ポスト 3.11 の環境社会学を考えるための一素材として」『環境社会学研究』18。

Horkheimer, M. und T. W. Adorno, 1947, *Dialektik der Aufklärung: philosophische Fragmente*, Querido Verlag. （徳永恂訳，2007，『啓蒙の弁証法——哲学的断想』岩波書店）

Husserl, E., 1954, *Die Krisis der europäischen Wissenschaften und die transzendentale Phänomenologie: Eine Einleitung in die phänomenologische Philosophie*, Husserliana Bd.VI, Martinus Nijhoff. （細谷恒夫・木田元訳，1974，『ヨーロッパ諸学の危機と超越論的現象学』中央公論社）

Hyman, H. H., [1942] 1968, "The Psychology of Status," H. H. Hyman and E. Singer eds., *Readings in Reference Group Theory and Research*, Free Press.

市井三郎，1971，『歴史の進歩とはなにか』岩波書店。

Illich, I., 1981, *Shadow Work*, Marion Boyars Publishers.（玉野井芳郎・栗原彬訳，1990，『シャドウ・ワーク——生活のあり方を問う』岩波書店）

今田高俊，1986，『自己組織性——社会理論の復活』創文社。

今田高俊，1991，「科学するとは何か」今田高俊・友枝敏雄編『社会学の基礎』有斐閣。

今田高俊・原純輔，1979，「社会的地位の一貫性と非一貫性」富永健一編『日本の階層構造』東京大学出版会。

稲葉陽二，2014，「ソーシャル・キャピタルをめぐる議論——あいまいさへの批判とその付加価値」稲葉陽二・大守隆・金光淳・近藤克則・辻中豊・露口健司・山内直人・吉野諒三『ソーシャル・キャピタル——「きずな」の科学とは何か』ミネルヴァ書房。

石田淳，2015，『相対的剥奪の社会学——不平等と意識のパラドックス』東京大学出版会。

伊藤陽一，1990，「情報社会論——その系譜と理論的諸課題」有吉広介編『コミュニケーションと社会』芦書房。

伊藤陽一・小川浩一・榊博文，1974a，「デマの研究——愛知県豊川信用金庫『取り付け』騒ぎの現地調査 I 」『総合ジャーナリズム研究』69。

伊藤陽一・小川浩一・榊博文，1974b，「デマの研究――愛知県豊川信用金庫『取り付け』騒ぎの現地調査Ⅱ」『総合ジャーナリズム研究』70。

梶田孝道，1988，『テクノクラシーと社会運動――対抗的相補性の社会学』（現代社会学叢書 15）東京大学出版会。

菅野覚明，2004，『武士道の逆襲』講談社。

Kelly, H. H., [1952] 1968, "Two Functions of Reference Groups," H. H. Hyman and E. Singer eds., *Readings in Reference Group Theory and Research*, Free Press.

吉川徹，2006，『学歴と格差・不平等――成熟する日本型学歴社会』東京大学出版会。

吉川徹，2014，『現代日本の「社会の心」――計量社会意識論』有斐閣。

Kobayashi, J., 1991, "An Analytical Approach to the 'Self-Fulfilling Prophecy'," 『理論と方法』 6(2)。

Kollock, P., 1998, "Social Dilemmas: The Anatomy of Cooperation," *Annual Review of Sociology*, 24(1).

小室直樹，1966，「構造‐機能分析と均衡分析――パーソンズ枠組の発展的再構成へむかって」『社会学評論』16(4)。

小室直樹，1974，「構造＝機能分析の論理と方法」青井和夫編『社会学講座 1 理論社会学』東京大学出版会。

Kondo, N., M. Saito, H. Hikichi, J. Aida, T. Ojima, K. Kondo, and I. Kawachi, 2015, "Relative Deprivation in Income and Mortality by Leading Causes among Older Japanese Men and Women: AGES Cohort Study," *Journal of Epidemiology & Community Health*, 69(7).

金野美奈子，2016，『ロールズと自由な社会のジェンダー――共生への対話』勁草書房。

Kornhauser, W., 1959, *The Politics of Mass Society*, Free Press.（辻村明訳，1961，『大衆社会の政治』東京創元社）

厚東洋輔，1980，「主意主義的行為理論」安田三郎・塩原勉・富永健一・吉田民人編『基礎社会学 第Ⅰ巻 社会的行為』東洋経済新報社。

厚東洋輔，1991，『社会認識と想像力』ハーベスト社。

厚東洋輔，2006，『モダニティの社会学――ポストモダンからグローバリゼーションへ』ミネルヴァ書房。

厚東洋輔，2009，「問題としての〈社会的なもの〉」『関西学院大学社会学部紀要』108 号。

厚東洋輔，2011，『グローバリゼーション・インパクト――同時代認識のための社会学理論』ミネルヴァ書房。

厚東洋輔，2020，『〈社会的なもの〉の歴史――社会学の興亡 1848-2000』東京大学出版会。

桑田耕太郎・松嶋登・高橋勅徳編，2015，『制度的企業家』ナカニシヤ出版。

Lahire, B., 1995, *Tableaux de familles: Heurs et malheurs scolaires en milieux populaires*, Gallimard / Seuil.

Lahire, B., 1998, *L'homme pluriel: Les ressorts de l'action*, Armand Colin / Nathan.（鈴木智之訳，2013，『複数的人間――行為のさまざまな原動力』法政大学出版局）

Laqueur, T., 1990, *Making Sex: Body and Gender from the Greeks to Freud*, Harvard Univ. Press.（高井宏子・細谷等訳，1998，『セックスの発明――性差の観念史と解剖学のアポリア』工作舎）

Le Bon, G., 1895, *Psychologie des foules*.（桜井成夫訳, 1993,『群衆心理』講談社）

Lechner, F. J., 1984, "Ethnicity and Revitalization in the Modern World System," *Sociological Focus*, 17(3).

Lederer, E., 1940, *State of the Masses: The Threat of the Classless Society*, W. W. Norton & Company Publishers.（青井和夫・岩城完之訳, 1961,『大衆の国家——階級なき社会の脅威』東京創元社）

Lefebvre, H., 1974, *La production de l' espace*, Anthropos.（斎藤日出治訳, 2000,『空間の生産』青木書店）

Lefebvre, H., 1992, *Éléments de rythmanalyse: introduction à la connaissance des rythmes*, Éditions Syllepse.

Lenski, G. E., 1954, "Status Crystallization: A Non-Vertical Dimension of Social Status," *American Sociological Review*, 19(4).

Levy, M. J., 1972, *Modernization: Latecomers and Survivors*, Basic Books.

Lin, N., 2001, *Social Capital: A Theory of Social Structure and Action*, Cambridge Univ. Press.（筒井淳也・石井光規・桜井政成・三輪哲・土岐智賀子訳, 2008,『ソーシャル・キャピタル——社会構造と行為の理論』ミネルヴァ書房）

Lindenberg, S. and L. Steg, 2007, "Normative, Gain and Hedonic Goal Frames Guiding Environmental Behavior," *Journal of Social Issues*, 63(1).

Linton, R., 1936, *The Study of Man: An Introduction*, D. Appleton-Century Campany.

Luckmann, T., 1967, *The Invisible Religion: The Problem of Religion in Modern Society*, Macmillan.（赤池憲昭・ヤン・スィンゲドー訳, 1976,『見えない宗教——現代宗教社会学入門』ヨルダン社）

Luhmann, N., 1970, *Soziologische Aufklärung I*, Westdeutscher Verlag.（土方昭監訳, 1984,『社会システムのメタ理論——社会学的啓蒙』新泉社）

Luhmann, N., 1972, *Rechtssoziologie*, Rowohlt.（村上淳一・六本佳平訳, 1977,『法社会学』岩波書店）

Luhmann, N., 1973, *Vertrauen: Ein Mechanismus der Reduktion sozialer Komplexität*, Ferdinand Enke Verlag.（大庭健・正村俊之訳, 1990,『信頼——社会的な複雑性の縮減メカニズム』勁草書房）

Luhmann, N., 1980, *Gesellschaftsstruktur und Semantik: Studien zur Wissenssoziologie der modernen Gesellschaft*, Bd.1, Suhrkamp.（徳安彰訳, 2011,『社会構造とゼマンティク 1』法政大学出版局）

Luhmann, N., 1984, *Soziale Systeme: Grundriß einer allgemeinen Theorie*, Suhrkamp.
（佐藤勉監訳, 1993, 1995,『社会システム理論』上・下, 恒星社厚生閣）
（馬場靖雄訳, 2020,『社会システム——或る普遍的理論の要綱』上・下, 勁草書房）

Luhmann, N., 1997, *Die Gesellschaft der Gesellschaft*, Suhrkamp.（馬場靖雄・赤堀三郎・菅原謙・高橋徹訳, 2009,『社会の社会』1・2, 法政大学出版局）

Luhmann, N., （Kieserling, A. Hg.）, 2000a, *Die Politik der Gesellschaft*, Suhrkamp.（小松丈晃訳, 2013,『社会の政治』法政大学出版局）

Luhmann, N., （Kieserling, A. Hg.）, 2000b, *Die Religion der Gesellschaft*, Suhrkamp.（土方透・森川剛光・渡曾知子・畠中茉莉子訳, 2016,『社会の宗教』法政大学出版局）

Luhmann, N., 2005, *Soziologische Aufklärung 1*, 7. Auflage, VS Verlag.

Machiavelli, N., 1532, *Il Principe*. (佐々木毅訳, 2004, 『君主論』講談社)

MacIver, R. M., 1917, *Community: A Sociological Study*, Macmillan. (中久郎・松本通晴監訳, 1975, 『コミュニティ――社会学的研究：社会生活の性質と基本法則に関する一試論』ミネルヴァ書房)

真木悠介, [1993] 2012, 『自我の起原』(『定本・真木悠介著作集 3』岩波書店)。

Malinowski, B., 1944, *A Scientific Theory of Culture: And Other Essays*, Univ. of North Carolina Press. (姫岡勤・上子武次訳, 1958, 『文化の科学的理論』岩波書店)

Mannheim, K., [1935] 1940, *Man and Society in an Age of Reconstruction*, Routledge & Kegan Paul. (福武直訳, 1962, 『変革期における人間と社会』みすず書房)

Marcuse, H., 1965, "Repressive Tolerance," R. P. Wolff, B. Moore, Jr., and H. Marcuse, *A Critique of Pure Tolerance*, Beacon Press. (大沢真一郎訳, 1968, 『純粋寛容批判』せりか書房)

丸山真男, 1952, 『日本政治思想史研究』東京大学出版会。

丸山眞男, [1968] 1996, 「個人析出のさまざまなパターン――近代日本をケースとして」『丸山眞男集 第9巻』岩波書店。

Marx, K., 1848, *Manifest der Kommunistischen Partei*, Burghard. (的場昭弘訳, 2010, 『新訳共産党宣言』作品社)

松下圭一, 1969, 『現代政治の条件』中央公論社。

McAdam, D., 1982, *Political Process and the Development of Black Insurgency, 1930-1970*, Univ. of Chicago Press.

McAdam, D., J. D. McCarthy, and M. N. Zald, 1996, *Comparative Perspectives on Social Movements: Political Opportunities, Mobilizing Structures, and Cultural Framings*, Cambridge Univ. Press.

McAdam, D., W. R. Scott, and M. N. Zald, 2005, *Social Movements and Organization Theory*, Cambridge Univ. Press.

McCarthy, J. D. and M. N. Zald, 1977, "Resource Mobilization and Social Movements: A Partial Theory," *American Journal of Sociology*, 82(1). (片桐新自訳, 1989, 「社会運動の合理的理論」塩原勉編『資源動員と組織戦略――運動論の新パラダイム』新曜社)

McDonald, K., 2006, *Global Movements: Action and Culture*, Wiley-Blackwell.

McMichael, P., 2012, *Development and Social Change: A Global Perspective* [fifth edition], Sage.

Mead, G. H., 1934, *Mind, Self, and Society: From the Standpoint of a Social Behaviorist*, Univ. of Chicago Press. (稲葉三千男・滝沢正樹・中野収訳, 1973, 『精神・自我・社会』青木書店)

Melucci, A., 1985, "The Symbolic Challenge of Contemporary Movements," *Social Research: An International Quarterly*, 52(4).

Merton, R. K., 1957, *Social Theory and Social Structure* [revised and enlarged edition], Free Press. (森東吾・森好夫・金沢実・中島竜太郎訳, 1961, 『社会理論と社会構造』みすず書房)

Merton, R. K., 1995, "The Thomas Theorem and the Matthew Effect," *Social Forces*, 74(2).

Meyer, J. W. and B. Rowan, 1977, "Institutionalized Organizations: Formal Structure as Myth and Ceremony," *American Journal of Sociology*, 83(2).

Millett, K., 1970, *Sexual Politics*, Doubleday.（藤枝澪子訳．1985，『性の政治学』ドメス出版）

Mills, C. W., 1951, *White Collar: The American Middle Classes*, Oxford Univ. Press.（杉政孝訳，1957，『ホワイト・カラー──中流階級の生活探究』東京創元社）

Mills, C. W., 1956, *The Power Elite*, Oxford Univ. Press.（鵜飼信成・綿貫譲治訳，1958，『パワー・エリート』上・下，東京大学出版会）

Mills, C, W., 1959, *The Sociological Imagination*, Oxford Univ. Press.（鈴木広訳，1965，『社会学的想像力』紀伊國屋書店）

見田宗介，1984，『現代日本の精神構造』新版，弘文堂。

宮本孝二，1998，『ギデンズの社会理論──その全体像と可能性』八千代出版。

水林彪，2010，『国制と法の歴史理論──比較文明史の歴史像』創文社。

毛利康俊，2014，『社会の音響学──ルーマン派システム論から法現象を見る』勁草書房。

長岡克行，2006，『ルーマン／社会の理論の革命』勁草書房。

Nederveen Pieterse, J., 2015, *Globalisation & Culture: Global Mélange* [third edition], Rowman & Littlefield.

西川祐子，1991，「近代国家と家族モデル」『ユスティティア』第2号，ミネルヴァ書房。

西川祐子，1996，「近代国家と家族──日本型近代家族の場合」井上俊・上野千鶴子・大澤真幸・見田宗介・吉見俊哉編『岩波講座現代社会学第19巻〈家族〉の社会学』岩波書店。

西阪仰，1997，『相互行為分析という視点──文化と心の社会学的記述』金子書房。

Nolte, P., 2000, *Die Ordnung der deutschen Gesellschaft: Selbstentwurf und Selbstbeschreibung im 20, Jahrhundert,* C. H. Beck.

Nussbaum, M.C., 2000, *Women and Human Development: The Capabilities Approach*, Cambridge Univ. Press.（池本幸生・田口さつき・坪井ひろみ訳，2005，『女性と人間開発──潜在能力アプローチ』岩波書店）

帯谷博明，2004，『ダム建設をめぐる環境運動と地域再生──対立と協働のダイナミズム』昭和堂。

落合恵美子，1989，『近代家族とフェミニズム』勁草書房。

落合恵美子，1994，『21世紀家族へ──家族の戦後体制の見かた・超えかた』有斐閣。

尾高邦雄，1958，『産業社会学』ダイヤモンド社。

Offe, C., 1985, "New Social Movements: Challenging the Boundaries of Institutional Politics," *Social Research*, 52(4).

大橋昭一・竹林浩志，2008，『ホーソン実験の研究──人間尊重的経営の源流を探る』同文舘出版。

岡檀，2013，『生き心地の良い町──この自殺率の低さには理由がある』講談社。

小此木啓吾，1978，『モラトリアム人間の時代』中央公論社。

Olson, M., 1965, *The Logic of Collective Action: Public Goods and the Theory of Groups*, Harvard Univ. Press.（依田博・森脇俊雅訳，1996，『集合行為論──公共財と集団理論』新装版，ミネルヴァ書房）

折原浩，2003，『ヴェーバー学のすすめ』未来社。

Ortéga, y G. J., 1930, *La rebelión de las masas.*（寺田和夫訳，1979，「大衆の反逆」高橋徹

責任編集『世界の名著 マンハイム・オルテガ』中央公論社）

大浦宏邦，2007，『人間行動に潜むジレンマ——自分勝手はやめられない？』化学同人。

Parsons, T., 1937, *The Structure of Social Action*, McGraw Hill.（稲上毅・厚東洋輔・溝部明男訳，1974-89，『社会的行為の構造』全5巻，木鐸社）

Parsons, T., 1949, *Essays in Sociological Theory*, Free Press.

Parsons, T., 1951, *The Social System*, Free Press.（佐藤勉訳，1974，『社会体系論』青木書店）

Parsons, T., 1954, *Essays in Sociological Theory*, Free Press.

Parsons, T., 1964, *Social Structure and Personality*, Free Press.（武田良三監訳，1985，『社会構造とパーソナリティ』新泉社）

Parsons, T., 1969, *Politics and Social Structure*, Free Press.（新明正道監訳，1973，1974，『政治と社会構造』上・下，誠信書房）

Parsons, T., 1971, *The System of Modern Societies*, Prentice Hall.（井門富士夫訳，1977，『近代社会の体系』至誠堂）

Parsons, T., 1973, *The American University*, Harvard Univ. Press.

Parsons, T., 1977, *Social Systems and the Evolution of Action Theory*, Free Press.（田野崎昭夫監訳，1992，『社会体系と行為理論の展開』誠信書房）

Parsons, T., 1978, *Action Theory and the Human Condition*, Free Press.（徳安彰・挾本佳代・油井清光・佐藤成基訳，2002，『宗教の社会学——行為理論と人間の条件 第3部』勁草書房）

Parsons, T. and E. A. Shils, 1951, *Toward a General Theory of Action*, Harvard Univ. Press.（永井道雄・作田啓一・橋本真訳，1960，『行為の総合理論をめざして』日本評論社）

Parsons, T., R. F. Bales, and E. A. Shils, 1953, *Working Papers in the Theory of Action*, Free Press.

Parsons, T. and N. J. Smelser, 1956, *Economy and Society: A Study in the Integration of Economic and Social Theory*, Routledge.（富永健一訳，1958，1959，『経済と社会——経済学理論と社会学理論の統合についての研究』1・2，岩波書店）

Parsons, T. and R. F. Bales, 1956, *Family: Socialization and Interaction Process*, Routledge and Kegan Paul.（橋爪貞雄・溝口謙三・高木正太郎・武藤孝典・山村賢明訳，1981，『家族——核家族と子どもの社会化』黎明書房）

Peterson, R. A. and R. M. Kern, 1996, "Changing Highbrow Taste: From Snob to Omnivore," *American Sociological Review*, 61(5).

Pryke, S., 2009, *Nationalism in a Global World*, Palgrave Macmillan.

Putnam, R. D., 2000, *Bowling Alone: The Collapse and Revival of American Community*, Simon and Schuster.（柴内康文訳，2006，『孤独なボウリング——米国コミュニティの崩壊と再生』柏書房）

Putnam, R. D., R. Leonardi, and N. Raffaella, 1993, *Making Democracy Work: Civic Traditions in Modern Italy*, Princeton Univ. Press.（河田潤一訳，2001，『哲学する民主主義——伝統と改革の市民的構造』NTT出版）

Rachfahl, F., 1909, "Kalvinismus und Kapitalismus," J. Winckelmann hrsg., *Max Weber: Die protestantische Ethik 2 Kritiken und Antikritiken*, Gütersloher.

Radcliffe-Brown, A. R., 1952, *Structure and Function in Primitive Society: Essays and*

Adresses, Free Press.（青柳まちこ訳，1975，『未開社会における構造と機能』新泉社）

ラムザイヤー，マーク，1990，『法と経済学——日本法の経済分析』弘文堂。

Rawls, J., [1971] 1999, *A Theory of Justice*, Harvard Univ. Press.（川本隆史・福間聡・神島裕子訳，2010，『正義論（改訂版）』紀伊國屋書店）

Riesman, D., 1960, *The Lonely Crowd: A Study of the Changing American Character*, (with N. Glazer and R. Denny), Yale Univ. Press.（加藤秀俊訳, 1964, 『孤独な群衆』みすず書房）

Ritzer, G., 1996, *The Mcdonaldization of Society* [revised edition], Pine Forge Press.（正岡寛司監訳，1999，『マクドナルド化する社会』早稲田大学出版部）

Roethlisberger, F. J. and W. J. Dickson, 1939, *Management and the Worker*, Harvard Univ. Press.

Rostow, W. W., 1960, *The Stages of Economic Growth: A Non-Communist Manifesto*, Cambridge Univ. Press.（木村健康・久保まち子・村上泰亮訳，1961，『経済成長の諸段階——一つの非共産主義宣言』ダイヤモンド社）

Runciman, W. G., 1966, *Relative Deprivation and Social Justice: A Study of Attitudes to Social Inequality in Twentieth-Century England*, Routledge & Kegan Paul.

佐伯真一，2004，『戦場の精神史——武士道という幻影』日本放送出版協会。

酒井泰斗・浦野茂・前田泰樹・中村和生編，2009，『概念分析の社会学——社会的経験と人間の科学』ナカニシヤ出版。

崎山治男，2005，『「心の時代」と自己——感情社会学の視座』勁草書房。

Sally, D., 1995, "Conversation and Cooperation in Social Dilemmas: A Meta-Analysis of Experiments from 1958 to 1992," *Rationality and Society*, 7(1).

Sandel, M. J., [1982] 1998, *Liberalism and the Limits of Justice* [second editon], Cambridge Univ. Press.（菊池理夫訳，2009，『リベラリズムと正義の限界（原著第 2 版）』勁草書房）

佐藤郁哉，2019，『大学改革の迷走』筑摩書房。

佐藤郁哉・芳賀学・山田真茂留，2011，『本を生みだす力——学術出版の組織アイデンティティ』新曜社。

Sato, I., M. Haga, and M. Yamada, 2015, "Lost and Gained in Translation: The Role of the 'American Model' in the Institution-Building of a Japanese University Press," *Cultural Sociology*, 9(3).

佐藤郁哉・山田真茂留，2004，『制度と文化——組織を動かす見えない力』日本経済新聞社。

佐藤俊樹，1993，『近代・組織・資本主義——日本と西欧における近代の地平』ミネルヴァ書房。

佐藤俊樹，2010，『社会は情報化の夢を見る——［新世紀版］ノイマンの夢・近代の欲望』河出書房新社。

佐藤俊樹，2011，『社会学の方法——その歴史と構造』ミネルヴァ書房。

佐藤嘉倫，2012，「SSM」大澤真幸・吉見俊哉・鷲田清一編『現代社会学事典』弘文堂。

Sato, Yoshimichi, 2013, "Social Capital," *Sociopedia.isa*, International Sociological Association.

澤田康幸・上田路子・松林哲也，2013，『自殺のない社会へ——経済学・政治学からのエビデンスに基づくアプローチ』有斐閣。

澤井敦, 2011, 「原子化・私化・個人化——社会不安をめぐる三つの概念」『法学研究』84(2)。

Schegloff, E. A. and H. Sacks, 1972, "Opening up Closings," *Semiotica*, vol.7. (北澤裕・西阪仰訳, 1989, 「会話はどのように終了されるのか」『日常性の解剖学——知と会話』マルジュ社)

Schiller, H. I., 1981, *Who Knows: Information in the Age of the Fortune 500*, Ablex.

Schutz. A., 1962, *Collected Papers I: The Problem of Social Reality*, Martinus Nijhoff. (渡部光・那須壽・西原和久訳, 1985, 『アルフレッド・シュッツ著作集 第2巻 社会的現実の問題 II』マルジュ社)

Schütz, A. und T. Luckmann, 1975, *Strukturen der Lebenswelt*, Luchterhand. (那須壽監訳, 2015, 『生活世界の構造』筑摩書房)

Schütz, A. und T. Parsons (Sprondel, W. M. hrsg.), 1977, *Zur Theorie sozialen Handelns: Ein Briefwechsel*, Suhrkamp. (佐藤嘉一訳, 2009, 『A. シュッツ = T. パーソンズ往復書簡 社会的行為の理論論争 [改訳版]』木鐸社)

Scott, J. W., 1988, *Gender and the Politics of History*, Columbia Univ. Press. (荻野美穂訳, 2022, 『30周年版 ジェンダーと歴史学』平凡社)

Scott, W. R. and J. W. Meyer, 1991, "The Organization of Societal Sectors: Propositions and Early Evidence," W. W. Powell and P. J. DiMaggio eds., *The New Institutionalism in Organizational Analysis*, The Univ. of Chicago Press.

瀬地山角, 1996, 『東アジアの家父長制——ジェンダーの比較社会学』勁草書房。

盛山和夫, 1995, 『制度論の構図』創文社。

盛山和夫, 2000, 『権力』東京大学出版会。

盛山和夫, 2004, 『社会調査法入門』有斐閣。

盛山和夫, 2011, 『社会学とは何か——意味世界への探究』ミネルヴァ書房。

関谷直也, 2011, 『風評被害——そのメカニズムを考える』光文社。

Selznick, P., 1992, *The Moral Commonwealth: Social Theory and the Promise of Community*, Univ. of California Press.

Sen, A. K., 1982, *Choice, Welfare and Measurement*, Basil Blackwell. (大庭健・川本隆史訳, 1989, 『合理的な愚か者——経済学 = 倫理学的探究』抄訳, 勁草書房)

Sen, A. K., 1985, *Commodities and Capabilities*, North-Holland. (鈴村興太郎訳, 1988, 『福祉の経済学——財と潜在能力』岩波書店)

Sen, A., 1992, *Inequality Reexamined*, Clarendon Press. (池本幸生・野上裕生・佐藤仁訳, 1999, 『不平等の再検討——潜在能力と自由』岩波書店)
（注）翻訳では, capability は「潜在能力」と訳されているが, 本書 42 では「ケイパビリティ」と訳すことにした。

千田有紀, 2009, 『ヒューマニティーズ 女性学／男性学』岩波書店。

千田有紀, 2011, 『日本型近代家族——どこから来てどこへ行くのか』勁草書房。

Sennett, R., 1998, *The Corrosion of Character: The Personal Consequences of Work in the New Capitalism*, Norton. (斎藤秀正訳, 1999, 『それでも新資本主義についていくか——アメリカ型経営と個人の衝突』ダイヤモンド社)

Shibutani, T., 1961, *Society and Personality: An Interactionist Approach to Social Psychology*, Prentice-Hall.

塩原勉，1976，『組織と運動の理論——矛盾媒介過程の社会学』新曜社。

塩川伸明，2008，『民族とネイション——ナショナリズムという難題』岩波書店。

庄司興吉，1977，『現代化と現代社会の理論』東京大学出版会。

Shorter, E., 1975, *The Making of the Modern Family*, Basic Books. （田中俊宏・岩崎誠一・見崎恵子・作道潤訳，1987，『近代家族の形成』昭和堂）

Simmel, G., 1890, *Über sociale Differenzierung: Sociologische und psychologische Untersuchungen*, Duncker & Humblot. （居安正訳，1998，『社会分化論 宗教社会学』青木書店）

Simmel, G., 1908, *Soziologie: Untersuchungen über die Formen der Vergesellschaftung*, Duncker & Humblot. （居安正訳，1994，『社会学——社会化の諸形式についての研究』上・下，白水社）

Sklair, L., 1991, *Sociology of the Global System*, Johns Hopkins Univ. Press. （野沢慎司訳，1995，『グローバル・システムの社会学』玉川大学出版部）

Smelser, N. J., 1962, *Theory of Collective Behavior*, Free Press. （会田彰・木原孝訳，1973，『集合行動の理論』誠信書房）

Smith, A., [1776] 1950, *An Inquiry into the Nature and Causes of the Wealth of Nations*, 2 vols., W. Strahan and T. Cadell.
（大内兵衛・松川七郎訳，1969，『諸国民の富』岩波書店）
（大河内一男監訳，1978，『国富論』1-3，中央公論社）
（水田洋監訳，杉山忠平訳，2000-2001，『国富論』1-4，岩波書店）

Smith, A. D., 1986, *The Ethnic Origins of Nations*, Blackwell. （巣山靖司・高城和義訳，1999，『ネイションとエスニシティ——歴史社会学的考察』名古屋大学出版会）

Smith, P., 1992, *The Emotional Labour of Nursing: How Nurses Care*, Macmillan. （武井麻子・前田泰樹監訳，2000，『感情労働としての看護』ゆみる出版）

Smith, R. S., 1995, "Giving Credit Where Credit is Due: Dorothy Swaine Thomas and the 'Thomas Theorem'," *American Sociologist*, 26(4).

Snow, D. A. and R. D. Benford, 1988, "Ideology, Frame Resonance, and Participant Mobilization," *International Social Movement Research*, 1(1).

Sørensen, M. P. and A. Christiansen, 2012, *Ulrich Beck: An Introduction to the Theory of Second Modernity and the Risk Society*, Routledge.

総務省，2015，「インターネットの普及状況」『平成 27 年度版 情報通信白書』
http://www.soumu.go.jp/johotsusintokei/whitepaper/ja/h27/html/nc372110.html

Spector, M. and J. I. Kitsuse, 1977, *Constructing Social Problems*, Cummings. （村上直之・中河伸俊・鮎川潤・森俊太訳，1990，『社会問題の構築——ラベリング理論をこえて』マルジュ社）

Stepan, A. and C. Taylor eds., 2014, *Boundaries of Toleration*, Columbia Univ. Press.

Stouffer, S. A., E. A. Suchman, L. C. DeVinney, S. A. Star, and R. M. Williams Jr., 1949, *The American Soldier: Adjustment during Army Life*, Vol. 1, Princeton Univ. Press.

Strasser, H., 1986, "Status Inconsistency and the Rise of National Socialism," H. Strasser and R. W. Hodge eds., *Status Inconsistency in Modern Societies: Proceedings of a Conference on "New Differentiations of Status Structures? On the Viability of the Concept of Status Inconsistency in Contemporary Society,"* Sozialwissenschaftlichen Kooperative.

高城和義，1986，『パーソンズの理論体系』日本評論社。

高橋亀吉・森垣淑，1993，『昭和金融恐慌史』講談社。

谷本奈穂，2008，『恋愛の社会学——「遊び」とロマンティック・ラブの変容』青弓社。

太郎丸博，2000，「社会学における合理的選択理論の伝統とその可能性」『理論と方法』15(2)。

Tarrow, S. G., 1998, *Power in Movement: Social Movements and Contentious Politics* [second edition], Cambridge Univ. Press.（大畑裕嗣監訳，2006，『社会運動の力——集合行為の比較社会学』彩流社）

Thomas, W. I. and D. S. Thomas, 1928, *The Child in America: Behavior Problems and Programs*, Alfred A. Knopf.

富永健一，1965，『社会変動の理論——経済社会学的研究』岩波書店。

富永健一，1975，「構造と機能」富永健一・塩原勉編『社会学セミナー1 社会学原論』有斐閣。

富永健一，1986，『社会学原理』岩波書店。

富永健一，1996，『近代化の理論——近代化における西洋と東洋』講談社。

富永健一・友枝敏雄，1986，「日本社会における地位非一貫性の趨勢 1955-1975 とその意味」『社会学評論』37(2)。

友澤悠季，2014，『「問い」としての公害——環境社会学者・飯島伸子の思索』勁草書房。

Tönnies, F., 1887, *Gemeinschaft und Gesellschaft: Grundbegriffe der reinen Soziologie*, Fues's Verlag.（杉之原寿一訳，1957，『ゲマインシャフトとゲゼルシャフト——純粋社会学の基本概念』上・下，岩波書店）

Touraine, A., 1978, *La voix et le regard*, Seuil.（梶田孝道訳，2011，『声とまなざし（新装）——社会運動の社会学』新泉社）

辻村明編，1972，『社会学講座 13 現代社会論』東京大学出版会。

Turner, R. H., 1962, "Role-Taking: Process Versus Conformity," A. M. Rose ed., *Human Behaviour and Social Processes: An Interactionist Approach*, Routledge.

植田今日子，2004，「大規模公共事業における『早期着工』の論理——川辺川ダム水没地地域社会を事例として」『社会学評論』55(1)。

植田今日子，2016，『存続の岐路に立つむら——ダム・災害・限界集落の先に』昭和堂。

上野千鶴子，[1990] 2009，『家父長制と資本制——マルクス主義フェミニズムの地平』岩波書店。

上野千鶴子，2020，『近代家族の成立と終焉（新版）』岩波書店。

梅棹忠夫，1963，「情報産業論」『放送朝日』1月号。

Urry, J., 2000, *Sociology beyond Societies: Mobilities for the Twenty-first Century*, Routledge.（吉原直樹監訳，2006，『社会を越える社会学——移動・環境・シティズンシップ』法政大学出版局）

Urry, J., 2002, *Global Complexity*, Polity.（吉原直樹監訳，2014，『グローバルな複雑性』法政大学出版局）

Urry, J., 2007, *Mobilities*, Polity.（吉原直樹・伊藤嘉高訳，2015，『モビリティーズ——移動の社会学』作品社）

Vandermassen, G., 2005, *Who's Afraid of Charles Darwin?: Debating Feminism and Evolutionary Theory*, Rowman & Littlefield Publishers.

Veblen, T. B., 1899, *The Theory of the Leisure Class: An Economic Study in the Evolution of Institutions*, Macmillan.（高哲男訳，1998，『有閑階級の理論——制度の進化に関する経済学的研究』筑摩書房）

Visser, S. and J.Cooper, 2003, "Attitude Change," M.Hogg and J. M. Cooper eds., *The Sage Handbook of Social Psychology*, Sage.

Wallerstein, I., 1974, *The Modern World-System: Capitalist Agriculture and the Origins of the European World-Economy in the Sixteenth Century*, Academic Press.（川北稔訳，1981，『近代世界システム——農業資本主義と「ヨーロッパ世界経済」の成立』1・2，岩波書店）

Wallerstein, I., 1979, *The Capitalist World-Economy,* Cambridge Univ. Press.（藤瀬浩司ほか訳，1987，『資本主義世界経済』1・2，名古屋大学出版会）

Wallerstein, I., 1983, *Historical Capitalism,* Verso.（川北稔訳，1985，『史的システムとしての資本主義』岩波書店）

Wallerstein, I., 1991, *Unthinking Social Science: The Limits of Nineteenth Century Paradigms*, Polity.（本多健吉・高橋章監訳，1993，『脱＝社会科学——一九世紀パラダイムの限界』藤原書店）

Weber, A., 1920, "Prinzipielles zur Kultursoziologie: Gesellschaftsprozeß, Zivilisations-prozeß und Kulturbewegung," *Archiv für Sozialwissenschaft und Sozialpolitik*, 47.（山本新・信太正三・草薙正夫訳，1958，『文化社会学』創文社）

Weber, M., 1920, *Gesammelte Aufsätze zur Religionssoziologie I.*, J.C.B. Mohr.（*MWG* (*Max Weber-Gesamtausgabe*) *I/18 Die protestantische Ethik und der Geist des Kapitalismus, MWG I/19 Die Wirtschaftsethik der Weltreligionen. Konfuzianismus und Taoismus*）（大塚久雄・生松敬三訳，1972，『宗教社会学論選』みすず書房）（大塚久雄訳，1989，『プロテスタンティズムの倫理と資本主義の精神』岩波書店）（木全徳雄訳，1971，『儒教と道教』創文社）

Weber, M., 1922a, *Gesammelte Aufsätze zur Wissenschaftslehre*, J.C.B. Mohr.（*MWG I/7 Zur Logik und Methodik der Sozialwissenschaften*）（出口勇蔵訳，1973，「社会科学および社会政策の認識の『客観性』」『世界の大思想 23』河出書房新社）

Weber, M., 1922b, *Wirtschaft und Gesellschaft*, J.C.B. Mohr.（*MWG I/22,2 Wirtschaft und Gesellschaft. Religiöse Gemeinschaften, MWG I/22,4 Wirtschaft und Gesellschaft. Herrschaft, MWGI/23 Wirtschaft und Gesellschaft. Soziologie*）（清水幾太郎訳，1972，『社会学の根本概念』岩波書店）（阿閉吉男・内藤莞爾訳，1987，『社会学の基礎概念』恒星社厚生閣）（世良晃志郎訳，1970，『支配の諸類型』創文社）（武藤一雄・薗田宗人・薗田坦訳，1976，『宗教社会学』創文社）（世良晃志郎訳，1960，『支配の社会学 I』創文社）（世良晃志郎訳，1962，『支配の社会学 II』創文社）

Webster, F., 1995, *Theories of the Information Society*, Routledge.（田畑暁生訳，2001，『「情報社会」を読む』青土社）

West, C. and D. H. Zimmerman, 1991, "Doing Gender," J. Lorber and S. A. Farrell eds., *The Social Construction of Gender*, Sage.

Williams, M. S. and J. Waldron eds., 2008, *Toleration and Its Limits*, New York Univ. Press.

Wilson, B., 1976, *Contemporary Transformations of Religion*, Univ. of Newcastle upon Tyne. （井門富二夫・中野毅訳，1979，『現代宗教の変容』ヨルダン社）

Wolff, R. P., 1965, "Beyond Tolerance," R. P. Wolff, B. Moore, Jr., and H. Marcuse, *A Critique of Pure Tolerance*, Beacon Press. （大沢真一郎訳，1968，『純粋寛容批判』せりか書房）

山田真茂留，2013，「モダニティの理想と現実——グローバル時代のコミュニティとアイデンティティ」宮島喬・舩橋晴俊・友枝敏雄・遠藤薫編『グローバリゼーションと社会学——モダニティ・グローバリティ・社会的公正』ミネルヴァ書房。

山田昌弘，1994，『近代家族のゆくえ——家族と愛情のパラドックス』新曜社。

山岸俊男，1998，『信頼の構造——こころと社会の進化ゲーム』東京大学出版会。

矢野善郎，2003，『マックス・ヴェーバーの方法論的合理主義』創文社。

安田三郎，1971，『社会移動の研究』東京大学出版会。

安田三郎，1981，「相互行為・役割・コミュニケーション」安田三郎・塩原勉・富永健一・吉田民人編『基礎社会学 第Ⅱ巻 社会過程』東洋経済新報社。

Yitzhaki, S., 1979, "Relative Deprivation and the Gini Coefficient," *Quarterly Journal of Economics*, 93(2).

吉田民人，1974，「社会体系の一般変動理論」青井和夫編『社会学講座1 理論社会学』東京大学出版会。

吉原直樹，2022，『モビリティーズ・スタディーズ——体系的理解のために』ミネルヴァ書房。

Žižek, S., 2008, "Tolerance as an Ideological Category," *Critical Inquiry*, 34(4).

Zucker, L. G., 1977, "The Role of Institutionalization in Cultural Persistence," *American Sociological Review*, 42(5).

事項索引

312

318

人名索引

編者紹介　**友枝 敏雄**（ともえだ としお）

関西国際大学社会学部教授・大阪大学名誉教授
主著　『リスク社会を生きる若者たち——高校生の意識調査から』
（編著）大阪大学出版会，2015 年。『社会学のエッセンス——世
の中のしくみを見ぬく（新版補訂版）』（共著）有斐閣，2017 年。

浜 日出夫（はま ひでお）

東京通信大学情報マネジメント学部教授・慶應義塾大学名誉教授
主著　『社会学（新版）』（共著）有斐閣，2019 年。『サバイバー
の社会学——喪のある景色を読み解く』（編著）ミネルヴァ書房，
2021 年。

山田 真茂留（やまだ まもる）

早稲田大学文学学術院教授
主著　『Do！ソシオロジー——現代日本を社会学で診る（改訂
版）』（共編著）有斐閣，2013 年。『集団と組織の社会学——集合
的アイデンティティのダイナミクス』世界思想社，2017 年。

社会学の力〔改訂版〕——最重要概念・命題集

Sociology: Concepts and Propositions, 2nd ed.

2017 年 6 月 10 日　初　版第 1 刷発行
2023 年 1 月 20 日　改訂版第 1 刷発行

編　者	友枝敏雄，浜日出夫，山田真茂留
発行者	江草貞治
発行所	株式会社有斐閣
	〒101-0051 東京都千代田区神田神保町 2-17
	http://www.yuhikaku.co.jp/
装　丁	堀由佳里
印　刷	株式会社暁印刷
製　本	大口製本印刷株式会社
装丁印刷	株式会社亨有堂印刷所

落丁・乱丁本はお取替えいたします。定価はカバーに表示してあります。
©2023, Toshio Tomoeda, Hideo Hama, and Mamoru Yamada.
Printed in Japan　ISBN 978-4-641-17481-8